KB001486

지역균형발전 정책대안

창간호 2023

시민대안 부산

시민대안정책연구소

CONTENTS

01

대전환시대 역량기반 지역균형발전 방향과 전략

초의수 신라대학교 교수

02

지역경제의 균형발전을 위한 정책 대안

권기철 부산외국어대학교 교수

03

지역대학 위기 극복을 위한
정책 제안
**-부산 울산 경남 지역대학을
중심으로-**

박순준 동의대학교 교수

04

지역균형발전을 위한 지역
의료의 정책 제안

김형회 부산대학교 교수

2023 『시민대안 부산』 창간호를 내면서

　한때 한국 제2의 도시라고 하면 당연히 부산을 내세우는데 아무도 이의를 달지 않았다. 하지만 최근 그러한 확신이 어느새 근자감 즉 근거 없는 자신감일지도 모른다는 불안감을 가지게 된 것도 사실이다. 실제로 부산은 1960년대 중반부터 1970년 중반에 이르는 기간 동안 대한민국 물류중심 항구도시로서 지정학적 입지를 기반으로 국가와 지역 발전을 주도해왔다. 하지만 1970년대 정부의 정책기조가 중화학공업화로 바뀌고 1972년 성장억제도시에 묶이면서 부산은 성장의 정체기로 빠져들게 된다. 물론 현재까지도 제2의 도시라는 위상은 가지고 있지만 1인당 GRDP, 경제성장률, 고용지표 등 주요 경제지표에서 인천이 이미 부산을 앞선 것으로 확인되고 있다.

　이와 더불어 청장년층이 일자리를 찾아 수도권으로 이동하는 역외유출과 함께 저출산에 따른 학령인구 감소로 부산에 소재한 대학들은 신입생 모집에 큰 어려움을 겪고 있는 실정이다. 이로 인해 지역의 고등교육시스템 붕괴 우려도 현실화 되고 있다. 또한 현실적으로 지역균형에 대한 열망과는 반대로 서울을 포함한 수도권으로 인구는 더욱 몰리고, 기업 본사를 중심으로 사회경제적 자본은 수도권에 집중되면서 지방 소멸은 더욱 가까워지고 있다.

　결국 이러한 위기를 극복하기 위해서는 부산시민들 스스로 문제에 대한 인식과 공감을 확산시키고 정책적 합의를 이끌어 내려는 노력이 시급하다. 이러한 과정에서 우리가 살고 있는 부산의 취약점과 잠재력을 제대로 이해하고 이에 맞춘 실질적 대안을 제시하지 못한다면 더 좋은 지역을 만들자는 말은 공허한 주장이 될 수 있다. 이러한 관점에서 사단법인 시민대안정책연구소에서는 부산의 시급하면서도 근본적인 생존문제의 원인을 찾고 대안을 제시하는 단초를 제공하자는 취지에서 『시민대안 부산』을 기획하고 집필하게 되었다.

『시민대안 부산』창간호의 집필은 오랫동안 지역 현안들을 연구해 오신 분들에게 부탁을 드렸다. 그러나 각 분야의 연구 성과들을『시민대안 부산』이라는 이름 하나로 통합하는 노력이 쉽지는 않았던 것이 사실이다. 이러한 한계를 극복하기 위해 시민대안정책연구소와 집필자들은 오랜 기간 주제선정과 연구방향에 대해 의견 교환하는 과정을 거쳤다. 또한 각자가 맡은 분야를 집필하는 과정에서 가능한 일반 시민의 관점에서 부산에 대한 종합적 이해를 돕는다는 목적을 공유했다. 역사적 관점을 잃지 않으려 하였으며, 미래에 대한 비전과 발전방안에 대해서도 관심을 갖고 서술하였다. 이와 함께 부산의 내면적 문제를 전문성과 더불어 일반인도 고려한 보편성을 함께 포함하여 풀어보고자 하는 의도를 유지하면서 본 정책지가 집필되었음을 미리 밝혀놓는다.

　무엇보다 시간적·경제적으로 충분한 보상을 드리지 못했음에도 불구하고 본 정책지 집필에 흔쾌히 참여해주신 집필진께 진심으로 감사의 말씀을 올린다. 어려운 여건에서도 기꺼이 출판을 맡아주신 도서출판 함향 대표님과 시민대안정책연구소 편집부 여러분께도 고맙다는 말씀을 드리고 싶다. 아무쪼록 본 정책지가 부산의 미래를 함께 고민하고 문제해결을 시도하려는 사람들의 길잡이가 되고, 부산의 미래와 발전에 새로운 바람을 일으키는 계기가 된다면 더 바랄 것이 없겠다.

시민대안정책연구소 소장　**유 영 명**

이 한 권의 정책지

올해는 2016년 시민대안정책연구소가 개소한 이래로 7주년을 맞이하는 해이다. 창립 이후 7년의 시간을 보내는 동안 연구소의 설립목적인 '지역사회의 건전한 발전과 경제정의의 실현을 위한 대안정책 생산'에 얼마나 충실하였는지 자문해 보았다. 연구소의 정체성 확립을 위한 작은 발걸음들이 계속 이어져 오고 있었지만 탄탄대로를 만들기에는 아직 한참 더 많은 시간과 노력이 투입되어야 한다는 생각이 들었다. 배는 닻을 올리고 출항하였지만 아직 항로가 정해져 있지 않은 상태라고나 할까. 이즈음 뭔가는 새로운 시도를 해야 한다는 압박감이 밀려왔고 이를 해소하기 위한 논의를 하게 되었는데 그 결과가 정책지 발간이었다.

정책지를 발간하는 일은 시민단체로서 정론을 펼치고 정책을 생산하는 싱크탱크로서 자리매김하겠다는 의지의 표현이다. 시민운동의 뿌리와 줄기를 튼튼하게 하고 잎과 열매를 풍성하게 하는 지름길이다. 시민운동이 시민 속으로 걸어 들어가서 공감대를 넓히고 여론을 형성하는 훌륭한 수단이다.

무엇이든지 처음 시도한다는 것은 결코 쉬운 일이 아니다. 연구소의 정책지 『시민대안 부산』을 창간하기 위한 주제 선정, 집필진 구성, 예산 확보 등 어느 하나 축적된 경험이나 자료가 없었고 해결해야 할 과제들이 수두룩했다. 하나하나 인내심을 가지고 창간호의 정신이 스며들 수 있도록 노력했지만 예기치 못한 상황이 발생하여 생각보다도 일은 더디게 진행되었고 아직도 아쉬운 점이 여럿 남아있다. 내부적으로 정책지 발간 역량을 축적하고 키워가야 한다는 생각을 절감했다.

성경의 말씀대로 네 시작은 미약하였으나 네 나중은 심히 창대하리라고 기대해 본다. 이 작은 발걸음이 모여 시민대안정책연구소의 역사를 만들 것이라는 포부를 품어 본다. 오늘 우리의 출발이 새로운 우주 개척을 향해 날

아오르는 그 우주선이 간직한 희망의 표상처럼 빛나기를 소망해 본다. 비록 창간호에 부족함이 있더라도 회원 여러분과 독자들께서 초보운전자의 진땀 어린 성과물을 축하해 주시기를 기대해 본다.

어려운 여건 속에서도 일이 마무리되고 정책지를 발간하는 단계에 이르게 되었으니 그동안 수고를 아끼지 않은 집필진, 유영명 소장님, 도한영 사무처 장님, 정경미 간사님을 비롯한 관계자 여러분에게 깊은 감사의 말씀을 드린다.

관심을 가져 주시고, 수고해 주신 모든 분들이 이 한 권의 정책지를 받아 들고 6월의 화사한 햇살처럼 밝은 미소가 얼굴에 가득하기를 기대한다.

시민대안정책연구소 이사장 **조 용 언**

정책지 『시민대안 부산』의 멈추지 않는 전진 응원할 것

　　정책지 『시민대안 부산』의 창간을 진심으로 축하드리며 부산경실련 부설 시민대안정책연구소의 뜻있는 행보에 큰 박수를 보내드립니다.

　　부산경실련은 1991년 5월 창립 이후 올해로 32년째 힘찬 역사를 쓰고 있습니다. 세금의 주인으로서 납세자 권리찾기에 앞장섰고 혈세 낭비를 막기 위해 지속적인 예산감시에 나서는 등 정말 많은 일을 하며 우리 사회 정의실현에 기여해 왔습니다.

　　이러한 빛나는 역사는 부산경실련의 성장과 발전을 위해서도 대단히 큰 의미가 있겠지만 경실련이 있어 우리 사회 또한 공정과 정의의 토대 위에 단단히 설 수 있었다는 말씀을 드리고 싶습니다. 부산경실련을 거쳐 가신 선배 시민운동가 분들의 헌신에 고개 숙여 경의를 표하며 그 자랑스러운 역사를 훌륭하게 잇고 계신 당대의 활동가 분들에게도 진심으로 감사드립니다. 특히 부산경실련은 시민대안정책연구소 개소를 통해 시민운동의 패러다임을 바꾸었습니다. 논쟁과 주장을 넘어 답을 찾고 대안을 모색하는 시민운동의 기틀을 다진 것입니다.

　　시민대안정책연구소는 그동안에도 다양한 정책전문서를 선보이며 부산발전을 위해 묵직한 경종을 울려 왔습니다. 이번에 정기적인 발간을 약속하며 정책지 『시민대안 부산』을 세상에 내놓게 된 것은 보다 진일보한 도전으로 칭송하지 않을 수 없습니다. 더욱이 역사적인 창간호의 주제를 '지역균형발전'으로 정한 것은 크게 환영받아 마땅한 일입니다. 수도권 중심주의는 비단 지역소멸 뿐 아니라 저출생, 국가 경제 정체 등 오늘날 대한민국의 모든 위기와 연결돼 있다는 점에서 최우선적으로 해결해야 할 폐해가 분명합니다. 그 해결책이 바로 지역균형발전입니다.

　　그러나 안타깝게도 대한민국에 사는 모든 이들이 지역균형발전을 목소리 높여 외치고 있지만 그 실천은 지지부진합니다. 국토의 11.8%에 불과한 수도권이 거대한 공룡처럼 나머지 88.2% 지역의 인구와 소득, 일자리를 빨아들이고 있는 상황에서 이미 기울어질 대로 기울어진 무게중심을 되돌리기가 쉽지 않기 때문입니다.

설상가상 내년 4월로 예정된 22대 총선에서 서울, 인천, 경기를 포함한 수도권 지역을 대표하는 국회의원 의석수가 처음으로 지역구 전체 의석의 절반을 넘어설 거라는 전망이 나오고 있습니다. 심각한 대표성 왜곡이 우려되고 있는 것입니다.

부산광역시의회는 지역민을 대변하는 지방의회가 역할을 해야 한다는 굳은 사명감을 갖고 지역균형발전 정책에 더욱 힘을 쏟겠다는 각오를 다지고 있습니다. 때마침 부산경실련 시민대안정책연구소가 정책지 『시민대안 부산』을 통해 지역균형발전을 의제화해 준 것은 대단히 시의적절하다 평가합니다. 정책지 『시민대안 부산』 창간호 발간을 위해 함께해 주신 학계 전문가 여러분께도 고개 숙여 깊이 감사드립니다.

1991년 지방자치 부활로 다시 개원한 부산광역시의회의 역사도 경실련과 마찬가지로 올해 32주년을 맞고 있습니다. 거듭 강조드리지만, 부산경실련의 여러 활동 가운데서도 지방자치 확립과 지방분권 실현을 위한 노력과 헌신은 빠뜨릴 수가 없으며 그런 이유로 부산광역시의회와 부산경실련은 32년 지기 동반자 혹은 운명공동체와 같다고 할 것입니다. 앞으로도 완전한 풀뿌리 민주주의 실현을 위해 함께 걸어가는 동반자가 되어 주시기를 바라는 마음 간절하며 부산광역시의회도 부산경실련의 비판과 격려에 늘 귀 기울이겠다는 말씀을 드립니다.

"합리적인 대안과 정론으로 모든 사람의 선한 의지를 모아 사회의 정의실현과 공공선을 추구하기 위한 시민운동 단체로 끝까지 부산시민의 대변인으로 최선을 다할 것"이라는 부산경실련 누리집에 쓰인 선언이 영원하기를 기대하며 정책지 『시민대안 부산』의 멈추지 않는 전진을 응원하겠습니다.

감사합니다.

부산광역시의회 의장 **안 성 민**

『시민대안 부산』 부산의 미래에 새로운 바람이 분다

먼저 부산경실련 부설 시민대안정책연구소의 첫 번째 정책지 『시민대안 부산』의 창간을 진심으로 축하드립니다.

아픈 속내를 솔직하게 드러내 보이는 것은 쉽지 않은 일입니다. 지금 시기 부산이 안고 있는 문제점을 드러내고 시민사회가 함께 들여다 보는 것에서 부터 대안을 찾아가려는 『시민대안 부산』의 과감한 첫 발걸음이 참으로 멋 있고 의미 있다 생각됩니다.

4차 산업혁명 시대, 전 지구적 코로나 상황을 겪은 후 세계는 경제와 문화, 사회 전반의 생활 양식에서 대전환의 시기를 맞이했습니다. 이에 따라 지역 기업은 새롭게 열리는 산업 분야를 선점하기 위한 글로벌 무한경쟁의 전쟁 을 치르고 있고, 이와 동시에 '지역'이라는 이름의 또 다른 위기를 맞이하고 있습니다.

창간호에서 던지는 4가지 화두는 이러한 시대적 변화 속에서 부산이 처한 현실과 생존 방안을 모색하기에 적절한 출발점이 될 것입니다. 이런 시민적 인식과 논의의 과정을 통해 부산은 분명 창의적 활로를 찾아 나가고, '지역' 이라는 위기가 아니라 '지역' 이라는 경쟁력을 만들어 갈 것입니다.

부산 시민의 힘과 지혜의 결집체로서 『시민대안 부산』이 자리매김하길 기 대하며 다양한 문제 의식과 창의적 논의가 넘쳐흐르는 활기찬 공간이 되길 바랍니다.

그와 함께 불어올 부산 미래의 새로운 바람을 기다리겠습니다.
감사합니다.

부산테크노파크 원장 **김 형 균**

시민대안　부산

1부

대전환시대 역량 기반
지역균형발전의 방향과 전략

초의수 신라대학교 교수

1장

문제의 제기-시민의 민주적 생활권으로 공간 정의의 재인식

1. 격차와 불평등의 대한민국

2020년 우리나라 역사상 처음으로 미국 아카데미상 시상식에서 4개 부분을 수상한 봉준호 감독의 영화 "기생충"은 반지하에서 살던 김기택 가족이 성공한 박동익의 집과 삶에 기생하면서 벌이는 블랙 코미디이다. 빈부 격차, 계급 문화, 주거 빈곤, 학력과 학벌, 학력 위조와 사기, 사교육 등 우리 사회의 어두운 면들을 잘 그려내고 있다. 에미상 6관왕에 올랐던 2021년 개봉한 총 9부작의 넷플릭스 드라마 "오징어게임" 역시 세계적으로 선풍적인 인기를 끌었다. 이는 456명의 사람들이 456억 상금을 두고 데스 게임에 초대되어 사생결단 경쟁하는 이야기이다. 가난한 사람들이 상금을 위해 목숨을 담보로 치열하게 경쟁하는 적자생존의 서바이벌 현장을 담아낸 내용으로 성공을 위한 경쟁지상주의, 결과 쟁취를 위해 수단과 방법을 가리지 않는 우리 사회의 단면을 잘 반영하고 있다.

한국은 식민지를 경험한 인구 5천만 명 이상 국가 중에서 유일하게 1인당 국민소득이 3만 불 이상(3050클럽)인 나라이다. GDP는 세계 10위(G10) 수준이고, 가처분소득 기준(PPP) 1인당 소득은 이미 일본을 앞섰으며, 민주주의 지수도 높아져 산업화와 민주화를 동시에 성공적으로 달성한 나라이다. K-Drama에 이어 K-POP, K-Food, K-Culture 등으로 국제적 인지도도 크게 향상되었다.

하지만 한국사회의 격차와 불평등은 여전히 높은 편이다. 대표적 불평등지수인 Gini계수를 보면 2018년 한국은 0.345로 점차 감소하는 추세이기는 하나, 남아프리카공화국, 코스타리카, 칠레, 멕시코, 터키, 불가리아, 미국, 리투아니아, 영국, 라트비아, 한국(10위) 순으로 불평등 정도가 높은 편이다 (OECD, 2022). 소득 5분위 배율(상위20%/하위20%)에서 우리나라는 4위로 매우 높았으며, 상대 빈곤율(중위소득 50%이하 비율)은 5위로 우리나라의 경제 수준에 비해서는 매우 높은 편이다. 소득 불평등은 크게 시장소득과 가처분 소득으로 구분하여 볼 수 있는데 Gini 계수나 5분위 배율 기준으로 보았을 때 시장소득은 여전히 높으나 가처분소득 기준으로 볼 때는 상당히 감소하는 추세를 보여 공적이전 등 공적, 정책적 노력에 의해 개선되는 흐름을 나타내고 있다.

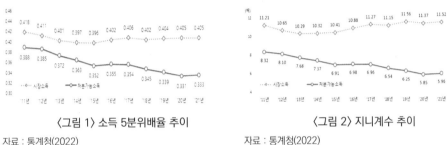

<그림 1> 소득 5분위배율 추이   <그림 2> 지니계수 추이

자료 : 통계청(2022)   자료 : 통계청(2022)

코로나19 발발 이후 통합소득(2021년)을 보면 상위 0.1%는 중위소득자의 60.5배, 상위 1%는 17.7배, 상위 10%는 5.5배로, 이 같은 격차는 지난 4년 간 오히려 확대되고 있다. 소득의 양극화 문제는 여전히 우리 사회의 핵심적 숙제이며 재난 이후 사회적 부가 오히려 소수에 몰리는 문제를 지적한 Naomi Klein (2007)의 주장처럼 팬데믹 이후 우리사회가 재난자본주의(Disaster Capitalism) 경향을 보이고 있음을 확인할 수 있다.

우리나라는 OECD 국가 내 높은 소득 격차 외에도 자산의 격차는 소득 이상으로 확대되고 있으며, 성장산업과 성숙산업 간 격차 확대, 대기업과 중소기업 간 임금, R&D, 노동생산성 등의 격차 지속(김태완 외, 2020), 대기업의 중소기업에 대한 하청, 판매 및 유통, 기술 및 연구개발에서의 약탈적 지배구조 등도 심각하다.

정규직과 비정규직 간 임금, 사회보장, 고용안정성의 차이는 매우 높아 비정규직의 삶의 전반적 위기는 거의 개선되지 못하고 있는 실정이다. 남녀 간 임금, 승진, 고위직 진출, 일과 가정 양립 등에서 성별 격차의 문제도 우리 사회의 중요한 장애가 되고 있다.

경제적 불평등에 더해 학력 중시의 사회적 경향으로 학력 간 격차도 심각하며, 이제는 학력을 넘어 학벌 지배의 사회로 굳어져 교육은 계층 이동의 사다리 역할이 아니라 신분 세습의 통로가 되는 실정이다. 교육은 Bourdieu(1979)가 말한 경제자본, 사회자본, 문화자본, 상징자본을 중심으로 한국 사회의 사람 간 '구별짓기'의 가장 대표적이면서도 극명한 수단이 되고 있다.

우리나라는 사회경제적 격차를 해소하는 대응은 매우 지체되고 있고 사회 불평등을 바라보는 시각이나 이념 역시 복잡해지고 있어서 문제를 해결하는 단초 마련도 쉽지 않은 상태이다. 저출산, 인구감소, 치열한 경쟁의식, 낮은 국민행복도 등은 '성장시대 및 성장주의의 저주이자 덫(trap)'의 결과이며, 심각한 불평등과 격차구조가 이 폐해를 심화시키고 있다.

2. 공간적 격차와 불균형

우리나라의 급속한 경제성장은 산업화와 도시화를 통해 진행되었고, 수도권 과밀과 비수도권 쇠퇴 현상을 동반했다. 그 결과 수도권과 비수도권 간 심각한 격차를 발생시켰는데 약 20년(1980~2019) 간 흐름을 보면 2019년 현재 인구 50%(25,925천명), GRDP(지역내총생산) 50%, 1,000대기업 본사 86%로 주요 자원의 수도권 집중을 촉진시켜 왔다(김태완 외, 2020). 2011년부터 2016년까지 우리나라 상하위 10% 광역지자체의 1인당 지역내 총생산(GRDP) 증가율 격차도 0.309%p로 경제력 격차는 지속적으로 확대되고 있다(김태완 외, 2020). 1인당 지역 간 소득도 OECD 국가 중 격차 정도가 높은 실태이며 청년 노동자의 초임이나 평균임금도 수도권이 크게 높은 실정에 있다. 수도권과 비수도권 간 격차도 여전히 심각하지만 점차 지역 내의 격차가 더 심각해지고 있는 것도 주의해 보아야 할 부분이다. 비수도권 내 시·도 간, 시·도 내 시·군·구 간 격차도 확대되고 있다(안홍기 외, 2017). 비수도권 도시지역과 농촌지역 간 격차도 심화되고 있고 도시 내 원도심지역의 쇠퇴도 급속도로 확대되고 있어서 우리나라는 이제 다중적 격차와 불평등 문제에 직면하게 되었다.

〈표 1〉 2022년 대선 주요 의제

〈전문가〉	〈일반유권자〉
1위 기후위기대응	1위 집값 안정
2위 일자리 만들기	2위 일자리 창출
3위 지역균형발전	3위 언론과 사법 개혁
4위 경제적 불평등 해소	4위 저출생대책
5위 교육제도 개편	5위 경제적 불평등 해소
6위 사회갈등 해소	6위 감염병등 재난 대응
7위 집값 안정	7위 고령화 대책
8위 고령화 대책	8위 청년대책
9위 저출생대책	**9위 지역균형발전**
10위 청년 대책	10위 성별, 세대 등 사회갈등 해소

자료 : KBS 1TV 2022년 1월 1일 저녁 9시 뉴스 "유권자가 뽑은 우리사회 중요의제"
(https://www.youtube.com/watch?v=1h0_Bv-mc2k)

지역불균형에 대한 주관적 인지도 중요하다. 2022년 제 20대 대통령선거에서 주요 의제에 대한 설문조사에서 전문가들은 지역균형발전이 3위에 올랐으며 일반유권자에서 9위를 차지하였다. 이러한 결과에서 보듯이 우리나라의 지역 간 격차와 불균형은 매우 심각한 상황이어서 국정의 주요 의제에 지역균형발전이 핵심적 의제에 당연히 포함되어야 함을 시사하고 있다.

현재 우리나라의 지역 간 격차 및 불평등 문제는 '3장 대전환시대 지역위기의 현황'에서 좀 더 구체적으로 다루기로 한다. 한국 사회의 이러한 격차는 너무 근본적이고 뿌리 깊은 것이라 극복하기 어렵다거나 해결이 불가능하다고 생각할 수 있을 것이다. 그러나 행정중심복합도시 및 혁신도시가 결실을 맺었던 2011년부터 2016년까지 역사상 최초로 우리나라의 수도권 인구는 처음으로 순유출이 순유입보다 많은 현상이 발생하여 정책적 대응이 얼마나 중요한지를 역설적으로 보여주고 있다.

3. 생활권·역량·참여 중심의 새로운 공간 정의에 대한 재인식

그동안 우리나라의 지역균형발전에 대한 담론, 정책 및 제도의 실행에서 핵심적 의제의 설정을 경제와 산업, 공간 및 물리적 기반 문제영역에 한정하는 경우가 많았고, 사업 배분을 중심으로 접근하여 실제 지역의 역량을 키우는 전략이 미흡하였으며, 정부 만능의 접근을 통해 시민과 지역을 피동적 위치로 국한시키는 한계가 있었다.

새로운 지역균형발전은 첫째 시민 생활권을 우선시해야 한다. 공간의 문제

영역에서 경제일변도가 아니라 점차 시민들의 일상생활 주제가 부각되고 있다. Soja의 지각공간, 인지공간, 체험 공간의 공간성 삼중변증법도 궁극적으로는 물신화된 공간이 아니라 사람들의 삶을 중심으로 공간문제에 접근하고자 한 시도이며, Sen이 지향하는 정의도 핵심은 시민들의 일상적 삶의 문제 개선이다. 시민이 일하고, 생활하며, 거주하는 공간 내에서의 사회적 기본권과 지역생활보장권을 확보하는 것이 공간적 정의의 궁극적 지향점이다. 자본과 기업의 지배에서 시민의 일상성 회복과 해방이 무엇보다도 중요하며 생활권(生活圈) 내에서 시민들의 일상적 생활권(生活權)의 권한 향유와 확장이 무엇보다 필요한 시대가 되고 있다. Anne Hidalgo 프랑스 파리시장의 15분 도시(이수진·허동숙, 2021), 포틀랜드·디트로이트·오타와·에딘버르 등의 20분 근린권, 일본 등 다수 국가에서 전개되는 콤팩트시티(compact city) 등은 생활권 존중의 공간 운영 중요성을 시사하고 있다. 이러한 생활권의 균형발전원리는 더 결핍된 지역과 주민에게 더 많은 수혜가 가능하도록 하는 공간적 정의의 실현이다. 생활권 중심 정책의 대상 지역과 주민의 선정, 사업의 설계 및 배분, 재원의 집행, 사업단계에서 우선적 추진 등이 존중되어야 할 부분이다.

둘째, 지역과 시민의 실제적 역량을 강화하는 균형발전이 되어야 한다. 다양한 산업과 경제, 재정과 사업을 분배하는 것도 궁극적으로는 해당 지역과 주민의 실질적 역량을 향상시키는 것과 연결되어야만 의미가 있다. 역량이란 주체가 스스로 목표한 바를 이룰 수 있는 힘이나 능력을 의미하는 것으로 지역균형발전의 궁극적 지향점이기도 하다. 자원의 단순한 배분이 역량을 개선하지 못하고, 예산 등 재정만 낭비하며, 의존성 증가라는 악순환으로 이어지는 사례가 많다. 후술하겠지만 Sen의 역량중심의 정의론은 지역균형 발전에서도 시사하는 바가 매우 크다고 하겠다.

셋째, 새로운 지역과 시민이 함께 참여하는 지역균형발전이 되어야 한다. 정부의 일방적 기획 및 설계와 집행은 사업의 성과 전망도 어둡게 하며, 의존성을 높이고, 예산 낭비 및 비효율을 초래하게 될 것이다. 그렇다고 준비되지 않은 지방정부에 모든 것을 넘기는 것도 무책임한 것이며 실패를 자초하게 된다. 조직이론에서 조직의 성과달성을 위해서는 리더 뿐 아니라 조직 구성원의 역량과 의지도 중요[1]하듯이 지역 및 주민의 역량과 의지의 정도에 따라 중앙정부의 개입 및 관여, 중앙정부와 지역의 협력관계의 방식도 달라져야 한다. 물론 이때도 중요한 것은 중앙정부의 지방분권 및 참여를 존중하는 태도가 선행되어야 할 것이다.

4. 연구문제

본 연구의 목적은 대전환을 맞고 있는 현 시기에 지역균형발전에 대한 이론을 검토하고, 대전환시대의 지역위기의 현황을 파악한 뒤 지역균형발전 정책 방향을 검토하며, 역량에 기반을 둔 지역균형발전 전략을 제시하고, 결론으로서 지역균형발전의 바람직한 거버넌스 방안을 제안하고자 한다.

주요 연구문제는 다음과 같다.

1. 지역균형발전의 주요 개념과 그 이론적 기초로 공간적 정의, 자본주의 하 공간 정의, 지역불균형발전과 관련한 주요 담론은 무엇이며, 이에 대한 비판적이고 성찰적 내용은 무엇인가?
2. 대전환시대의 주요 문제는 무엇이며 대두되고 있는 주요한 지역위기는 무엇인가?
3. 대전환 복합위기시대 위기해소를 위한 바람직한 지역균형발전 정책 방향은 무엇인가?
4. 역량에 기반을 둔 지역균형발전 전략은 무엇인가?
5. 지역균형발전을 위한 바람직한 주체 역량 형성 및 거버넌스 방안은 무엇인가?

---

1) Hersey & Blanchard(1988)의 상황이론이나 House(1971)의 경로-목표이론(path-goal theory)에서 조직의 목표달성과 관련하여 리더뿐 아니라 구성원의 능동적 의지 및 참여가 중요한 영향을 미친다는 것을 강조하고 있다. House는 구성원의 준비와 상황에 따라 지시적(Directive) 리더십, 지지적(Supportive) 리더십, 참여적(Participative) 리더십, 성취지향적(Achievement Oriented) 리더십이 달리 작용되어야 함을 주장하고 있다.

2장

공간적 정의에 대한 이론적 고찰

1. 지역격차, 지역불균형, 지역불평등

지역[2] 간 격차와 불균형은 공간[3]적으로 정의롭지 못한 결과이다. 격차(隔差)는 어떤 대상 간에 차이를 의미하는 것으로 빈부, 임금, 기술 수준 따위가 서로 벌어져 다른 정도를 뜻하는데(국립국어원, 2023), 개인 또는 사회의 사회경제적 성취정도나 자원 보유의 양에서 차이가 남을 의미한다(김태완 외, 2020). 격차는 어느 사회나 존재하는 불가피한 측면이 있다. 격차와 유사한 의미로는 양극화, 불균형, 불평등이 있다. 양극화(兩極化)는 서로 점점 더 달라지고 멀어지는 것으로서(국립국어원, 2023), 두 대상 간 차이가 점점 벌어지는 것을 의미한다. 불균형(不均衡)은 어느 편으로 치우쳐 고르지 아니한 것을, 불평등(不平等)은 차별이 있어 고르지 아니한 것을 뜻한다(국립국어원, 2023). 사전적 의미로 보면 지역 격차는 경제, 산업, 고용, 소득, 삶의 상태, 역량이 서로 벌어져 다른 상태를 의미하며, 지역 양극화는 지역 내 이런 것들이 더욱 달라져 두 개의 대상 지역 간 차이로 점차 벌어지고 서로 멀어지는 것을 뜻하고, 지역불균형은 지역의 발전이 어느 편으로 치우쳐 고르지 아니한 상태나 구조이며, 지역불평등은 지역 간 사회적·제도적·행동적 차별을 말한다. 이들 용어의 사용은 지역을 바라보는 관점의 차이를 함축하고 있다. 지역 격차 관점이 현실의 특정 내용을 중심으로 차이가 나는 것을 진단하는 것이라면 지역 양극화 관점은 그것을 두 개로 벌어지고 멀어지는 것으로 파악하고자 하는 의도가 있는 것이며, 지역불균형 관점은 특정 관점이나 기준

---

2) 지역은 고전적 측면에서는 '지표공간의 분화된 단면'에 불과했으나 현대적 관점에서 지역이란 사회경제적 맥락 속에서 전체 구조와 환경 속에서 지역적 요소와 비지역적 요소가 상호작용하면서 구성, 와해, 재구성되는 것으로 인식해야 한다(Johnston, Gregory, Smith, et al., 1992).

3) 공간은 수학, 물리학, 지리학과 철학, 사회과학의 학문분야에서 사용되며 이론적, 추상적 개념에서 현실적, 구체적 개념까지 다양하다. 공간을 관념적 측면에서 볼 수도 있지만 본 연구에서는 사회와의 관계를 통해 사회적 과정의 작동과 산물로 조직되고 이에 내포하는 양식(Johnston, Gregory, Smith, et al., 1992)으로 접근하고자 한다.

에서 지역의 주요 내용이 치우쳐 있는 것을 보는 것이어서 이론적인 전제나 시각을 통해 지역문제를 접근하는 것이고, 지역불평등 관점은 지역 간 격차 및 불균형 현상을 사회적·제도적·행동적 차별과 이를 극복하려는 실천과 운동에 관심이 크다고 할 수 있다.

지역격차, 지역불평등, 지역불균형은 지역균형발전을 지향한다. 여기서 균형은 사전적 의미로 '어느 한쪽으로 기울거나 치우치지 아니하고 고른 상태'를 의미하며 지역균형발전이라 할 때는 '각 지역의 특성에 맞는 발전과 지역 간의 연계 및 협력 증진을 통하여 지역 경쟁력을 높이고 국민의 삶의 질을 향상시키기 위한 균형 있는 발전'을 의미한다(국립국어원, 2023). 지역균형발전에서 균형은 기능적 측면의 balance와 경제학적 측면의 equilibrium이라는 두 가지 의미가 있는데 여기서는 변동의 의미가 없는 equilibrium이 아니라 역동성과 변화의 balance를 의미한다. 지역균형발전은 모든 지역에 대한 발전의 목표와 사업 및 자원이 균등배분이나 결과적 단순 균형이 아니라 각 지역의 주체들이 각자의 역량을 충분히 발휘하면서 상호 호혜적 관계를 통해 발전하는 역동적 균형으로 인식되어야 한다. 지역균형발전은 평등(equality)과 형평(equity)의 개념을 내포하는데 여기서 평등이란 사람들이 성별, 신분, 인종을 고려하지 않고 서로 똑같은 권리를 가져야 하는 이상과 목표를 의미하며, 형평은 모든 사람에게 동등한 처우를 제공하는 방식으로 공정하고 합리적인 특질을 구현하는 정책 수립의 개념으로(Niemi et al., 2017) 이 두 가지 모두를 지향해야 한다. 목표 및 지향에서 평등과 현실 및 과정에서 형평의 관점이 필요하다.

평등하고 균형있는 지역은 사실 사회 어디에서도 찾아보기 어려울 것이다. 그러나 사회과학의 정책이나 이론적 담론은 불평등하고 불균형한 지역의 실태, 구조, 관계, 정책 및 제도 등에 우선을 두면서 평등하고 균형있는 발전을 지향하는 것이다. 즉 공간 및 지역의 불평등과 불평등 극복을 위한 정의(正義, justice)에 대한 성찰이 매우 중요하다.

2. 정의 이론과 공간적 정의의 함의

정의[4]에 대한 여러 가지 정의(定義)가 있겠지만 여기서는 사회를 구성하고 유지하기 위해 사회구성원들이 공정하고 올바른 상태를 추구해야 한다는 가치로 접근하고자 한다. 인간의 권리 개념이 더욱 발달한 현대에서 더욱 중요해지는 가치가 정의이며 정의는 '각자에게 그의 정당한 몫을 돌려주려는 항구적 의지'(Domitius Ulpianus의 정의), 혹은 '정당화될 수 없는 불평등이 존재하지 않는 상태를 추구하는 것'(John Rawls의 정의)이라는 뜻이 있다 (wikipedia, 2023). 고전적 의미의 정의론이지만 오늘날까지 유효한 Aristolte의 정의론은 모든 사람이 동등한 대우를 받아야 한다는 평균적 정의, 사회의 일원이므로 사회로 인한 의무를 수행해야 한다는 일반적 정의, 개인의 능력 및 사회 기여 정도에 따라 대우를 받아야 한다는 배분적 정의로 구성된다. 여기서 이러한 정의론적 관점에 기초해 공간적 정의를 반추하면 지난 60년 이상의 한국사회 성장에서 수도권을 중심으로 국가 및 정치, 정경유착의 레짐(regime)이 사회경제적 희소자원을 집적시키고, 서울의 경제 Headquater 지배 아래 비수도권을 분공장(branch factory), 배후지(hinterland), 소비시장으로 분업화[5]하면서 부를 축적할 때 이를 완화하기 위한 제도적 장치, 절차는 무엇이었는지 반문하게 된다.

현대적 의미의 정의론을 체계화한 John Rawls(1971)는 정의를 두 개의 원칙으로 설명하는데 첫 번째 정의 원칙은 평등한 '자유의 원칙(liberty principle)'으로 각 개인은 타인의 대등한 자유와 양립 가능한 한 최대한의 기본적 자유를 누릴 공평한 권리를 갖는다는 것이고, 두 번째 정의 원리는 사회적, 경제적 불평등으로 '차등의 원칙'(difference principle)으로 1)정의로운 저축의 원칙(just savings principle)에 의해 그 사회의 최약자인 최소수혜자에게도 최대이익이 되고(차등의 원칙), 2)공정한 기회균등의 조건에서 모두에게 개방된 직위 및 직책과 결부되어야 한다는 것[6](기회균등의 원칙) 두 가지로 구성된다. 차등의 원칙은 최소극대화(maxmin)로서 최소수혜자에게 최대의 이익이 되어야만 그 불평등은 정의로울 수 있다. Rawls의 관점에서 보면 우리나라의 공간 활용은 1원칙인 양립보다는 경제효율 일변도의 원칙에 철저히 충실했고,

---

4) 사전적 정의란 진리에 맞는 올바른 도리, 바른 의의, 개인 간 올바른 도리, 또는 사회를 구성하고 유지하는 공정한 도리이다(국립국어원, 2023).
5) 자본주의 공간적 분업의 과정에 대해서는 Massey(1984)의 연구가 대표적이다.
6) 불평등이 허용되는 전제조건으로 사회경제적 특권의 지위는 모든 사람에게 평등하게 개방되어야 한다는 의미이다.

경제효율을 가장한 지대적 이익추구[7]에 정의가 무장 해제 당했으며, 조화와 균형의 가치 배제의 기울어진 운동장이었다[8]. 특히 최소수혜자에게 최대의 이익이라는 최소극대화는 우리의 공간론에서 아예 적절한 예를 찾기가 어려울 정도이다. Rawls의 정의 2원칙은 약자 우선의 불평등(차등화) 허용인데 EU가 각 지역을 EU의 1인당 평균 GDP를 중심으로 발전지역(90% 이상), 전이지역(75~90%), 저발전지역(75% 미만)으로 나누고 각 지역별로 차등화하여 European Regional Development Fund, European Social Fund Structure Fund, Cohesion Fund, European Agricultural Fund for Rural Development, European Maritime and Fisheries Fund 등 Big 5 재정사업[9]을 통해 기금을 배분하는 것에 비해 우리는 취약 정도별로 재정을 배분하여 지원하는 정책으로 매우 빈약하다.

Michael Sandel은 스승인 John Rawls의 정의론을 더욱 발전시켰다. 그는 '옳음'을 강조하는 형식적 정의보다는 '무엇이 정의인가'라는 내용적 정의에 더 큰 관심을 갖고 접근하고 있는데 통상 정의의 접근 방식은 복지(welfare), 자유(freedom), 미덕(virtue)의 세 가지로 이를 확장시키는데 관심이 크다는 점에 주목한다. 즉 정의는 사회에 도움을 주고, 구성원에 대해서는 자유로움을 보장하며, 사회에 선한 영향력을 끼쳐야 정의롭다는 것을 결정할 수 있다. 이에 기초한 정의론의 세 가지 유형은 최대 다수의 최대 행복을 강조하는 공리주의(Utilitarianism), 타인의 자유를 침해하지 않는 한의 개인의 자유를 강조하는 자유주의(Liberterianism)[10], 공동체의 목적(telos)에 그 권리가 기여하는 것을 강조하는 공동체주의(Communiterianism)로 구성된다(Sandel, 2020). 공리주의는 대개 비경제적인 사회적 웰빙도 있지만 경제적 번영에 가까운 복지(공리)에 관심을 두고 있고, 자유주의는 재화 및 서비스보다는 시장 중심의 개인적 자유를 더 강조하는데 비해 공동체주의는 자연적 의무,

---

7) 우리나라 대재벌은 생산활동에 대한 투자보다 몇 배 이상을 부동산 투기에 열을 올린다 (http://m.newscham.net/news/view.php?board=news&nid=106409). 이에 대한 규제도 미흡하여 실제 재벌의 부동산 투기에 날개를 달아주는 형태이다.

8) Rawls 사회정의론과 도시정책학적 의미에 대해서는 천현숙(1998)을 참조

9) https://european-union.europa.eu/live-work-study/funding-grants-subsidies_en

10) John Rawls의 평등적 자유주의(공평주의)와 Robert Nozick의 경제적 자유주의(자유 지상주의)로 구분되는데 자유주의는 도덕의 가치를 개인의 선택에 맡기므로 공동체의 도덕은 상대주의적 관점으로 인해 해체될 수밖에 없다고 MacIntyre는 비판한다.

자발적 의무, 사회연대의 의무를 중시하는 미덕에 의한 정의를 역설한다. 오해가 있을 수 있는 공동체주의라는 표현보다는 미덕에 기초한 정의론을 주장하는 Sandel은 사람들의 적극적인 참여와 시민의식으로 불평등에 맞서 더 나은 사회를 만들고자 하는 공동선의 추구를 강조하고 있다. 그의 정의는 공동체 속의 단순한 개인이 아니라 시민으로 공동체의 미덕과 가치를 결정하며 이를 통해 개인은 선택의 자유를 적극적으로 향유하게 되는 시민적 공화주의를 의미한다. Sandel은 현대 미국, 영국, 프랑스 등 서구에 팽배한 능력주의(Meritocracy)가 모두에게 같은 기회를 줄 것 같은 착각을 불러일으키며 곳곳에 만연한 폭정(Tyranny)으로 정의가 위협받고 있음을 지적한다(Sandel, 2020). 그는 현재 만연하는 능력주의가 공공의 선을 기술관료적으로 해석하고 허구적 기회 평등을 무기로 사회를 승자와 패자로 양분하며 불평등을 정당화시킨다고 주장한다. 능력주의는 정상에 올라서는 사람에게 불안과 오만을, 바닥에 떨어진 사람에게는 실패자로서의 자책과 굴욕감을 주며 그 어떤 사회적, 공적 연대감도 찾아보기 어렵다. 그의 기회 평등의 대안은 결과의 평등이자 조건의 평등으로 공공의 의제에 숙의적으로 시민들이 참여하는 민주적 과정이 중요하다고 본다. Sandel의 관점에서 본 우니나라 공간 정의는 개별 지역의 불평등한 현실 개선보다는 주로 국가 전체 이익(최대 행복)이라는 공리주의적 관점이나 글로벌 경쟁력을 위해 수도권 첨단산업의 자유롭고 개방적인 허용이 중요하다는 자유주의적 입장이 대세를 이루고 있는 실정이어서 공동체의 이익이라는 미덕에 입각한 정의는 외면되고 있는 상황이다. 특히 윤석열정부가 고등교육에 대한 권한을 지방에 이전하려고 하는 등 지역정책에서 분권의 입장은 강조했으나 균형발전과 공간정의를 전제하지 않는 분권은 개별 주체의 공정한 참여기회 보장을 통한 지역 불균형 문제는 당연하거나 어쩔 수 없다는 식의 공정의 폭정을 낳을 수 있다는 점에서 유의해야 한다.

1998년 노벨경제학상을 수상한 Amartya Kumar Sen 역시 John Rawls에 영향을 받아 자신만의 정의론을 수립하였다. 그의 정의론은 완전한 정의를 정의(定義)하고 공정한 제도를 주장하기보다는 현실 속에서의 다양한 가치를 존중하고 비교적 정의 이론(the theory of comparative justice)의 방법을 통해 발견된 부정의(不正義)를 제거함을 통해 점진적으로 정의에 나아가자는 입장이다(Sen, 2009). 기존 정의론은 '피리 예화'로 설명할 수 있는데 누가 피리를 가지는 것이 공정한가와 관련해 가난한 사람이 가져야 한다는 평등주의, 불수 있는 사람이 가져야 한다는 공리주의, 부지런한 사람이 가져야 한다는 자유주의 모두 인류 공동체의 기준이 되기 어렵다는 것이다. 그는 정의에 보편 타당한 기준은 없으며 정의 안에서가 아니라 정의가 놓인 환경과 기회의 현실이라는 정의 바깥에서 공적 추론(토론)을 통해 해결책을 찾아야 함을 강조하고 있다. 공적 추론 과정에서 논의되는 정의의 재료는 삶, 자유, 역량 등 다양하며 절대적 공평의 기준이 아니라 사회를 이루는 구성원 개인의 역량과 자원의 향상 및 실현에 관심을 두고 자유로운 주체들의 열린 현실에서의 평등한 실현에 관심을 두어야 한다는 것이다. Sen의 정의는 목표로서 공적 이상의 민주주의와 연결되어 있을 뿐 아니라 실천으로서 과정의 민주주의도 더욱 강조되고 있으며 정의로운 세계에도 관심을 가져야 한다[11]고 역설하고 있다. 정의를 자원의 공정 분배와 같은 경제적 개념에서 벗어나 다원적 요소의 역량 향상에 초점을 두어야 한다는 Sen의 생각은 정의의 현실적 실현 필요성과 구체성을 가능하게 하였다는 점에서도 큰 의의가 있다. Sen의 정의론을 공간이론에 확장하면 중요한 시사점을 얻게 된다. 첫째 완벽한 공간 정의의 기준을 중심으로 한 접근이 아니라 현재 발생한 공간적 부정의 문제의 숙의적 과정에 의한 점진적 개선을 강조하고 있다는 것, 둘째 경제적 자원의 단순한 배분보다는 궁극적인 개별 지역 주체의 역량 향상이 더 중심적이라는 것, 셋째 공적 목표 설정의 민주주의도 필요하지만 공간정의 실천을 위한 과정적 민주주의의 존중 역시 중요하다는 점이다.

3. 자본주의와 공간적 정의의 이론

사회과학에서 공간을 사회적 관계의 부속물이 아닌 사회적 관계와 관련 깊은 독자적 문제영역으로 이끌어 낸 학자는 Lefevbre이다. 공간 속에서 지배와 종속, 억압과 실천 및 해방 등 정의 문제의 핵심적 이슈를 제기한 Lefebvre(2000)는 공간이 사회적 관계, 특히 생산관계(생산양식)와 관계가 있으나 아예 독립적 이론 영역으로 공간의 문제를 제기한다. 그는 사회적 공간

---

11) 그가 개발한 인간개발지수(Human Development and Capability)는 모든 세계인들의 구체적 현실속에서의 다원적 부정의를 진단하고 측정하여 개선하고자 하는 의지가 담겨있다.

은 사회적인 생산물이지만 공간적 실천, 공간적 인지, 공간적 재현이 가능한 독자적 범주로 사회적 과정을 거치면서 비로소 활성화된 사회적 공간이 된다고 주장한다. 즉 공간은 사회적 활동에 중요한 역할을 하기도 하지만 사회적 활동의 산물일 수도 있어 상호 깊은 관련을 맺게 된다는(Dunford and Perron, 1983) 인식이다. Lefebvre의 공간적 실천은 공간 안에서 구성원의 수행 활동이고, 공간의 재현은 공간 전문가들의 기획 및 기호화로 드러나는 것이며, 재현의 공간은 이미지와 상징에 의해 체험된 공간이다. 그의 공간은 자본의 일방적 지배가 일어나는 것이 아니라 다양한 존재방식인 Habitus가 작동되면서 불균등 발전으로 인한 다양한 모순이 등장하고 동질화의 저항적 의미로 차이가 드러나면서 재편의 과정도 가능한 영역이기도 하다.

Lefebvre의 공간론을 현대적 의미의 공간이론과 공간적 정의로 대전환적 발전을 시킨 Edward William Soja는 시간영역에 의해 단순히 지배되는 공간 문제를 "공간적 선회(Spatial Turn)"를 통해 사회적 패러다임의 중심적 영역으로 올려놓았다. 사회문제의 분석틀을 시간성(역사성)에 더해 공간성과 사회성의 변증법적 체계로 확장하여 시간적 지배에 의해 물리적, 자연적인 것으로 국한된 공간영역을 사회적 존재를 규정하는 핵심적 영역으로 끌어올리게 된다. 사회적 관계 및 구조 등 사회적 특성에 의해 공간이 생산 및 재생산되기도 하지만 공간이 사회의 생산과 재생산에 영향을 미치는 변증법적인 틀을 제시한 것이다. Lefebvre의 공간적 실천, 공간적 인지, 공간적 재현이라는 개념은 Soja에게서 1공간인 지각공간(perceived sapce), 2공간인 인지공간(conceived space), 3공간인 체험 공간(lived space)의 공간성 삼중변증법(Trialectics of Spatiality)'으로 발전한다(Soja, 1989; 1996). 지각공간이 경험적으로 측정가능하며 지도로 제작이 가능한 객체적 공간이라면, 인지공간은 주관적으로 상상되고 상징화된 이상주의적 재현 공간이며, 체험공간은 앞의 두 개 사이에 위치해 양자를 포괄하는 공간이다. 세 가지 공간에 더해 Soja는 포스트모더니즘의 문화적 요소와 결합된 혼종성의 공간이 발전되고 있음을 지적하고 있다. Soja의 큰 기여점은 비판적 공간이론을 단순히 낡은 마르크스주의적 공간론의 기계적 체계론에 국한시킨 것이 아니라 포스트메트로폴리스(Postmetropolis)라는 탈근대적 거대도시체계의 개념을 제시한 점이다(Soja, 2000). 특히, 그의 학문적 터전이었던 Los Angeles를 중심으로 포스트모던의

도시화과정에 주목하여 postmetropolis의 6대 담론(discourse)을 제시하였는데 유연성도시(Flexicity)로서 포스트포드주의적 산업 거대도시(PostFordist Industrial Metropolis), 세계도시로서 Cosmopolis, 경계없는 대도시 광역화의 Exopolis, 도시 재구조화에 따른 사회불평등 및 격차 확대 등 거대도시의 다극적 문제 (Metropolarities)를 지닌 파편적 도시(Fractoral City), 사유화된 공간의 공공적 공간 압도 및 정교화된 감시 시스템에 의한 요새의 監視群島(The Carceral Archipelago), 도시이미지 지배의 cyberspace에 의해 재구조화되는 Simcity가 그것이다(Soja, 2014). Soja의 궁극적 관심은 포스트모던시대의 공간적 변화를 예리하게 분석하는 것에 그치지 않고 그 속에서 공간의 민주주의와 공간의 정의의 실천이 중요함을 역설하고 있다(Soja, 2010; 2011).

Soja에 앞서 공간적 정의에 적극적 관심을 가진 학자는 David Harvey이다. 그의 공간적 정의론은 마르크스주의적 관점에서 접근되며 자본주의체제와 관련한 공간적 해석에 기초한다. 초기 저작인 *Social Justice and Space*(Harvey, 1973)는 이론의 구조가 단순하였지만 지리학에 정치경제학을 접목시킨 시도였으며, 이후 *The Limits to Capital*(Harvey, 1982)은 정치경제학을 공간과 지리학적 관점에서 재구성한 작업이다. 1980년대 이후 포스트모던을 통한 사회분석이 확장될 때 일찌감치 *The Condition of Postmodernity: An Enquiry into the Origins of Cultural Change*(Harvey, 1989)를 통해 20세기 후반 이후 포스트모더니티의 다양한 조건이 여전히 분석적 틀로 유용한 자본주의 체제의 공간정치경제학을 십분 활용하고 있다. 그런 측면에서 Harvey의 중요한 분석개념은 ① 관계적 공간과 시공간적 압축, ② 자본의 시공간적 순환, ③ 자본축적의 위기와 모순, ④ 공간적 조정과 지역불균등 발전, ⑤ 포스트모더니티의 조건, ⑥ 신제국주의, ⑦ 신자유주의, ⑧ 신자유주의 도시화, ⑨ 희망의 공간, ⑩ 도시에 대한 권리 등이다(Harvey, 1989; 최병두, 2016; 김용창, 2018). Harvey는 마르크스주의적 정치경제학의 이론적 틀을 공고히 하면서도 현대의 유연적 생산체제, 자본의 세계화, 포스트모더니티 등의 현대적 주제에 대해서도 날카로운 분석을 끊임없이 시도하며, 신자유주의 확산에 대한 저항의 필요성, 새로운 제국주의 및 현대 자본주의가 갖는 탈취적 양상에 도시권리와 도시정의운동의 필요성을 여전히 역설하고 있다(Harvey, 2012). 그는 자본의 이윤 동기를 위해 끊임없이 공간을 조정하고 사적인 지배를 확장하면서 시민들의 삶의 터전인 지역의 불균등발전을 해가는 양상을 지적하면서 이를 해소해가는 희망의 공간적 담론의 지속적인 실천이 필요함을 역설하고 있다(Harvey, 2009).

4. 자본주의와 지역불균등발전

자본주의의 생산과 재생산, 발전의 과정은 균등하지 않다. 자본의 공간 포섭도 균등하게 전개되지 않고 차별화시키고 선택적이어서 지역불균등발전이 오히려 본유적이다. 기존의 입지이론은 자본의 원리에만 부응하고 그 속에서는 사는 사람의 문제와 사람의 관계를 물신화된 공간으로 환원시키며 개별 경제단위로만 접근하여 사회경제적 전체에 의해 규정되는 체계적인 설명을 배제시키는 경향이 있어서(Smith, 1989; Massey, 1984) 매우 피상적으로 접근하고 있다. 즉, 자본주의 공간으로 입지론이 필요한 이유이다. 자본의 확장은 끊임없이 새로운 잉여와 이윤을 쫓아 움직이며 공간적으로도 집적과 집중을 낳는다. 하지만 상대임금의 감소와 시장수요 부족, 노동의 도전 등으로 위기를 겪으며 대기업 등 자본이 다른 지역으로 유출되면 해당 지역은 실업과 쇠퇴의 위기에 직면하게 된다. 자본주의는 끊임없이 모든 비(非)자본주의적인 것과 미(未)자본주의인 것을 자본 생산의 시간 및 공간 순환과정에 끌어들이면서 보편화 경향(universalizing tendency) 및 균등화 경향(equalization tendency)을 전개하지만, 동시에 더 핵심적인 것과 덜 핵심적인 것으로 위계화하여 부문 간, 산업 간, 업종 간, 기업 간, 기술 간 분업을 진행시키며 차별화 경향(differentiation tendency) 및 불균등화 경향(unequalization tendency)을 진행시킨다. 이러한 불균등화는 노동, 노동하는 사람, 그리고 공간의 선택적 포섭과 배제를 하여 마치 시소(see-saw) 게임을 벌이듯이 한다(Smith, 1989). 자본주의가 발전하면서 자본주의체제는 가치의 지역 간 이동, 즉 지리적 이전을 감행하면서 자본의 지휘부(Headquarter)가 있는 특정 기업과 공간으로 잉여 및 핵심 생산기능을 직접적, 간접적으로 집적시키며, 여타 지역의 지배를 공고히 한다(Hadjimichalis, 1987). 하지만 자본주의의 불균등발전의 진행은 기계적이거나 천편일률적 방식으로 진행되는 것은 아니라 경제조절의 양식, 산업화 수준, 계급 등 사회적 세력의 역학구도에 따라 달라지며 특히 국가의 개입에 의해 크게 달라진다. 국가가 계획과 제도적 행위를 통해 생산 뿐 아니라 공간에도 개입하게 된다. 개입이 진행되면서 지역의 산업, 노동시장, 주거, 교통, 심지어 삶의 양식들의 변화를 통해 공간 및 지역도 재구조화의 경험을 하게 된다(Soja, 1996).

마르크스주의 공간이론가들의 주장처럼 자본주의 하의 지역 간 격차와 불균형은 자본주의적 체제하에 불가피한 면이 있으나 기계적이고 법칙적이며 일률적으로 귀결되는 것이 아니라 산업발전단계, 산업양식, 사회적 제 세력의 각성 및 인식, 실천수준, 국가 및 정치엘리트의 특성 등 다양한 측면에서 복잡하게 전개될 수 있다고 보아야 할 것이다[12].

5. 지역균형발전 관련 법률의 반성적 고찰

우리나라 지역균형발전 담론의 가장 중요한 기초는 헌법과 법에서 제시될 수 있을 것이다. 우리나라 헌법의 제9장 제122조에서는 "국가는 국민 모두의 생산 및 생활의 기반이 되는 국토의 효율적이고 균형있는 이용·개발과 보전을 위하여 법률이 정하는 바에 의하여 그에 관한 필요한 제한과 의무를 과할 수 있다"고 규정하고 있으며, 제123조 2항에서 "국가는 지역간의 균형있는 발전을 위하여 지역경제를 육성할 의무를 진다"로 규정하고 있다. 하지만 제2장 국민의 권리와 의무에서 지역균형을 국민의 권리로 인정해야 한다. 즉, '지역 어디에서나 균형있는(혹은 적절한) 삶을 누릴 수 있다'는 권리 조항이 미흡하여 제35조 1항에서 "모든 국민은 '전국 어느 곳에서나' 건강하고 쾌적한 환경에서 생활할 권리를 가지며, 국가와 국민은 환경보전을 위하여 노력하여야 한다 " 등으로 균형발전에 대한 헌법적 가치를 담은 조항으로 개정이 필요하다. 추후 헌법 전문과 제2장 개정시 평등과 정의에서 공간적 의미를 담은 내용의 보완으로 국가 및 사회의 지역균형발전에 대한 정책적 의지 표출이 요구된다.

---

12) 소진광(2018)은 지역격차의 문제를 각 지역이 구성하고 있는 공간유전자(물리적, 사회적, 경제적, 문화적 맥락 내)의 차이를 잘 접목하여 균형발전에 이를 수 있다는 방안을 제시하고 있다. 추가적 결과물의 분배로 각 지역 간 경쟁과 차이로 인한 갈등이 발생할 수 있는데 이러한 변화 시에 각 지역은 본유의 유전자 전환 등 다양한 전략을 취하게 된다. 그는 각 지역이 오히려 차별화의 이점을 잘 활용하여 균형발전의 촉진이 가능하다고 주장하고 있다.

<표 2> 지역균형발전 관련 주요 법령

법률명	균형발전 관련 조항
헌법 제122조, 제123조2항 등	▶국가는 국민 모두의 생산 및 생활의 기반이 되는 국토의 효율적이고 균형있는 이용개발과 보전을 위하여 법률이 정하는 바에 의하여 그에 관한 필요한 제한과 의무를 과할수 있다. ▶국가는 지역간의 균형있는 발전을 위하여 지역경제를 육성할 의무를 진다.
국토기본법 제3조	▶국가와 지방자치단체는 수도권과 비수도권, 도시와 농·산·어촌, 대도시와 중소도시 간의 균형있는 발전을 이루고, 생활여건이 현저히 뒤떨어진 지역이 발전할수 있는 기반을 구축하여야 함
국가균형발전특별법 제2조 1항	▶국가균형발전이란 지역간 발전의 기회균등을 촉진하고 지역의 자립적 발전역량을 증진함으로써 삶의질을 향상하고, 지속가능한 발전을 도모하여 전국이 개성있게 골고루 잘 사는 사회 구현을 의미함
수도권정비계획법 제1조	▶수도권에 과도하게 집중된 인구와 산업을 적정하게 배치하도록 유도하여 수도권을 질서 있게 정비하고 균형 있게 발전시키는 것을 목적으로 함
혁신도시 조성 및 발전법 제1조	▶수도권에서 수도권이 아닌 지역으로 이전하는 공공기관 등을 수용하는 혁신도시의 조성을 위하여 필요한 사항과 해당 공공기관 및 그 소속 직원에 대한 지원에 관한 사항, 혁신도시를 지역발전 거점으로 육성·발전시키는 데 필요한 사항을 규정함으로써 공공기관의 지방이전을 촉진하고 국가균형발전과 국가경쟁력 강화에 이바지함을 목적으로 함
지역개발 및 지원법 제1조	▶지역의 성장 잠재력을 개발하고 공공과 민간의 투자를 촉진하여 지역개발사업이 효율적으로 시행될 수 있도록 종합적·체계적으로 지원함으로써 지역경제를 활성화하고 국토의 균형 있는 발전에 이바지함을 목적으로 함

자료 : 차미숙(2020)

지역균형발전과 관련한 주요 관련 법령은 헌법 외 국토기본법, 국가균형발전특별법, 수도권정비계획법, 혁신도시 조성 및 발전법, 지역개발 및 지원법 등에서 규정하고 있으나 지역균형발전을 규정하고 있는 법률의 수가 적고, 국가와 사회적 책무성 및 의지 표현 정도가 낮은 편이며, 법률적 영향력이 미흡하고, 구체적 정책수단과의 연계 등이 취약한 편이어서 추후 이에 대한 구체적 개선이 필요한 실정이다.

3장

대전환시대 지역위기의 현황

우리나라는 현재 지속가능성에 심각한 위기를 겪고 있다. 특히 인구학적 문제가 가장 심각하여 저출산 인구감소로 한국은 국가 소멸의 가능성이 매우 높다고 지적되고 있다. 감사원(2021)의 인구추계 결과에 따르면 2017년 5,136만 명에서 100년 후인 2117년에 1,510만명으로 70.6%가 사라질 것으로 전망했다. 이런 추세라면 200~300년 내 국가 자체가 사라지는 가장 심각한 사태에 직면하게 된다. 인구의 감소는 잠재성장률에도 결정적 영향을 미쳐 성장둔화와 침체의 위험이 높아진다. 2022년 말 골드만삭스는 경제 전망 보고서 '2075년으로 가는 길'에서 인구를 미래 경제 규모의 핵심요소로 보고 한국의 세계경제순위가 12위에서 2050년 15위 밖으로 완전히 밀려나는 것으로 예상하고 있다(https://news.mt.co.kr/mtview.php?no=2022121211374664596). 감사원(2021)은 저출산의 핵심 원인을 대기업 등의 수도권 집중에서 찾고 있으며 지역 일자리 창출, 지방대 문제, 국가의 강력한 균형발전 정책 거버넌스 등이 중요하다고 지적하고 있다.

여기서는 대전환시대 지역위기 현황을 수도권 일극 집중, 인구절벽 시대 지방·동네의 소멸, 집중이 낳은 삶의 질 위기, 지방대와 지방 인재 댐의 붕괴, 무능한 지역 정책을 중심으로 서술하고자 한다.

1. 수도권 일극 집중과 두 개의 한국

우리나라는 분단으로 한반도가 나누어졌을 뿐 아니라 수도권과 비수도권 간 두 번째 분단을 경험하고 있다[13]. 교류와 단절의 개념인 분단이라기보다 오히려 두 개의 국가를 이루고 있다고 하는 것이 적절할 수 있다. 국토 면적 11.8%인 수도권의 인구는 1960년 20.8%로 전체 인구의 1/5에 불과하였으나,

---

13) 경향신문, 2011년 10월 6일자, "절반의 한국"

1970년 28.2%로 1/4 수준이었으며, 1980년 35.5% 1/3을 넘어선 데 이어, 1990년 42.8%, 1995년 45.1%, 2000년 46.3%, 2010년 48.1%, 2020년 50.2%로 과반수를 넘어섰고, 2022년 50.5%로 인구 집중이 가속화되고 있다. OECD 국가 중 특정 광역권이 과반수 이상 인구를 집중시킨 국가는 벨기에[14]와 한국이 유일한데 그 만큼 우리나라의 수도권 인구 집중도는 심각한 상황이다. 수도권 집중도가 높은 국가로는 영국 36.4%, 일본 34.5%, 프랑스 18.3%이나 이들 나라는 수도권 집중에 대한 적극적 정책 펴 온 결과 지난 30년 동안 수도권 인구 비중에 큰 변화가 없거나 오히려 감소하고 있다는 점에서 우리의 경우와 대조를 이루고 있다.

〈표 3〉 수도권과 비수도권의 인구(명, %)

	1995년	2000년	2005년	2010년	2015년	2020년	2022년	2023년 1월
수도권	20,693,368 (45.12)	22,076,426 (46.25)	23,465,054 (48.10)	24,857,463 (49.21)	25,470,602 (49.43)	26,038,307 (50.24)	25,985,118 (50.52)	25,990,466 (50.54)
비수도권	25,164,661 (54.88)	25,656,132 (53.75)	25,317,220 (51.90)	25,658,203 (50.79)	26,058,736 (50.57)	25,790,716 (49.76)	25,453,920 (49.48)	25,439,552 (49.46)
전체	45,858,029 (100.00)	47,732,558 (100.00)	48,782,274 (100.00)	50,515,666 (100.00)	51,529,338 (100.00)	51,829,023 (100.00)	51,439,038 (100.00)	51,430,018 (100.00)

자료 : 국가통계포털. 2023년 2월 22일(https://kosis.kr/)

인구의 집중보다 심각한 것은 경제의 집중이다. 2022년 우리나라 1,000대 기업 중 수도권은 기업의 75.1%, 매출액의 87.7%를 차지하여 사회적 부의 90% 가까이를 독점하고 있다. 대기업 지배력이 높은 우리나라 현실을 감안한다면 부의 다수를 지배하고 있다고 하겠다.

〈표 4〉 수도권과 비수도권의 1000대 기업의 수와 매출액(개, 십억원, %)

	2006년		2016년		2022년	
	기업수	매출액	기업수	매출액	기업수	매출액
수도권	709 (70.90)	992,442 (83.20)	736 (73.60)	1,698,786 (85.00)	751 (75.10)	2,257,156 (87.70)
비수도권	291 (29.10)	199,796 (16.80)	264 (26.40)	299,894 (15.00)	249 (24.90)	316,694 (12.30)
전체	1,000 (100.00)	1,192,238 (100.00)	1,000 (100.00)	1,998,681 (100.00)	1,000 (100.00)	2,573,851 (100.00)

자료 : 한국콘텐츠미디어(각년도)

---

14) 벨기에 플란데른광역권의 인구는 2018년 현재 58.48%로 벨기에는 네덜란드 언어를 중심으로 한 브라반트(Brabant)공국이 있었던 플란데른(Vlaanderen)을 중심으로 국가가 형성된 역사적 경험을 갖고 있다. 벨기에 플란데른은 수도가 있는 브뤼셀광역권이 아니라는 점에서 수도권 일극 집중인 우리나라와는 다른 양상이다.

신규 고용의 65%가 수도권지역에서 발생하고 있고, 고용보험 신규 취득자 수의 60.8%는 수도권이며, 매달 사용하는 신용카드 사용액의 80% 이상은 수도권에서 결제되고 있고, 신규 투자금액 2조 3,803억 원 중 75.8%인 1조 3030억원이 수도권 내 기업에 집중 투자되고 있는 실정이다(안홍기 외 2017; 류종현, 2020). 이 같은 결과 우리나라는 88.2% 면적의 인구 절반이 만들어내는 사회적 부까지 수도권에 집중시키는 두 개의 한국으로 유지되고 있는 것이다. 부의 집중에는 독점적 지대 추구 경제의 기여가 크다. 지대 추구[15]란 새로운 부를 창출하지 않고 기회비용을 넘어(Orellana, 2020) 경제 상대와 타 주체들에게 주는 것 없이 부가 이전되는 것을 의미한다. 비수도권에서 생산된 부와 가치 창출, 소비, 희소가치 등이 100대 기업의 대부분, 1000대 기업의 80% 이상이 집중된 수도권으로 이전하였으며, 정치 권한, 연구개발 능력, 인재 선발, 성장 기회의 수도권 집중체계와 상호작용하면서 입지적 이익을 비정상적으로 확대시키고, 지난 70년 이상 수도권의 사회경제적 가치접근의 일극 집중과 비수도권의 배제라는 현상을 더욱 공고히 하였다는 점에서 지대 추구[16]적 특성을 가졌다고 할 수 있다. 지대추구는 성장에 더 많은 비용을 수반시키며(Murphy, et al., 1993), 역량감소, 불평등한 자원 배분, 소득 불균형 심화 등의 문제점을 발생시키게 된다(Orellana, 2020).

2. 인구절벽시대 지방·동네의 소멸

2022년 우리나라의 출생아수 24만 9천명, 합계출산률은 0.78명으로 전년에 비해서도 더욱 감소하고 있으며 OECD 최하위 수준에 머무르고 있다. 2000년 출생아수 64만명, 합계출산율 1.48명, 2010년 출생아수 44만명, 합계출산율 1.30명이었다가 불과 10여 년 만에 빠른 속도록 감소하고 있다. 지역별 합계출산률은 세종 1.12명, 전남 0.97명으로 높고 서울 0.59명, 부산 0.72명으로 낮아 대도시가 매우 낮고 농촌이나 신도시 등이 상대적으로 높은 실정이다. 심각하게 고착화된 낮은 출생률은 축소사회로의 전환을 불가피하게 하며, 인

---

15) 지대추구란 Adam Smith의 지대이론에 힘입어 G. Tullock (1967)이 먼저 제기하였고 Krueger(1974)가 발전시킨 개념임
16) KDI 고영구 부원장도 한국경제에서 수도권 집중, 대-중소기업 간 격차 등 이익집단의 지대추구 행위가 혁신을 지체시키는 원인으로 지적하는 등(http://www.kookje.co.kr/news2011/asp/newsbody.asp?code) 우리나라 전반의 심각한 지대추구적 문제점이 적지 않게 제기되고 있음

구 및 소비인구 감소, 생산가능인구 감소로 이어지고, 생산 및 투자 위축, 일자리 감소로 경제성장 동력 저하에 결정적 영향을 미치게 되어, 인구 대위기는 한국의 지속가능성에 심각한 위협을 초래하는 가장 결정적 원인이 될 것이다.

수도권 일극 집중과 더불어 지역문제에 가장 큰 영향은 인구학적 변화가 지역에 대한 차별적 영향을 미친다는 점이다. 인구학적 구조가 지방소멸에 미치는 지방소멸지수의 개념은 마스다 히로야(2015)에 의해 시작되어 우리나라에서 소멸위험지수(이상호, 2020)로 발전했다. 노인인구 대비 출산 가능 여성 인구의 비율을 통해 해당 지역의 지속가능성 여부를 판단할 수 있다. 소멸위험지수는 20~30대의 출산이 가능한 여성 인구를 65세 이상의 노인 인구로 나눈 것이다. 1.5 이상이면 낮은 소멸위험지역, 1.0~1.5는 보통지역, 0.5~1.0은 주의지역, 0.2~2.5는 소멸위험지역, 0.2 미만은 소멸 고위험지역으로 분류된다.

〈표 5〉 소멸위험지역 현황(2022년 3월 현재)

구분	시·도		시·군·구		읍·면·동	
	개수	(%)	개수	(%)	개수	(%)
1. 낮음	0	(0.0)	0	(0.0)	200	(5.6)
2. 보통	1	(5.9)	23	(10.1)	377	(10.6)
3. 주의	12	(70.6)	92	(40.4)	1147	(32.1)
4. 위험진입	4	(23.5)	68	(29.8)	735	(20.6)
5. 고위험	0	(0.0)	45	(19.7)	1114	(31.2)
소멸위험지역(4+5) 소계	4	(23.5)	113	(49.6)	1849	(51.7)
전체	17	(100.0)	228	(100.0)	3573	(100.0)

자료 : 이상호·김필(2022)에서 재구성

2022년 3월 현재 시·도별로는 4개(23.5%), 시·군·구는 113개(49.6%), 읍·면·동은 1,849개(51.7%)가 소멸위험지역에 해당되는 것으로 나타났다. 즉, 소멸위험지역은 시·도는 1/4, 시·군·구 및 읍·면·동은 과반수에 해당되어 이미 다수 지역이 지속가능성에 심각한 위협을 받는 것으로 나타나고 있다. 시·군·구 소멸위험지역의 추이를 보면 2000년 0.0%, 2010년 26.8%, 2020년 44.7%, 2022년 3월 49.6%로 지난 20여 년 간 빠른 속도로 증가한 것을 알 수 있다.

인구 소멸지역은 특히 비수도권에서 더욱 심각한데 시·도별로 보면 전남

(0.37), 경북(0.41), 강원(0.45), 전북(0.45) 등이 0.5 이하의 소멸위험지역에 속해 있으며 경남(0.54)과 부산(0.57)도 곧 소멸위험지역에 편입될 것으로 예상된다.

특정 지역과 동네에 인구가 사라져 최소 규모 이하가 되면 돌봄 등 사회서비스 제공기관도 문을 닫게 되어 서비스 사막화가 진행된다. 인구소멸이 다수 지역의 인구 및 서비스 사막화를 가속시킬 것이다.

3. 집중이 낳은 삶의 질 위기

〈표 6〉 OECD국가 광역권 Regional Wellbeing Index(2023년)

권역	소득	건강	안전	주거	삶의 만족도	서비스 접근	시민 참여	교육	일자리	공동체	환경
수도권	3.7	10.0	9.7	3.6	3.8	9.5	4.9	10.0	7.3	2.9	0.0
부울경권	3.4	9.0	9.6	4.2	2.3	8.7	5.5	9.6	7.0	0.5	0.7
대경권	3.3	9.1	9.8	4.4	2.7	8.8	5.2	9.5	7.2	0.7	0.0
호남권	3.4	9.2	9.8	4.4	3.5	8.9	5.2	9.5	7.7	0.6	0.0
충청권	3.4	9.5	9.8	4.3	3.5	9.1	3.3	9.6	7.9	1.3	0.0
강원권	3.4	9.5	9.8	4.3	3.5	9.1	3.3	9.6	7.9	1.3	0.0
제주권	3.3	10.0	9.5	4.1	4.6	8.6	4.3	9.9	8.2	5.1	2.2

- 자료: https://www.oecdregionalwellbeing.org/KR07.html
- 각 지표는 10점 척도로 소득(1인당 가처분소득), 건강(기대여명, 표준화사망비), 안전(살인률), 주거(1인당 방 수), 삶의 만족도(만족도 평가), 서비스(접근 광대역 인터넷), 시민참여(투표율), 교육(중졸이상 취업자비), 일자리(취업률, 실업률), 공동체(사회적지지 인지), 환경(대기오염)로 구성

집중은 경제적 효율성과 규모의 경제를 바탕으로 집적의 이익을 증가시킬 수도 있으나 삶의 질 저하와 다양한 사회경제적 위기를 증가시킬 수 있다. OECD(2022)의 광역권별 웰빙 지수(10점 척도)를 보면 우리나라 대부분 광역권은 건강, 안전, 서비스 접근성, 교육, 일자리에서 높은 상태이나 시민참여, 주거에서는 보통 수준이며 삶의 만족도, 소득, 공동체, 환경은 낮은 수준으로 나타나고 있다. 특히 공동체와 환경은 거의 0점대에 머무르고 있어서 매우 심각한 상태에 있다. 주목할 사항은 수도권 역시 비수도권에 비해 그리 높지 않은 실정이며 특히 주거와 환경은 비수도권에 비해 낮은 실정이다. 이는 OECD 최대 과밀국가임(1㎢당 516명)[17]에도 11.8%의 좁은 국토 면적에 수도권 인구와 사회기반시설을 집적시켜 주거와 환경의 상태를 취약하게 만든 그동안의 국토 불균형 운영의 결과이다. 수도권의 연 소득 대비 주택 구입가

---

17) http://www.casenews.co.kr/news/articleView.html?idxno=12471

격은 8.0배로 비수도권의 5.5배에 비해 2.5나 높은 실정에 있다. 수도권의 교통혼잡비용은 35.4조로 전국 대비 52.2%나 높아 국가적 부담이 되고 있다. 더 큰 문제는 수도권의 주택 조성 비용이나 교통·물류 인프라 조성을 위해 비수도권에 투자해야 할 예산까지 지출하게 하여 지대이익과 집적이익까지 챙긴 수도권지역의 과밀부담을 국가가 짊어지고 비수도권의 발전 기회까지 앗아간다는 데 있다.

수도권 일극 집중은 수도권에 과밀의 문제를 비수도권에는 과소의 문제를 야기하면서 국가경쟁력을 저하시키는 한계점에 도달하였다. 감사원의 「인구구조변화의 대응실태 보고서」(2021)에 따르면 우리나라의 저출산 특성을 보면 수도권 출산율이 낮고, 특히 서울 출산율이 가장 낮은 상황인데 이는 한국의 수도권 인구 및 사회적 부의 집중, 청년층 중심의 수도권 인구 유입, 수도권의 높은 주거비용과 생활비용으로 삶의 질을 저하시키고 출산동기를 감소시키고 있음을 지적하고 있다. 감사원 보고서에서는 이를 해소하기 위해 노무현정부에서 시행했던 공공기관 이전 사업을 확대할 필요가 있음을 지적하고 있다. 즉 우리나라의 초저출산 경향을 극복하기 위해서는 분산과 같은 지역균형발전정책이 강화되는 것이 무엇보다 중요함을 강조하는 것이라 하겠다.

4. 지방대와 지방 인재 댐의 붕괴

수도권과 비수도권 간 격차 중에도 교육 및 인재의 격차구조는 미래의 역량과 성장 잠재력의 불평등으로 이어진다는 면에서 더욱 심각하게 고려되어야 할 부분이다.

2022년 대학 입학정원을 467,719명으로 보면 2025년 대학 입학 대상인 18세 인구는 454,621명으로 13,098명이 적을 전망이다. 2007년 황금돼지띠 출생아 증가, 2008년 금융위기로부터 회복이 뚜렷했던 2010년, 2011년의 출생아 증가가 반영된 2026년, 2029년, 2030년의 만 18세 인구를 제외하고는 전반적으로 대학 입학정원을 크게 하회하고 있다. 2028년에는 10만 명 이상 대학 입학정원에 미달하고 2040년에는 정원 미달 인원이 20만 명을 넘어서서 대다수 대학이 정원을 채우지 못하거나 아예 문을 닫을 수밖에 없는 시대가 본격화될 것이다. 학생 수 격감이나 대학 폐교로 적을 잃은 다수 학생들의 혼란과 불이익,

교직원 신분 위협과 실직, 지역경제의 타격이 예상되며 나아가 고등교육체제의 붕괴와 부실화로 이어져 갈수록 과학기술 및 연구개발이 중요해지는 경제적 변화기에 고급인력의 유지에 결정적인 어려움이 예상된다[18].

〈표 7〉 18세 인구 전망과 대학 입학정원 비교

구분	2025년	2026년	2027년	2028년	2029년	2030년	2031년	2032년
18세	454,621	482,420	449,541	443,346	479,047	470,324	461,453	434,034
입학정원(22년)	467,719	467,719	467,719	467,719	467,719	467,719	467,719	467,719
차이	-13,098	14,701	-18,178	-24,373	11,328	2,605	-6,266	-33,685
구분	2033년	2034년	2035년	2036년	2037년	2038년	2039년	2040년
18세	441,931	429,437	385,875	347,826	320,068	291,101	271,847	259,004
입학정원(22년)	467,719	467,719	467,719	467,719	467,719	467,719	467,719	467,719
차이	-25,788	-38,282	-81,844	-119,893	-147,651	-176,618	-195,872	-208,715

주) 일반·산업·교대 및 전문대 대상
※ 자료 : 국가통계포털(https://kosis.kr/index/index.do), 대학알리미(https://www.academyinfo.go.kr/index.do)
　　출처 : 임희성(2022)

　김영삼정부 시기 대학설립 준칙주의에 의해 대학이 크게 양산되었으나 노무현정부 때부터 대학 정원은 계속 줄어들었다. 2008년 582,036명의 정원이 이명박정부(2013년) 545,822명로(-36,214명), 박근혜정부 484,787명(-61,035명), 문재인정부 472,496명(-12,291명)으로 계속 줄어들었다. 특이한 것은 각 정부 때마다 수도권의 대학 감축은 20% 내외였으나 비수도권 대학은 80% 내외의 감축이 이루어져 대부분 대학의 정원 구조조정이 비수도권 대학에 집중되었음을 알 수 있다.

〈표 8〉 역대 정부 정원감축 결과

(단위 : 명, %)

구분	2008년	노무현정부('03~'08)		2013년	이명박정부('08~'13)	
		감축인원	비율		감축인원	비율
수도권	209,918	-10,489	14.7	202,157	-7,761	21.4
비수도권	372,118	-60,645	85.3	343,665	-28,453	78.6
합계	582,036	-71,134	100.0	545,822	-36,214	100.0
구분	2018년	박근혜정부('13~'18)		2021년	문재인정부('18~'21)	
		감축인원	비율		감축인원	비율
수도권	187,952	-14,205	23.3	185,306	-2,646	21.5
비수도권	296,835	-46,830	76.7	287,190	-9,645	78.5
합계	484,787	-61,035	100.0	472,496	-12,291	100.0

주 : 2003년 수도권 입학정원은 220,407명, 비수도권 입학정원은 432,763명, 전체 대학입학정원은 653,170명
출처 : 연덕원(2021), 임희성(2022)

---

18) 2019년 기준 부산의 대학(4년제 15개, 전문대 9개) 예산은 3조 원으로 부산시 예산 12.9조 원의 23.3%에 해당되며 부산의 대학구성원은 20만 명(학생 17만, 교직원 3만)으로 전체 인구의 6.3%에 해당되며 16개 구·군 중 부산광역 시청이 있는 연제구 정도의 규모와 맞먹는다.

　　우리나라 대학의 재정은 거의 학생들의 등록금에 의존하고 있는데[19] 입학생의 격감과 높은 중도이탈율을 경험하고 있는 지방대는 대학재정과 운영에 심각한 어려움을 겪고 있는 실정이다. 대학에 대한 정부지원은 주로 교비회계와 산학협력단회계를 중심으로 하고 있는데 산학협력단 국고 보조금은 포항공대를 제외하고는 수도권 상위 10개 대학이 전체 54.3%를 독식하고 있으며 비수도권 대학 비중은 매우 낮은 실정에 있다(임희성, 2022).

　　비수도권에서 수도권으로의 인구 집중은 거의 청년층에 의해 이루어지고 있다. 수도권 중고등학교 및 대학으로 비수도권 학생들의 이동에 이어 취업 및 높은 직업이동 기회 등을 기대하면서 청년들의 수도권 집중이 지속적으로 이루어지고 있다. 통계청(2020)의 발표에 의하면 2000년대 초반에는 30~60대의 수도권 유입이 컸으나 2000년대 후반부터는 오히려 비수도권으로 순유출이 크게 나타나고 있다. 반면 청년층은 혁신도시 본격 입주기간에 약간 주춤했지만 전 해당 시기에 걸쳐 수도권 순유입이 압도적으로 높게 나타나고 있다.

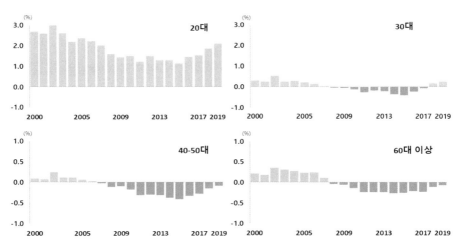

자료 : 통계청(2020)

---

19) 2021년 대학 재정에서 국고보조금(국가장학금 포함) 비중은 일반대 17.3%, 전문대 25.6%이며 법인 전입금 비중은 일반대 3.7%, 전문대 1.1%에 불과함(임희성, 2022).

지역별 청년층 경제활동참가율 추이

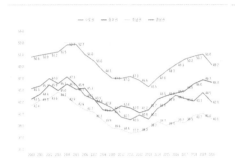

지역별 청년층 고용률 추이

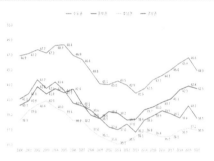

〈그림 4〉 지역별 청년층 경제활동참가율 및 고용률 추이

출처 : 황광훈(2021)

청년층의 수도권 유입 원인은 고급일자리 기반인 우리나라 대기업의 대다수가 수도권에 몰려있고 직업 획득의 기회 및 사회경제적 신분 상승의 기회가 서울에 몰려있기 때문이다. 수도권 청년층의 경제활동참가율은 2000년 이후 약 20년간 다른 권역과는 비교가 되지 않게 높다. 2000년대 초반에는 수도권 > 영남권 > 충청권(중부권) > 호남권의 순위였으나, 2000년대 중반 이후부터는 충청권이 영남권을 앞서고 있어서 수도권의 일자리벨트가 충청권까지 확대되는 연담화 경향을 확인할 수 있다. 청년층 고용률 역시 경제활동참가율과 동일한 결과를 나타내고 있다. 즉 수도권에 광범위한 일자리가 집중되어 있음을 반영하고 있는 것이다.

지역별 첫 일자리의 월평균 소득비교(성별)

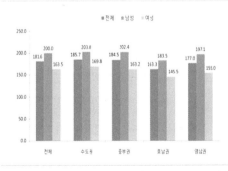

지역별 첫 일자리의 월평균 소득(기업체규모별)

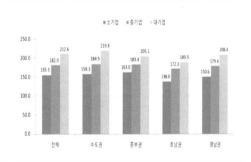

〈그림 5〉 지역별 첫일자리의 월평균 소득(성별, 기업체규모별)

주 : 첫 일자리 소득은 연도별 물가상승률을 반영한 실질임금이며 기업규모는 소기업 30인 미만, 중기업 20~299인, 대기업 300인 이상으로 구분
출처 : 황광훈(2021)

2020년 권역별 첫 일자리의 초임은 수도권 185.7만 원, 충청권 184.5만 원이나 영남권 177.0만 원, 호남권 163.3만 원으로 영호남권과 10~20만 원 정도 차이가 있다. 기업규모별로 보면 첫 일자리의 초임은 대기업 > 중기업 > 소기업 수준으로 기업 규모 간 차이가 크게 나타나고 있다. 대기업을 기준으로 보면 수도권은 219.3만 원, 영남권 208.4만 원, 충청권 205.1만 원, 호남권 189.5만 원으로 수도권과 비수도권 간에는 10~30만원의 차이가 있어서 수도권의 상대적으로 높은 소득과 더 나은 일자리는 비수도권 청년들에게 수도권으로 진입하기 위한 본질적 동기로 작용할 수밖에 없을 것으로 판단된다.

비수도권 청년층의 수도권으로의 집중적 유입을 막기 위해서는 비수도권의 고등교육의 질 향상이 매우 중요하다. 하지만 문재인정부는 이러한 기회를 거의 살리지 못했으며 윤석열정부는 최소한의 장치마저 해체할 가능성이 높은 정책으로 이동하고 있다. 교육 및 대학 관련 공약이 미흡하였던 윤석열정부는 출범 이후 국정약속 15('창의적 교육으로 미래 인재를 키워내겠습니다')에 교육공약을 담고 있다. 국정과제로 '100만 디지털인재 양성', '모두를 인재로 양성하는 학습혁명', '더 큰 대학 자율로 역동적 혁신 허브 구축', '국가교육책임제 강화로 교육격차 해소', '이제는 지방대학시대' 5개를 설정하고 있다(대한민국정부, 2022). '100만 디지털인재 양성' 과제부터 대통령이 직접 나서 첨단산업전공 수도권 대학 정원을 풀어주는 계기가 되었으며, 대학 자율 강조는 긍정성이 있을 수도 있으나 전문성이 취약한 지방정부에 '만능열쇠'를 넘기는 위험성을 잠재하고 있다. 2023년 1월 발표한 교육부 업무보고(교육부, 2023)에 따르면 4대 개혁분야와 10대 정책과제는 규제혁신, 권한 지방이양, 핵심 첨단분야 인재 양성이 있으나 고등교육에서의 지역 간 격차 해소, 지방대 및 지방인재 소멸에 대한 대처에 국가의 주도적 책무성은 보이지 않는다. 오히려 시장 중심의 대학구조조정, 대학 거버넌스의 시·도 이관, 국가의 고등교육정책의 책무성 포기 등 신자유주의적 요소가 훨씬 강화되는 실정이다(송주명, 2023). 특히 2023년 초 고등·평생교육 특별회계가 가능해졌으나 대학소멸시대 대학 재편의 '빅 픽쳐(Big Picture)'가 없이 임기응변적 대응이 예상되고 있다. 우리나라 대학 중 80% 이상이 사립대임에도 불구하고 고등·평생교육 특별회계 1조 7000억 원 중 위기의 지방사립대와 관련한 예산은 14.7%에 불과하다.

5. 무능한 지역 정책

촛불시민혁명으로 박근혜대통령 탄핵 이후 등장한 문재인정부는 '국민의 나라 정의로운 대한민국'을 국가 비전으로 '국민이 주인인 정부' 등 5대 국정 목표를 제시하였는데 네 번째 국정목표로 '고르게 발전하는 지역'을 설정하고 하위에 ① 풀뿌리 민주주의를 실현하는 자치분권, ② 골고루 잘사는 균형발전, ③ 사람이 돌아오는 농산어촌 등 3대 국정전략을 표방하였다.

전략 1 "풀뿌리 민주주의를 실현하는 자치분권"에는 74. 획기적인 자치분권 추진과 주민 참여의 실질화(행자부), 75. 지방재정 자립을 위한 강력한 재정분권(행자부·기재부), 76. 교육 민주주의 회복 및 교육자치 강화(교육부), 77. 세종특별시 및 제주특별자치도 분권모델의 완성(행자부)이 있고, 전략 2 "골고루 잘사는 균형발전"에는 78. 전 지역이 고르게 잘사는 국가균형발전 (산업부·행자부·국토부), 79. 도시경쟁력 강화 및 삶의 질 개선을 위한 도시재생뉴딜 추진(국토부), 80. 해운·조선 상생을 통한 해운강국 건설(해수부)이 있으며, 전략 3 "사람이 돌아오는 농산어촌"에는 81. 누구나 살고 싶은 복지 농산어촌 조성(농식품부), 82. 농어업인 소득안전망의 촘촘한 확충(농식품부), 83. 지속가능한 농식품 산업 기반 조성(농식품부), 84. 깨끗한 바다, 풍요로운 어장(해수부)이 제시되었다.

문재인정부는 평창올림픽 개최, 남북 간 화해협력과 한반도 비핵화, 코로나19 대처, 국제적 국가 위상 제고 등의 성과에도 불구하고 저출산 인구감소 등 미래 과제 해결을 위한 미래 국가발전전략 수립, 교육 정책, 공적 연금 개선 노력 등이 부족하였고, 특히 지역균형발전정책은 매우 미흡하였다. 분권형 개헌안 발표, 중앙-지방협력회의 추진, 국가균형발전프로젝트 사업 예타 면제, 광역연합 등 특별자치단체 추진 등 일부 균형발전 정책 추진도 있으나 공공기관 2차 이전 회피, 국가균형발전정책의 국정 후순위 방치, 대통령의 국가균형발전위원회 행사 미참여 등 국민의 기대에 부응하지 못했다. 저출산, 인구 급감, 지방 및 동네소멸, 지방대 위기, 대학 서열화, 지방의 성장동력 미흡과 정체 등의 과제를 지역균형발전정책에 연계하여 돌파하려는 시도가 미진하였으며 지방자치단체 및 균형발전·분권운동단체, 야당 등과의 아젠다 수렴에 대한 거버넌스가 제대로 작동되지 못한 채 지역균형발전을 위한 천금과 같은 5년의 임기가 흘러가 버렸다.

〈표 9〉 윤석열정부 지방분권·균형발전정책에 대한 평가

약속	과제	사업	평가				
			중요성	효과성	참신성	달성 가능성	진정성
[약속21] 진정한 지역주도 균형발전 시대를 열겠습니다	111. 지방시대 실현을 위한 지방분권 강화	국가-지방 기능조정, 자치권 강화, 지방자치단체 기관구성 다양화, 주민자치회 개선, 자치경찰권 강화, 지방자치-교육자치 연계, 특별자치시·도 위상 제고	◉	○	△	○	△
	112. 지방자치단체 재정력 강화	재정자주도 기반 목표 설정, 지방의 자주재원 확충, 균특회계 및 국고보조금 제도개선, 현금성 복지사업 관리, 지방보조금 통합관리시스템 구축 및 재정분석, 지방 재정위기 관리제도 개선	◉	○	△	○	△
	113. 지역인재 육성을 위한 교육혁신	학교 교육 다양화(교육자유특구 운영), 지자체·교육청·대학 간 협력, 지자체 책임 강화, 공공기관 지역인재 의무채용 확대	◉	△	△	○	△
	114. 지방자치단체의 자치역량·소통·협력 강화	인적역량·경쟁력 제고, 주민참여 활성화, 지방의회 자율·투명 강화, 이장·통장 처우 개선, 초광역지역연합 구축지원, 지자체 간 협력·조정 강화, 중앙-지방간 소통·협력 강화	○	○	△		△
[약속22] 혁신성장기반 강화를 통해 지역의 좋은 일자리를 만들겠습니다	115. 기업의 지방 이전 및 투자 촉진	기회발전특구 지정·운영, 이전기업 세제 혜택, 지식기반서비스기업지방투자 확대	◉	◉	△	△	△
	116. 공공기관 이전 등 지역 성장거점 육성	행정수도 세종 완성, 공공기관 추가 이전, 혁신도시 활성화	◉	◉	△	△	△
	117. 지역 맞춤형 창업·혁신 생태계 조성	창업·혁신거점, 지역기업 생태계, 지역 벤처투자, 정책금융 지원	◉	◉	△	△	△
[약속23] 지역 스스로 고유한 특성을 살릴 수 있도록 지원하겠습니다	118. 지역특화형 산업 육성으로 양질의 일자리 창출	초광역권 기반 신산업 육성, 강소도시 산업 활성화, 혁신거점 육성 고도화, 지역 일자리 사업 재구조화	◉	◉	△	△	△
	119. 지역사회의 자생적 창조역량 강화	로컬크리에이터, 로컬브랜드, 로컬인프라, 창조커뮤니티 기반 조성, 맞춤형 종합지원, 지역특화 로컬콘텐츠 타운 조성	○	△	△		△
	120. 지방소멸 방지, 균형발전 추진체계 강화	지방소멸 위기 극복, 균형발전지표 활용, 지역공약 추진체계, 지역주민 의견 수렴	◉	○	△	△	△

주 : ◉=양호, ○=보통, △=미흡

윤석열 대통령후보는 대선 중 원래 지역균형발전공약이 매우 취약하였고 정부출범 초기에도 지역균형발전과 관련된 과제가 빠진 채 110대 공약이 발표되었으나 2개월 후 지역과제를 보완하여 120대 국정과제를 발표하였다. 국정목표 6 "대한민국 어디서나 살기 좋은 지방시대"에 21진정한 지역주도 균형발전 시대를 열겠습니다, 22혁신성장기반 강화를 통해 지역의 좋은 일

자리를 만들겠습니다, 23지역 스스로 고유한 특성을 살릴 수 있도록 지원하겠습니다 등 3개의 약속이 있다. 약속 21에는 111. 지방시대 실현을 위한 지방분권 강화, 112지방자치단체 재정력 강화, 113지역인재 육성을 위한 교육혁신, 114지방자치단체의 자치역량·소통·협력 강화의 4개 국정과제, 약속 22에는 115기업의 지방 이전 및 투자 촉진, 116공공기관 이전 등 지역 성장거점 육성, 117지역 맞춤형 창업·혁신 생태계 조성 등 3개 국정과제, 약속 23에는 118지역특화형 산업 육성으로 양질 일자리 창출, 119지역사회의 자생적 창조역량 강화, 120지방소멸방지, 균형발전 추진체계 강화 등 3개 국정과제가 있다.

윤석열정부의 지방분권·지역균형발전정책을 정책영역별로 평가하면 (1)가치/이념/지형 측면에서 보면 균형발전, 자치분권, 협력을 추가 국정의제로 포함시켜 강조하고 있다고 하겠다. (2)법제 면에서 새로운 법제 내용 제안이 미흡하고, 기존 제도에 대한 평가 및 의견도 미흡하다. (3)기구 및 거버넌스 면에서 지방시대위원회를 제시하고 있으며 기존 국가균형발전위원회와 자치분권위원회의 통합을 시도하고 있다. 하지만 국회에 관련법이 통과되어야 가능하나 지방시대위원회의 지향점과 운영의 특색에 대해서는 의문이 든다. (4)재정과 관련해서 재정 규모 및 영향에 대한 비전·재원에 대한 의견도 미흡하며, 지방대의 재정문제 해소를 위한 지원책이 부재하며(2023년 고등·평생교육 특별회계 제시), 지역의 복지재정 경감을 위한 구체적 대책이 없는 것이 문제이다. (5)균형발전 정책 의지 및 창의성과 관련해서는 지역균형발전정책이 국정방향에서 우선순위가 높지 않다고 판단되며, 차별화된 균형발전정책의 그랜드 디자인이 부재한 상태이고, 과제 내 공약에는 특별연합이 있으나 이미 부울경에서는 단체장에 의해 파기되는 등 정책적 균열이 생기고 있으며 광역권에 대한 실질적 지원정책도 미흡하고 공공기관 이전에 대헤서도 노무현정부 때 시행된 것과 같은 밑그림 없이 공약 수준에만 머무르고 있다. (6)자치분권에 대한 의지 및 접근방식과 관련해서는 분권과 자유가 윤석열정부 전반에서 강조되고는 있으나 권한·사무·재정에 대한 것은 후속 과업에서 기대해야 할 것 같다. (7)정책 간 일관성(진정성)의 측면에서 보면 수도권대학 반도체 등 첨단업종 우선 지정 등은 균형발전과 모순이 되는 대처이며, 2023년 제안한 RISE(Regional Innovation System & Education)에서는 우리나라 교육

체계에 대한 근본적 개혁 청사진과 정책성과에 대한 검토 없이 사업 나열 중심으로 접근하는 문제점을 안고 있다.

윤석열정부 지방분권·균형발전정책에 대한 평가를 하면 첫째, 정책의 중요성과 관련하여 과제와 사업내용은 공공기관 이전처럼 대부분 정책적으로 중요하다고 판단되나 제안된 내용이 이미 시행되는 것도 많아 새로운 정책 발굴 및 개발과 같은 적극적 의지가 부족한 부분도 있는 것으로 평가된다. 둘째, 정책의 효과성과 관련하여 신성장기반과 일자리에 대한 것은 정책효과성이 있으나 나머지는 지역균형발전과 자치분권의 목적을 달성하기에는 미흡한 내용으로 평가된다. 셋째, 정책의 참신성(창의성·혁신성)과 관련하여 제안된 정책과 사업은 거의 전 영역에 걸쳐 기존 과제 및 사업의 재탕에 불과하며 교육자유특구 및 기회발전특구란 용어 외에는 참신한 내용이 빈약하다. 이것 역시도 이명박정부 시기 정책개념의 재탕적 성격이 크며 미국, 영국 등에서 성공여부에 대한 판단에 유보적이라 창의적이란 평가는 유보할 수밖에 없다. 넷째, 정책의 달성가능성과 관련해서 정책중요도가 낮은 과제나 사업들은 그나마 달성가능성이 높을 것이나 다수 정책은 효과가 크지 않을 것으로 전망된다. 다섯째, 정책의 진정성(authenticity) 및 일관성과 관련하여 정책간 일관성 및 공약과 실제 제안사업 간 일치성을 중심으로 일관성을 보면 정부 출범 이후 반도체학과 수도권 대학 증원, 지방대 지원정책 부재, 공공기관 이전정책 추진 의지 미흡, 부울경특별연합 이탈에 대한 정부 노력 미흡 등은 정책의 일관성과 진정성을 의심할 수밖에 없다.

지역균형발전정책이 이명박, 박근혜정부 시기 잃어버린 10년을 경험하였고 문재인정부 역시 답보상태였다고 평가되어 노무현정부 이후 지난 정부들은 이 분야와 관련하여 모두 무능하였다고 평가된다. 윤석열정부의 지역균형발전정책 역시 실질적 성과를 기대하기에는 조심스러우며 자율, 규제 해소, 기회발전특구 등의 정책개념은 책임의 원인을 지역주체에 돌리는 신자유주의적 특성을 강하게 담고 있는 것이어서 경계를 늦추기 어렵다.

4장

대전환 복합위기시대 지역정책의 방향

1. 대전환 시대와 복합위기

우리는 대전환(the great transformation) 시기를 맞고 있다. 코로나19를 경험한 시기부터 Friedman(2020)은 코로나19 이전과 이후로 나누어야 한다고 지적하고 있으며 Crutzen과 같은 학자는 지질학적 관점에서 홀로세에서 인류세(人類世, Anthropocene)로 전환해 간다는 주장(이별빛달빛, 2022)까지 대두되고 있다. 이전과 다른 워낙 중대한 변화를 겪고 있기 때문이다.

사회변화 요인이 매우 복잡하고 변화속도가 빠르면 수많은 난제(wicked issues)를 발생시키게 되어 복합적 위기로 진행된다. 이렇듯 대전환시기에는 복합적 위기를 경험하게 된다. 매년 World Economic Forum에서는 세계의 위기를 진단하여 발표한다. 2022년 보고서(World Economic Forum, 2022)는 1~2년 내 위기로 극단적 기후 변화, 생계 위기, 기후행동 실패, 사회결속력 붕괴, 감염질환, 정신건강 악화, 사이버안전 실패, 부채위기, 디지털 불평등, 자산 거품 폭발 등을 꼽고 있으며, 2~5년 내 위기로 기후행동 실패, 극단적 기후 변화, 생계 위기, 부채 위기, 인간 환경의 타격, 지리경제학적 직면, 사이버안전 실패, 자산 거품 폭발을 들었고, 5~10년 간 발생할 위기로 기후행동 실패, 극단적 기후 변화, 종의 다양성 상실, 자연자원 위기, 인간환경 타격, 사회결속 붕괴, 비자발적 이주, 반(反)기술 진보 경향, 지리경제학적 문제 직면, 지리정치학적 자원 경쟁화를 제시하였다. 경제·인문사회연구회의 협동연구과제 결과(정용찬 외, 2021)에서는 미래전망에 대한 분석을 세계경제 및 통상분야, 평화 및 안보 분야, 환경 및 에너지 분야, 거시경제 및 산업분야, 보건 및 복지분야, 과학기술 및 혁신 분야, 인력 및 교육 분야, 국토 및 교통 분야, 공공행정 분야, 재난관리 분야 등으로 나누어 국가의제를 분석한 바가 있다.

5대 대전환 시대		
	The Covid-19 Pandemic	Before Corona vs After Corona, 사회경제적 멈춤, 경제산업구조 전환, 언택트 사회, 경제회생 요구, Me First, 사회경제적 불평등, 재난자본주의(N. Klein)
	4th IR과 디지털 전환	Big Data 및 AI, 로봇, Iot, Bio 기술 등 혁신성장, 데이터 주도 혁신 성장, 초연결사회, 사회경제 전반의 디지털화 촉진
	기후변화	온실가스, 산업화 이전에 비해 1.5도 상승, 인간에 의한 영향(IPCC 6th Report), 기후 재앙, 기후 정의 위협
	에너지 전환	화석연료 및 원자력 기반으로부터 재생에너지 등 지속가능에너지로 전환, 전력/난방/운송에서의 전환, 세계 주요국 에너지전환 등 그린뉴딜 추진과 한국의 취약한 대응력, 에너지 기본권과 접근성
	인구구조 전환	세계 최저 출산률, 초고속 고령화 및 생산가능인구 축소(20-50), 인구 절벽 도래, 축소사회, 지역 및 동네 소멸, 행복하지 않고 우울/고립의 한국인(세계 최고 자살률)

〈그림 6〉 5대 대전환

본 연구에서는 선행연구 등을 참고하여 현재 우리나라가 직면한 5대 대전환으로 코로나19 팬데믹, 4차산업혁명과 디지털 전환, 기후 변화, 에너지 전환, 인구구조 전환의 5가지를 들고 하위의 주요 이슈들을 제시하였다.

5대 대전환	Wicked Issues	6대 복합위기
The Covid-19 Pandemic	팬데믹의 충격 및 후유증/ Shutdown 장기화 등 사회경제침체/ Corona Blue, 가족갈등, 고립 등	Pandemic Crisis 재난자본주의화
4th IR과 디지털 전환	고용없는 혁신과 성장/ Digital Divide/ 사이버 안전 도전과 실패/기술 거버넌스 미흡/ 자원의 지리정치화와 Global Value Chain 자원 공급 제한 / 경제침체와 글로벌 리스크/ 자국이기주의와 국제협력체계 위기 / 다자간 체제 위협	고용없는 혁신성장과 사회경제 혼란, 중저성장
기후변화	기후재앙과 기후행동 실패 / 자원고갈 및 종의 다양성 위기/ 탄소중립, 그린뉴딜 등의 낮은 한국 대응력/에너지전환의 경제산업전환체제 미흡	기후위기 및 지속가능 위기
	양극화 및 격차사회 심화(소득, 자산 격차 등)/ 지대추구형. 약탈적 경제체제/ 개인 및 국가 부채위기 / 생활안정 위협 / 청년의 사회경제적 배제/ 개인 가족부담이 큰 Welfare Regime / 낡은 최저생활보장 / 취약한 노후보장	사회경제적 격차 심화 및 공간적 양극화
에너지 전환	인구감소지역소멸 초고령사회 3대 인구리스크 / 저출산에 따른 생산가능인구 감소와 고령화 / 인구절벽, 인구·사회서비스의 사막화 / 딤세인구 급감과 사회보장 재원 확보 위기 / 급속한 인구고령화에 따른 사회교육적 부담 급증 / 학령인구 격감에 따른 기초·중등고등교육기 반 과잉유지/ 수도권 집중(수도권의 과밀위기와 비수도권의 과소위기) / 평균지역보다 6배 높은 과밀 – 과소지역 SOC 유지비용 / 지방소멸·동네소멸	초저출산과 인구지속성 위기, 인구·복지 공간사막화
인구구조 전환	사회결속 위기 / 낮은 국민행복감(행복지수 세계 62위로 OECD 최하위)/ 세계 최고 자살률 / 나눔지수 세계 최하위(110위/114개국, WGI)	무한경쟁사회와 사회결속 해체 [Interregnum]

〈그림 7〉 5대 대전환과 6대 복합위기

5대 대전환은 수많은 난제를 양산하며 쉽게 해결하지 못한 채 복합적 위기를 맞게 된다. 6대 복합위기는 팬데믹위기와 재난자본주의화, 고용없는 혁신성장 및 사회경제적 혼란과 중저성장 진입, 기후위기 및 지속가능 위기, 사회경제적 격차 심화 및 공간적 양극화, 초저출산 및 인구지속성 위기와 인구·복지 공간 사막화, 무한경쟁사회와 사회결속의 해체를 들 수 있다.

2. 대전환 시대 지역정책의 방향

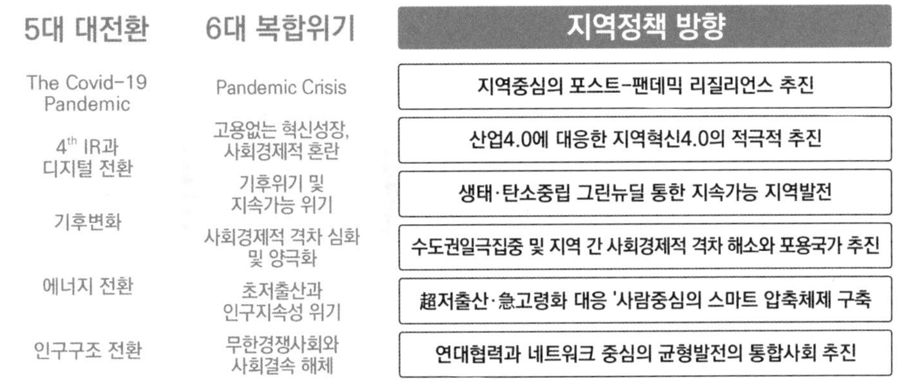

〈그림 8〉 5대 대전환과 6대 복합위기 시대 지역정책 방향

우리나라 지역정책은 국토종합계획 등 다양한 공간계획의 수립, 시행에도 불구하고 진정한 의미의 균형발전 정책은 노무현정부 시기부터라고 할 수 있다. 하지만 노무현정부 시기 수립된 지역균형발전정책은 이렇게 빠르게 저출산과 인구 감소가 진행되고, 수도권의 초일극화가 지속되며, 지방의 성장동력의 심각한 위기가 지속될 것으로는 예상하지 못했다. 이런 측면에서 향후 지역정책은 환경 및 사회경제적 구조의 변화, 인구학적 변화 등을 고려하여 지역의 실질적 성장동력 구축을 중심으로 수립될 필요가 있다.

5대 대전환, 6대 복합위기를 감안한 지역정책의 방향은 1. 지역중심의 포스트-펜데믹 리질리언스(Resillience) 추진, 2. 산업4.0에 대응한 지역혁신4.0의 적극적 추진, 3. 생태·탄소중립·그린뉴딜을 통한 지속가능 지역발전, 4. 수도권 일극 집중 및 지역 간 사회경제적 격차 해소와 포용국가 추진, 5. 초저출산·급고령화 대응 사람중심의 스마트 압축체제 구축, 6. 연대협력과 네트워크 중심의 균형발전의 통합적 사회 추진 등을 중심으로 제시할 수 있다.

5장

역량 기반의 지역균형발전 전략

1. 역량 중심의 지역균형발전 전략

그동안 우리나라의 지역균형발전 전략은 사업과 재원을 지역에 배분하는 균형발전정책을 중시해 왔다. 물론 단순히 배분을 넘어선 정책들도 있었다. 예를 들면 공공기관 이전을 통해 지역에 혁신도시를 조성하고 이들 공공기관에 해당 지역 대학출신자들이 먼저 취업할 수 있는 있도록 인재할당제를 운영하는 등의 조치는 지역에 실질적 역량을 키우는 바람직한 전략으로 생각된다. 이처럼 단순히 지역에 사업을 나눠주는 정책이 아니라 해당 정책이 지역에 실질적 역량이 되어 분산의 구심점으로 작용할 수 있는가는 매우 중요한 지역정책 기준이 된다.

역량(capability)[20]은 어떤 것을 수행할 수 있는 힘이나 능력을 의미한다 (Oxford Dictionary, 2023; Cambridge Dictionary, 2023). 사회문제와 관련하여 역량접근(the Capability Approach)의 대표적 연구자는 Amartya Sen과 Martha Nussbaum이다(박인권, 2018). 이 접근이 갖는 이론적 전제는 복지(웰빙)를 성취하는 것이 1차적인 도덕적 중요성이며, 복지는 사람을 중심으로 하며 사람의 역량과 기능화(functioning)의 관점에서 봐야 한다는 것이다. Sen(2013)은 발전(development)이란 단순히 GDP의 증가가 아니라 사람들이 향유할 실질적인 자유의 확장으로 보아야 한다고 주장한다. 이때 자유(freedom)는 원하는 (목표한) 바를 달성할 수 있는 기회와 실질적 역량이며 가치 있다고 여기는 삶을 선택할 수 있는 자유를 의미한다. 즉, 자유는 역량을 의미하는데 역량이란 개인이 가치 있다고 여기는 목표를 달성할 수 있는 기능[21]이자 이를 선

---

20) 역량은 capability, ability, capacity, competency 등 다양하게 사용된다. 모두 역량, 능력에 해당되는 말이지만 굳이 이들을 구분한다면 ability는 통상적으로 일컫는 능력에 해당되고, capacity는 잠재력에 가까운 역량이며, competency는 역량이 실제 발휘되는 과정에서 사용되는 것이라고 한다면, capability는 특정 목적과 기준에 합당한 역량에 해당된다고 할 수 있다.

21) 기능은 행동과 존재의 인간이 자유롭게 선택하여 달성하고자 한 바를 이루는 것이며, 기능의 결과로 성취된

택할 자유 및 기회, 그리고 그것들의 조합이다.

Nussbaum의 역량도 동일한 개념이다(2015). 그녀의 역량은 사람을 중심에 둔 것이며 사람이 할 수 있고 될 수 있는 물음에 대한 답이자 실질적 자유이다. 또 개인의 기회이자 개인 기회의 집합으로서 정치적, 사회적, 경제적 환경의 조합을 창출해내는 자유 및 기회인데 이는 결합역량이 된다. 결합역량이 개인의 내적인 역량을 향상시키는데 큰 기여를 한다. Nussbaum(2015)은 특히 정부는 국민에게 10대 핵심역량인 생명(life), 신체 건강(bodily health), 신체보전(bodily integrity), 감각/상상/사고(senses/imagination/thought), 감정(emotions), 실천이성(practical reason), 친근 관계(affiliation, 타인과 공생 및 자존감 보장의 사회적 토대), 인간 이외의 종(other species), 놀이(play), 환경 통제(control over one's environment, 정치 및 물질적 환경 통제)의 최저수준을 보장해야 한다고 주장하고 있다.

Sen과 Nussbaum의 역량 관점[22])에 기반을 둔 지역균형발전은 모든 지역, 누구에게나 차별없이 원하는 바를 이룰 수 있는 역량과 자유를 제공하는 발전을 의미한다. 수도권뿐 아니라 비수도권주민이 스스로 선택하여 가치있다고 생각하는 목표를 달성하며 행복하게 살 수 있는 사회를 조성할 수 있도록 역량을 갖는 것이 매우 중요하다. 특히 OECD 어떤 나라에서도 찾아볼 수 없는 핵심자원과 부, 역량을 수도권 일극에 집중시키는 심각한 불균형을 해소하는 것이 매우 중요한 사회적 과제이다.

역량 기반의 지역균형발전은 국민 복리 목표 달성을 제약하는 집중, 집권, 독점을 타개하고 분산, 분권, 분업의 기능적 균형발전이며 특히 가치 있고 희소한 자원의 접근 가능성이란 목표를 달성할 수 있도록 역량과 기회의 균형발전이 필요하다. 지역에 터하여 생활하는 주민에게 중요한 지속가능한 역량의 핵심은 산업·경제, 과학기술·혁신, 연구개발 능력, 일자리, 인재, 삶의 가치이며, 이를 위해 자치와 책임의 기능적 분권이 보장되어야 하고, 자기가 사는 지역에서 먹거리, 일 할거리, 미래 역할거리, 지속 가능의 존재 가치거리, 스스로 살거리(자치 力能) 등이 보장되어야 한다.

삶(achieved living)이 이루어진다.
22) Sen과 Nussbaum의 역량 접근법(Capabilities Approach)에서는 기존 공리주의의 주관적 안녕이나 분배론적 정의론의 객관적 자원주의 한계를 넘어서는 강점이 있다(Wells, 2012)

역량 중심의 지역균형발전이 성공하려면 주민, 시민, 국민의 복리와 욕구를 공간적 불평등이 발생하지 않도록 공간의 단위를 잘 활용하는 공간 기반 선도전략(Area-Based Initiative), 공간 혹은 장소 기반 정책(Area or Place Based Policy, ABP)을 펼쳐야 한다. 공간 기반 정책은 공간단위와 공간자원의 활용을 통한 문제해결과 사회경제적 발전목표를 달성하는 방식이다. EU는 EU 내각 지역, 특히 취약지역에 대해 공간 기반의 지역맞춤형 지역균형발전정책을 전개하고 있고, 영국, 스웨덴, 노르웨이 등 다수의 국가들이 국가 내 지역 간 균형발전사업을 운영하고 있으며, 도시환경 내 지역개발, 주거, 돌봄, 낙후공동체 재생 등 다양한 분야에 걸쳐 사업을 전개하고 있다(USWG 2019; Grander et al., 2022). 특히 영국은 신노동당 정부시기에 소지역(small area) 단위까지 파악할 수 있는 복합결핍지수(multiple deprivation index)를 개발하여 지금까지 지역 맞춤의 차별적이고 결핍특성을 고려한 정책을 펼치고 있으며(Smith, 1999; https://whatworksgrowth.org/policy-reviews) 현재 보수연립 정부의 기업특구(Enterprise Zone), 지역기업파트너십(Local Enetrprise Partnership) 정책에도 활용하고 있다. 우리나라도 지역의 잠재력 및 여건 등 지역특성을 반영한 단위를 잘 활용한다면 정책의 성과를 거양할 수 있을 것이다.

2. 메가리전정책의 재편

세계는 다수의 국가 및 국민경제들 간의 연계에서 빠른 성장을 기반으로 국제경제를 선도하는 다수의 광역권 및 광역경제권들의 활발한 상호연계체제를 통해 더욱 활성화되고 있다. 즉, 국가보다 광역권 중심도시가 세계 경제에 더 많은 영향을 미치고 국가의 부를 증진시키는데도 더 큰 역할을 하는 시대에 접어들었다(Jacobs, 1984; Ohmae, 1995). Florida(2019)는 현재 세계경제를 추동하는 강력한 실질적 추진체(Real Powerhouses)는 국민국가도 도시도 아닌 다양한 메트로폴리탄지역을 엮는 메가리전(Mega-region)의 결합으로 보고 이에 대한 적극적 관심이 중요하다고 제시하였다. 그는 세계 경제를 견인하는 메가리전이 되려면 최소한 두 개 이상의 거대지역(metro areas)이 포함되고, 인구는 500만 명 이상, 경제적 생산이 3,000억 달러 이상인 지역이 되어야 한다고 보았다. 전 세계에 Mega-region은 총 29개로서 아시아는 11개, 북미 10

개, 유럽 6개, 남미, 아프리카, 아시아-아프리카 중복연결지역 등에 각 1개로 추정하였다(https://www.citylab.com/life/2019).

메가리전, 즉 광역권에 주목한 연구자는 프랑스의 지리학자 Gottman 이후로 Petrell, 국가소멸론의 Ohmae, Bailley와 Turok, Allen Scott, Lang, Florida 등 다수에 이른다. OECD도 1999년부터 The Regional Development Policy Committee (RDPC)를 구성하여 권역 정책(territorial policies)의 평가와 개선을 통해 지역의 도전의 본질을 규명하고 정부를 지원하는 역할을 수행을 수행하고 있다. EU도 지역의 유형을 NUTS(Nomenclature des unités territoriales statistiques) 1~3으로 구분하여 지역정책을 펼치고 있는데, 구체적으로는 인구 15천~800천명의 NUTS1, 800~3,000천명의 NUTS2, 3~7백만의 NUTS1 중 NUTS1이 광역권이 된다. 현재 EU 내 주요 사회경제적 광역권은 104에 이르고, 이들 지역이 각국의 핵심 성장 단위이자 EU 전체의 성장을 이끌고 있다.

메가리전 정책은 각국에서 다양한 형태로 활발하게 이루어지고 있다. 미국은 Obama행정부 시절 RPA(Regional Plan Association, 2006)의 의견을 수렴하여 대도시권 중심으로 교통을 연계하여 발전하고자 하였다. 미국은 광역권을 정부 간 연합이나 별도의 정부체계로 운영되지 않으나 뉴욕, 워싱턴DC 등 광역권 지역의 광역교통계획을 수립할 때 계획을 위해 MPO(Meropolitan Planning Organizations)를 별도의 지방정부 간 유연한 기구로 구성하여 운영한다(이찬영 외, 2011).

영국에서 지역구분은 규모 면에서 Region > Local > Community > Neighborhood로 구분되고 있는데 이전 노동당정부가 Region과 Community에 중심을 둔 정책을 펼쳤다면 보수연립정부 등장 이후 Local에 더 관심을 두고 있다.23) 메가리전정책과 관련해 주목할 부분은 Devolution Deals와 지자체 연합기구(CA, Combined Authority)이다. Margaret Thatcher 이후 런던시 정부 외에 광역규모의 지방정부가 없었던 영국은 2011년부터 Devolution deals 입법조치를 하여 지자체 연합기구가 독자적인 광역업무를 수행하도록 중앙정부가 지자체 연합기구에 권한을 이양하였으며, CA의 단체장(광역시장, Metro

---

23) 예를 들면 Tony Blair 노동당정부는 지역의 분권적 정책기구인 Regional Development Agency(RDA)을 설립하고 New Deal for Community 같은 소규모 지역 재생에 관심을 두었다. Gordon Brown 보수연립정부 이후 RDA는 해당 지역(Local) 중심의 LEP(Local Enterprise Partnership)로 대체되며 City Deals가 강조됨

Mayor)을 2011년 처음으로 직선으로 선출한 뒤 현재까지 10개 CA의 광역시장이 선출되었다. 영국의 CA는 해당 광역권 기초단위의 지방정부들 간 협력 업무를 다루고 공동의 이익을 도모하는 업무를 수행한다. (https://www.local.gov.uk/topics/devolution/devolution-online-hub/devolution-explained/combined-authorities)

연방제 국가인 독일에서 광역권은 연방 기본법에서 규정하지는 않으나 1950년대 이전부터 행정경계를 초월한 지역 간 협력이 있었고 1995년과 1997년에 본격적으로 광역권인 Metropolitan Region이 7개 설립되었고 2005년 4개가 더해져 총 11개가 운영되고 있다(Blätter, 2017). 독일의 광역권은 대도시+주변지역 결합의 Metropolitan Region 운영이 필요한 경우, 복수의 도시 코어(core)와 주변지역들이 결합한 경우, 하나의 통합된 경제지역으로 하나의 노동시장, 통근권역, 문화와 생활영역 간 상호연계성이 높은 지역 등 다양한 사유로 설정되었다. Metropolitan Region의 유형은 ① Stuttgart모형(계획과 같은 독립적 사무 수행의 협력), ② Hamburg모형(연방-주-지구-중심도시-산업지구 등 다양한 층위 간 협력), ③ Nüremberg모형(독일법률하의 협력), ④ Rhine-Neckar모형(①-③간 결합) 등 주로 4가지 유형으로 운영되고 있다.

프랑스의 지역체계는 이전에 Commune과 Department의 2층 체계였으나 1982년 Region이 승격되어 3층의 체계로 운영되고 있어 우리와 비슷한 면이 있다. 지역연합이 운영되는 것은 균형메르로폴인데 이는 기초지자체인 Commune이 인근지역 간 경제 및 지역개발, 주거, 교통 등 특정 사무를 중심으로 업무협력이 필요하여 등장하였다. 대신 광역자치단체 간 연합이 운영되지는 않는데 이미 Region이 충분히 광역권으로서 규모를 갖추고 있기 때문이다. 우리 시·도가 제주, 세종 등을 제외하면 대개 100만 명이 넘는 거대 광역자치단체로 구성되듯이 프랑스의 자치정부 중 가장 범위가 큰 Region은 약 500만 명 내외의 행정체계로 그 자체가 충분히 광역적 운영의 기반을 갖고 있다. 초기에는 22개였으나 2016년부터 13개로 축소하여 더 크게 광역적으로 통합되었다.

일본의 광역권은 법적 특별자치단체로 운영되는 간사이(關西)광역연합이 유일하다. 간사이(關西)광역연합은 2010년 발족되었는데 긴키(近畿) 지역중심 간사이경제연합회에서 주도하고 발전시켰다. 설립 목적은 중앙집권체제와 도쿄 일극 집중의 해소로 사가현, 교토부, 오사카부, 효고현, 나라현, 와카야마현, 돗토리현, 도쿠시마현 등 8개 부현, 교토시, 오사카시, 사카이시, 고베시 등 4개 정령도시가 참여하고 있다(권역인구 약 2,200만 명). 자치단체장 10명을 포함한 12명의 광역연합위원회와 호선의 광역연합장 체제로 운영되고 있다. 광역연합의 의결기관으로 광역연합의회가 구성되어 있으며 주요 사무로는 광역방재, 광역 관광·문화·스포츠 진흥, 광역산업 진흥, 광역의료, 광역환경보전, 자격사업 면허, 광역 직원 연수 등이 있고 매 3년마다 광역계획이 수립·운영되고 있다. 그 외에도 일본은 국토형성계획에서 전국계획과 함께 광역권계획을 수립·운영해왔다. 광역권계획은 도호쿠권(東北圈), 수도권(首都圈), 호쿠리쿠권(北陸圈), 주부권(中部圈), 긴키권(近畿圈), 주고쿠권(中国圈), 시코쿠권(四国圈), 규슈권(九州圈) 등 총 8개 광역권별로 수립·시행되고 있는데 광역지방계획에는 인구 및 경제규모, 도시·산업·학술·문화의 집적, 공항·항만 등의 국제교류기반, 자연·경제·사회·문화의 동질성 등이 광역권 설정에 중요한 기준이 된다. 제5차 국토형성계획에서는 시나가와(도쿄)-나고야-오사카에 이르는 거대권역을 슈퍼메가리전으로 설정하여 세계적 경쟁력 거점벨트로 올라서고자 하는 구상이 제시되기도 하여 우리에게 중요한 시사점을 제기하고 있다.

선진 각국의 메가리전의 흐름을 볼 때 첫째, 사회경제적 글로벌화가 진행되면서 메가리전은 이러한 흐름에 능동적으로 대응하기 위해 중요성이 강화되고 있다. OECD와 EU의 흐름에서도 보듯이 이제는 국민경제 중심에서 광역권의 역할도 강화되는 실정이다. 둘째, 메가리전은 각 나라의 정책에서 매우 다양하게 추진되어 하나로 통일시켜 설명하기는 쉽지 않으며 오히려 각국의 역사 속에서 그 사회의 문제를 해결하며 특성에 맞게 진화해왔다. 광역권의 형태는 국가별로 다양하게 전개되고 있고 각 지역별로도 다양하게 나타나고 있다. 광역권 선도발전전략은 국가가 주도하기도 하고 일본처럼 지역이 주도하기도 한다. 셋째, 광역권의 핵심 이슈는 교통, 항만 등 국제 교류 기반에서부터 문화, 자격증까지 다양하게 나타나고 있다. 넷째, 광역권을 구축하기 위해서는 다음과 같은 광역권의 조건을 갖추어야 한다.

<표 10> 광역권(메가리전)의 조건

구분	내용
1. 인구	▸인구 500~1,000만
2. 지리·지역 경계	▸역사/문화/전통 등 공동체적 인식 기반의 지리적 경계와 내적 통합
3. 첨단산업경제	▸경제권역, 지역 간 경제 연계, 첨단기술산업(선도·지역전략산업), 고차전문서비스산업, 우수한 산업생태계
4. 인적자본/혁신역량	▸Talent(고급인력), 첨단기술기능인력, 고등교육기관, 연구개발 및 혁신활동, 과학기술기반(or 플랫폼), 산학연 연계
5. 기능연계 공간체계	▸기능연계의 도시지역체계, 도시권, 권역중심도시 및 대중소도시권 육성, 도시 간 네트워크
6. 교통(정보)체계	▸교통망, 철도, 고속도로, 도시 간 연결 교통체계, 정보 커뮤니케이션
7. 글로벌 기반	▸gateway 기능, 공항, 항만, 무역지원 플랫폼
8. 삶의 질 기반	▸대중소 생활권역별 서비스, 보건의료 및 돌봄체계, 주거, 공원/문화시설 등 생활여건 조성
9. 거버넌스·도시문화	▸광역권 행정체계, 각종 기능 협의체계, 참여거버넌스, 민주주의, 관용적 도시문화
10. 법제	▸법률과 행정의 근거와 기반

자료 : 초의수(2021)

　　우리나라의 광역권이 발전하려면 다음과 같은 조치가 필요하다고 생각한다. 우선 청사진이 필요한데 이를 위해서는 5+2 MCR(Mega City Region) 전략을 수립, 추진하여야 한다. 5개 광역권역은 수도권, 부울경권, 대경권, 호남권[24], 충청권으로 이들은 역사성, 문화와 전통, 산업·기술·물류·경제 협력, 주거, 교통 등에서 상호 연계정도가 높은 편이다. 강원권과 제주권은 단독 권역으로 지리적 경계 및 역사문화적 측면에서 타 권역과 차이가 있어서 독자적 권역으로 운영되는 것이 바람직하다. 각 MCR은 광역권을 뒷받침할 교통망 및 인프라, 산업 및 혁신기술, 고등교육, 인재양성, 보건의료, 행정체계의 5대 영역을 기반으로 중점 조성되어야 한다. 특히 각 지역이 희망하는 산업 및 지역발전 비전을 기초로 전략을 수립하되 이 전략은 국가가 국가균형발전법과 국토계획법 등에서 의무화하고 이를 근거로 사업과 예산이 집행되는 법정계획으로 영향을 발휘할 수 있어야 한다. 4차 국토종합계획에 있었으나 5차 국토종합계획 수립시 삭제한 광역권계획을 다시 복원할 뿐 아니라 법적 영향력도 확대해야 한다. 국가균형발전계획 내 초광역계획의 위상을 강화하고 관련 법률의 개정을 통해 법제적, 재정적 기반을 계획으로 운영되어

---

24) 전북은 호남권에서 분리하여 독자적 권역으로 운영되기를 희망하나 이미 OECD의 광역권 분류에서도 함께 묶여있고 광역권 내 상호 연계 뿐 아니라 타 권역과의 연계도 가능하며 광역연합의 틀을 통해 지역적 발전 전망도 높으므로 수도권에 대응한 광역적 발전축의 하나로 역할하는 것이 적합할 것으로 판단됨

실효성을 높여야 할 것이다. 계획의 비전과 성과목표를 구체적으로 명시하는 것도 중요한데 핵심성과지표(KPI, Key Performance Index)를 설정한다면 훨씬 실천성이 강한 목표지향적 추진이 가능할 것이다. 예를 들면 2040년까지 동북아 경제권 순위를 수도권 3위, 부·울·경권 8위, 대경권 및 충청권 10위로 진입시키겠다는 목표이다[25].

〈그림 9〉 5+2 MCR   〈그림 10〉 K-MCR의 인프라와 기능

둘째, K-MCR은 미래 추구적 인프라와 기능을 충족시키는 전략적 방향으로 추진되어야 한다. 세계 주요 발전지역의 광역권이나 도시의 경향을 보면 ① 첨단 과학기술 기반의 스마트화(Smart), ② 친환경·탄소중립의 녹색성장(Green Growth), ③ 지역 내 다양한 요소들 간 체계적 연결과 압축적 도시성장(Network & Compact), ④ 지역 내 인력 양성 등 문제 해결 시 공동의 서비스체계 운영(Service), ⑤ 지역 내 각 주체의 참여와 협력을 바탕으로 한 사회자본 강화(Social Capital) 등의 인프라 구축과 기능을 강화할 필요가 있다(한국공학한림원·산업미래전략위원회, 2021).

셋째, 광역권 내 중소도시를 거점으로 육성하여 주변 농어촌지역과의 연계를 촉진시키는 압축적 기반을 형성하는 동시에 각 거점이 네트워크로 연결되는 공간의 압축(compact)[26]과 네트워크(network)를 함께 고려해야만 한다.

---

25) OECD TL2를 기준으로 2017년 1인당 GRDP 순위는 수도권 76, 부울경71, 대경권94, 호남권 93, 충청권 53인데 이를 2040년까지 수도권/부울경권/대경권 30위권, 대경권/호남권 50위권 진입시키고, 고급지원서비스의 수준 순위는 2017년 수도권 9, 부울경 86, 대경권 89, 호남권 97, 충청권 69인데 이를 2040년까지 수도권 5위, 부울경/대경/호남/충청권 50위권으로 진입시키겠다는 전략 등이다.

26) 한국사회도 성장 일변도가 아니라 수축사회의 한계를 돌파하려는 적극적 노력이 불가피한 시점에 있다(홍

인구와 서비스의 사막화로 인한 주민 삶의 위기에 예방적으로 대처하려면 교통 요충지와 시장·돌봄·교육·주거 기능을 할 거점을 중심으로 활동 연계성과 복합적 서비스를 충족할 수 있으며 생활권의 지속가능성이 보장되도록 하는 콤팩트(compact) 개발과 운영이 매우 긴요하다(권규상 외, 2018; 권규상·서민호, 2019). 이러한 생활권의 기능을 충족하는 소-중-대생활권역의 서비스와 기준을 수립하고 지원할 필요가 있다. 압축과 네트워크기반 전략을 통해 전체 생활권역 내 작은 생활권은 자족기능과 함께 서로 연계기능을 가지면서 역내 많은 지역에 긍정적 영향을 미치는 대류형(對流型) 발전을 가능하게 할 것이다.

　넷째, 각 광역권은 지역 간 다중적 광역협력과 슈퍼메가리전의 운영으로 확대할 필요가 있다. 5+2 광역권은 각 권역을 중심으로 독자적 경제·생활·교통의 협력기반을 구축하되 생산과 산업 연관의 여러 권역 지역과 다중적 관련을 맺음으로써 이러한 관련도를 적극 촉진할 필요가 있다. 예를 들면 호남권의 여수 및 순천은 광주뿐 아니라 부울경권의 진주 및 창원과도 깊은 관련을 갖게 된다. 울산은 부산 및 경남 뿐 아니라 포항 및 대구와도 이미 긴밀한 연관을 갖는다. 각 광역권은 더 넓은 권역을 기반으로 발전의 토대를 확보할 필요가 있다. 일본이 5차 국토종합계획에서 도쿄-나고야-오사카를 슈퍼메가리전으로 설정하고 세계적 경쟁력 권역으로 육성하고자 하는 것도 이러한 맥락과 연결되어 있다. 지리적 근접성, 물류 및 교통체계, 산업·과학기술체계 연계, 자원확보, 산업인력 운영 등이 용이한 광역권 간 Super-MCR을 발전시킨다면 수도권 일극체제에서 다극적 발전축으로의 재편을 훨씬 용이하게 구축할 수 있을 것이다. 수도권 + 강원권(약 2,360만 명)은 북부 슈퍼메가리전, 부울경권 + 대경권(약 1,330만 명)은 동부 슈퍼메가리전, 호남권 + 충청권 + 제주권(약 1,084만 명)은 서부 슈퍼메가리전으로 육성한다면 인구 천만 명 이상의 보다 범위가 더 넓은 지역의 발전축을 형성할 수 있을 것이다.

성국, 2018).

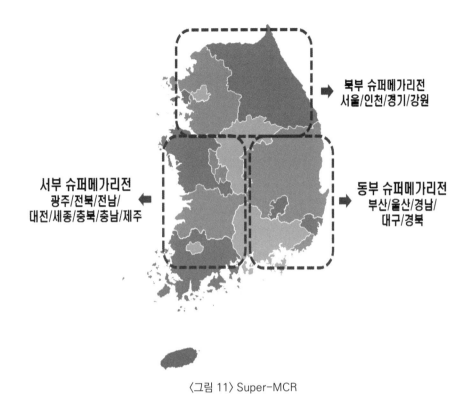

〈그림 11〉 Super-MCR

3. 공공기관 2차 이전과 K-테크노폴리스의 추진

참여정부는 2003년 6월 공간의 전면적 재편에 대한 큰 전략을 천명하였으며 이후 국가균형발전 특별법과 공공기관 지방이전에 따른 혁신도시건설 및 지원에 관한 특별법을 통과시켰다. 전국 16개 광역시·도 중 수도권과 행정중심복합도시가 위치한 충남과 대전을 제외한 11개 시·도에 총 10개 혁신도시가 조성되어 최종적으로는 153개 수도권 소재 기관이 비수도권 지역으로 분산 배치되어 2019년 이전이 완료되었다. 총 사업비는 10조 5천억 원 가까이 투입되었는데 혁신도시 이전 4만 4천여명, 개별 이전을 포함하면 총 5만명이 넘는 인원이 이전되었다(문윤상, 2021). 당초 목표 대비 가족동반 이주율 달성율이 낮았고 정주 여건의 질적 제고에도 한계가 있다는 평가가 있으나(문윤상, 2021), 공공기관 이전과 혁신도시 건설, 행정중심복합도시의 성과는 인구이동에서 나타났다고 평가된다. 세종시와 혁신도시의 조성이 완료되고 입주가 본격화된 2011년부터 2016년까지는 한국전쟁 종전 이후 우리나라 역사상 처음으로 수도권인구의 순유출이 순유입보다 많은 역전 현상이 발생하였다. 하지만 혁신도시 이주가 거의 완료된 2017년부터는 다시 수도권으로의 전출이 매우 빠른 속도로 증가하고 있어서 제 2차 공공기관 이전 등 수도권 인구 분산을 위한 본격적인 노력이 필요한 상태에 있다.

문재인대통령의 공약에는 기존 혁신도시의 정주여건과 지역경제 효과 제고를 위한 혁신도시 시즌2 사업이 포함되어 있었으나 공공기관 2차 이전을 위한 노력을 취하지 않았다. 김사열 국가균형발전위원장의 인터뷰 내용(https://www.jjan.kr/article/ 20210905739726)을 유추해보면 지역 간 갈등 등 복잡한 정무적 판단으로 공공기관 2차 이전의 기회가 사라졌다. 윤석열정부의 공약에는 공공기관 2차이전이 포함되어 있으나 아직까지 정책의 틀을 준비 중인 것으로 판단되며 밑그림이 공개되지 않고 있다.

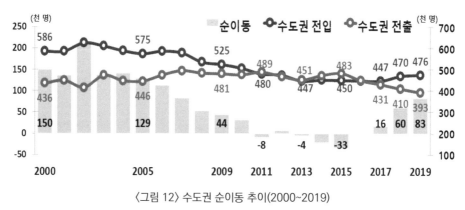

〈그림 12〉수도권 순이동 추이(2000~2019)

자료 : 통계청(2020)

공공기관 이전은 영국과 프랑스에서 1960년대부터 꾸준히 시행된 정책이며 최근까지도 시행되고 있는 정책이다. 2020년 Boris Johnson 영국 총리는 모든 지역의 발전수준이 평균적으로 상향되도록 비수도권 지역에 정부 허브(government hub)를 중심으로 공공기관의 집적적 효과를 갖도록 10년에 걸쳐 약 22,000개의 일자리가 창출되는 "수준 향상(levelling-up)" 전략을 추진하였다(이종호, 2021). 영국은 1963년 Flemming 보고서를 시작으로 1970년대 Hardman 보고서, 1980년대, 1990년대, 2000년대 이후에도 공공기관 이전에 대한 정책을 지속적으로 추진하였다(이종호, 2021).

이미 역사상 처음으로 큰 규모의 공공기관 이전을 10여 년에 걸쳐 시행한 우리나라의 2단계 이전의 방향은 지역에 실질적인 역량, 구체적으로는 과학기술 및 연구개발 역량을 향상시키는 미래 역량 기반 구축에 있다. 이러한 개념의 공공기관 이전이 성공적으로 정착된 국가가 프랑스이다. 전 세계 IT 등 첨단산업을 선도한 모델은 미국 실리콘밸리 모델로 이를 프랑스에 적용한 것이 1970년대 Sophia Antipolis, ZIRST de Meylan-Grenoble, Nancy-Brabois 등이다. 프랑스는 1982년 지방분권법제정 이후 과학기술, 혁신 기반을 통한 지역개발정책을 본격 추진하였고 수도권의 공공기관을 비수도 권으로 분산시켰다. 이를 통해 Metz 등 총 46개의 Technopole을 비수도권에 조성하였다. 모든 Region에 인구 2만 명 ~ 100만 명까지 다양한 규모의 Technopole을 통해 파리권 인구가 더 이상 증가하지 않고 안정화되는데 공공기관 이전 정책은 큰 기여를 하였다. 이러한 Technopole 속에서 이전 공공기관과 기업 등 지역사회의 주체 간에 다양 연계가 활성화되었다. 1990년대와 2003년까지 총 7차에 걸쳐 파리소재 공공기관의 지방 이전으로 315개 기관, 35,000여명이 이전하였다(배준구, 2017). 2000년대 이후 프랑스의 Technopole은 산업클러스터의 경쟁력거점(pôle decompétitivité)으로 전환된다. 경쟁력거점지역의 Retis(혁신네트워크)를 통해 지역기업-연구기관-대학-전문가의 네트워크가 활성화되고, 민영화와 기업 주도 성장의 발판을 마련하였으며, 현재는 프랑스 전역에 세계적 경쟁거점(7), 세계적 경쟁거점후보(11), 국가 경쟁거점(53) 등 총 71개의 거대한 거점들이 활동하고 있다. 아래 그림에서 보듯이 경쟁거점은 전 Region에 걸쳐 역량중심의 지역균형발전을 튼튼하게 뒷받침하고 있다.

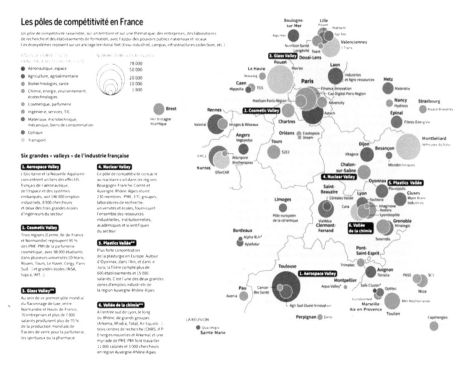

〈그림 13〉 프랑스의 경쟁거점과 6대 산업지대

자료: https://pierrickauger.wordpress.com/2018/10/22/les-poles-de-competitivite-en-france/

연방제인 독일은 공공기관의 이전을 할 필요가 없을 정도로 지역 간 균형 발전이 이미 잘 이루어져 있으며 특히 과학기술 및 연구개발 기관이 독일 전 지역에 걸쳐 골고루 분포되어 있다. 독일의 연구기관은 영역별로 4개의 연구 협회가 있는데 순수기초연구협회인 Max Planck 연구협회(총 82개), 대형 기초연구협회인 Helmholtz 연구협회(총 18개), 산업응용연구협회 인 Fraunhofer 연구협회(총 40여개 지역, 66개 기관), 범지역학제 연구협회인 Wilhelm Leibniz 연구협회(총 89개)가 있고 산하에 총 240여개 기관이 독일 전국적으로 분산되어 운영되고 있다[27]. 이들은 지역의 대학과 높은 연계를 갖고 있으며(대개 해당지역의 교수가 연구협회센터장을 맡고 있음), 기술혁신거점을 육성하여 지역경제 발전을 견인하고 있다.

현재 우리나라에서 지역균형발전의 가장 실질적이면서 직접적인 수단은 공공기관 2차 이전의 추진이다. 대상 기관은 수도권 소재 공공기관 210개,

---

27) 심지어는 해외에 분소가 있으며 구 동독지역의 재생에도 막대한 영향을 미쳤다.

투자·출자회사 297개가 된다. 만약 공공기관에 한정하다면 진정한 의미의 균형발전 목표의 도달이 어려울 것으로 보인다. 수도권 소재 공공기관 중 종사자 500명 이상은 14개 기관, 14,272명에 불과하고 이 중 금융기관 및 관련 기관 3~6개, 핵심기술 관련 기관 3~5개 등 영향력이 큰 기관은 소수에 불과하다. 이런 규모라면 1차 이전 때 보다 균형발전의 효과가 크지 않다. 따라서 공공기관에서 투자 및 출자한 회사까지 포함하여 2차 이전을 추진할 필요가 있다.

공공기관 2차이전의 방향과 관련해서는 첫째, 2차 이전 시에는 1차 때와 달리 혁신도시와 함께 K-테크노폴리스 형태로 추진하는 것이 중요하다. 4차 산업혁명의 중요성이 강조되는 경향을 감안하여 과학기술, R&D, 산업연관기관, 산업체 등이 결합되어 지역의 성장을 견인할 적극적 의미의 혁신클러스터로 K-테크노폴리스가 육성되어야 한다. 혁신클러스터로 K-테크노폴리스의 구성 주체는 이전 공공기관, 이전 투·출자기업, 시·도(지자체) 출연기관, 국가과학기술 출연기관, 지역민간기업/산업계(기업), 대학/연구소 등으로 구성된다. 주요 기능은 혁신적 과학기술 개발, 사업화 및 상용화, 전문인력 육성, 교류 협력 및 거버넌스, 민간캐피털 등 재정지원 등을 중심으로 한다. 이들의 역할은 핵심적 혁신산업기반의 거점으로서 디지털뉴딜, 그린뉴딜, 융합뉴딜, 휴먼 뉴딜 등 전환기 혁신산업에 대한 중점 지원과 Big3(미래자동차, 시스템반도체, Bio Health) 및 SW 등 핵심기술인력을 육성하는데 중점을 둔다. K-테크노폴리스는 공공행정기관뿐 아니라 지역 혁신역량의 실질적 강화에 결정적 영향을 미칠 공공기관, 관련 투자기업, 대기업 본사 및 제 2 본사와 민간 혁신기업, 민간연구원 등 연구개발·과학기술·혁신기업·대기업 포함 산업연계 R&D 기능이 포함된 기관 및 기업 집적의 테크노폴리스의 지역분산 추진. 혁신플랫폼 등 혁신생태계 조성에 주력을 하게 된다. 각 K-테크노폴리스는 보편과 특화가 병행적으로 추진되는데 보편적으로는 4차산업 보편적 핵심기술(디지털 및 그린뉴딜 분야)은 메가시티권역별로 공동 배치되어 진행되나 각 지역의 특화적 요소를 반영하여 추진하는 것이 중요하다. K-테크노폴리스는 고차생활기능을 포함하는 단지로 조성되는데 산업, 연구개발, 주거, 교육, 문화·여가 기능 등이 복합적으로 결합되어 개발되며 관련 주거지는 돌봄·문화를 포괄적으로 지원하는 주거플랫폼 기능을 갖춘 복합주거타운으로 기반이 조성되어 주민들의 삶의 질을 최적화시키게 된다. 1차 혁신도시에서 문제가 되었던 혁신도시 인근의 기존 도심권과도 연계 기능을 형성하는 것이 무엇보다 필요하다.

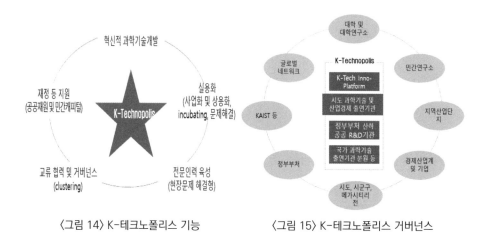

〈그림 14〉 K-테크노폴리스 기능   〈그림 15〉 K-테크노폴리스 거버넌스

둘째, 2차 공공기관 이전은 K-테크노폴리스를 중점적으로 하되 혁신도시 유형과 병행 추진될 필요가 있다. 공공기관 중 행정중심기관 100여개는 이미 1차 때 추진된 혁신도시와 같은 형태로 2차 추진 때 추진하면 되나 산업연관 효과가 큰 나머지 110여개 기관은 K-테크노폴리스 내에 배치하는 것이 바람직하다. 공공기관에 투자 및 출자한 수도권 소재 회사 279개 기관은 K-테크노폴리스에 함께 배치하여 지역산업의 혁신 견인차로 역할을 강화할 필요가 있다[28]. 즉 공공기관 2차 추진에서는 혁신도시와 K-테크노폴리스 두 가지 방식으로 추진하는 것이 바람직하다고 생각한다. 혁신도시 유형은 공공행정중심기관 100여 개가 입지하게 되고 K-테크노폴리스는 산업적 연관이 큰 공공기관 110여개, 공공기관 투자·출자회사 279개 내외가 입지할 수 있으며 각 지역 배치 시 1차 혁신도시의 산업특성 및 2차 이전 공공기관의 특성을 고려하여 운영하면 될 것이다. 혁신도시는 2차 이전시에도 도심형, 도심인근형, 신도시형으로 추진하되 신규 및 기존도시의 활용으로 접근할 필요가 있다.

---

28) 공공기관 2차 이전 대상 규모는 이민원(2021)을 참고함

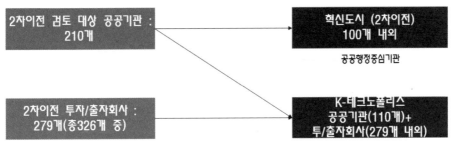

<그림 16> 공공기관 이전 대상과 이전 접근 유형

<표 11> 9개 광역 도의 인구 규모별 시·군·구 현황

	경기	강원	충북	충남	전북	전남	경북	경남	제주
10만 미만	4	15	8	9	10	17	14	10	0
	동두천, 과천, 연천, 가평	동해, 태백, 속초, 삼척, 홍천, 횡성, 영월, 평창, 정선, 철원, 화천, 양구, 인제, 고성, 양양	보은, 옥천, 영동, 진천, 괴산, 음성, 단양, 증평	보령, 계룡, 금산, 부여, 서천, 청양, 홍성, 예산, 태안	남원, 김제, 완주, 진안, 무주, 장수, 임실, 순창, 고창, 부안	담양, 곡성, 구례, 고흥, 보성, 화순, 장흥, 강진, 해남, 영암, 무안, 함평, 영광, 장성, 완도, 진도, 신안	상주, 문경, 군위, 의성, 청송, 영양, 영덕, 청도, 고령, 성주, 예천, 봉화, 울진, 울릉	의령, 함안, 창녕, 고성, 남해, 하동, 산청, 함양, 거창, 합천	
10~30만 미만	11	2	2	4	3	5	7	4	1
	광명, 구리, 오산, 군포, 의왕, 이천, 안성, 양주, 포천, 여주, 양평	춘천, 강릉	충주, 제천	공주, 서산, 논산, 당진	군산, 익산, 정읍	목포, 여수, 순천, 나주, 광양	경주, 김천, 안동, 영주, 영천, 경산, 칠곡	통영, 사천, 밀양, 거제	서귀포
30~50만 미만	5	1	0	1	0	0	1	2	1
	의정부, 하남, 파주, 김포, 광주	원주		아산			구미	진주, 양산	제주
50~100만 미만	8	0	1	1	1	0	1	1	0
	성남, 안양, 부천, 평택, 안산, 시흥, 남양주, 화성		청주통합	천안	전주		포항	김해	
100만 이상	3	0	0	0	0	0	0	1	0
	수원, 고양, 용인							창원통합	
전체	31	18	11	15	14	22	23	18	2

자료 : 통계청 통계포털(2022)에서 재구성

셋째, 2차 이전은 총 30여 개의 도시에 분산 배치하여 비수도권 대도시뿐 아니라 인구 10~30만 명 규모의 중소도시까지 포괄하는 방식으로 운영하여 각 시도 및 메가리전 내 균형발전과 각 권역의 자족적 사회경제적 권역 발전이 가능하도록 해야 한다. 인구의 자연적, 사회적 감소를 경험하고 있고 향후 더욱 심각해질 상황을 고려한다면 중소도시의 몰락은 더욱 가속화될 것이다. 이를 억제하고 지역 내 발전의 생태계를 운영하려면 중소도시 회생에 주력할 필요가 있다. 광역시는 자율적으로 선정하고 광역도는 10~30만명 내외의 중소도시를 중심하되 중소도시 재활력화 차원에서 접근해야 한다. 2차 이전시의 30여개 도시들은 메가리전 및 시도의 규모와 특성에 적합하게 배치해야 한다. 즉, 인구규모가 큰 대도시에는 판교테크노밸리와 같은 기능과 규모를 가진 메가리전급 테크노밸리의 특성을 갖는 K-테크노폴리스를 조성해야 하고 인구 10만 단위는 규모가 작은 K-테크노폴리스나 혁신도시가 조성되어 차별화하되 광역권 내에서는 산업, 과학기술, 연구개발, 인력양성에서 지역 간 협력이 가능한 다극적 사회경제권역을 이룰 수 있도록 한다.

4. K-행복동네의 추진

2022년 출생아수는 24만 9천명으로 전년 대비 4.4% 감소했고 합계출산율은 0.78명으로 전년 대비 0.03명 감소했다(https://www.korea.kr/news/ policy Briefing). 이러한 심각한 저출산 경향은 10년 내 빠른 고령화와 20년 내 생산가능인구의 격감을 경험하게 하고 국토면적의 88.2%를 차지하는 지방도시와 농어촌지역의 붕괴를 초래할 것이다. 3년째 지속되는 코로나19는 대인 간 접촉 최소화를 강제하여 취약한 지역 주민들의 삶을 더욱 어렵게 만들고 있다. 인구와 사회서비스의 사막화 피해를 최소화하려면, 그리고 포스트코로나의 회복탄력성을 높이려면, 살기 좋은 동네와 지역공동체를 만드는 일이 중요하다. 하지만 이것은 국가의 정책만으로 안되고, 쇠락한 동네 주민의 힘과 의지만으로도 불가능하다. 줄탁동시(啐啄同時), 즉 정부의 정책과 주민의 협력 에너지가 결합되는 것이 필요하다. 국가는 행복한 동네공동체가 가능하도록 정책의 비전과 사업의 설계를 잘해야 하고, 각 동네의 주민들은 스스로 힘으로 자기가 거주하는 지역을 중심으로 살기 좋은 동네가 되도록 실천활동을 전개해야 한다.

동일본(東日本) 대지진 이후 일본은 지방의 사회문제에 대한 심각성을 인식하고, 아베내각에서 지방의 문제해결 전략을 마을에 관심을 두어 2014년 '마을·사람·일자리 창생본부'를 설립하였으며, 그 해 '마을·사람·일자리 창생법'과 2015년부터 관련 종합전략을 발표·시행하였다. 창생전략은 동경권 일극 집중, 저출산, 경기침체의 해결책으로 마을에 초점을 두고 마을 내 사람(주민)과 일자리를 서로 연계시켜 접근했다는 점에서 눈여겨보아야 한다(정윤선·윤기확, 2019).

영국은 Tony Blair의 정부 때부터 지역정책을 적극적으로 전개하였고 특히 공동체의 빠른 쇠락을 막기 위해 커뮤니티 뉴딜 정책(New-deal for Community)을 시행하였다. 2004년에는 살고 싶은 동네공동체를 위한 비전과 국가전략을 제시하였으며 2011년에는 동네공동체를 넘어서 지역주의법(Localism Act)을 제정하여 지역이 발전할 수 있도록 기능과 재정을 지원할 수 있는 근거를 마련하였다.

저출산과 고령화, 인구 감소 시대, 포스트코로나 시기에 동네의 회복을 위해서는 다음과 같은 정책이 필요하다고 생각한다. 첫째, 행복동네 및 행복생활권에 대한 비전의 수립과 운영이다. 동네에 대한 국가의 비전은 동네에 대한 국가의 정책 의지와 추진 방향을 제시하는 것이므로 국가의 공적 약속으로서 의미를 지닌다. 동네에 대한 비전은 미국 및 캐나다, 호주 등에서 주 정부 및 도시정부에서 수립한 사례가 다수 있으며 대표적인 것은 영국이다. 영국은 동네에 대한 비전을 제시하여 동네의 활력도를 높여 지속가능한 국가와 사회의 뒷받침을 하기 위해 2004년 지속가능한 커뮤니티 전략을 제시하였다. 세부 영역은 사회·문화, 거버넌스, 환경, 주거 및 건조 환경, 교통과 연결, 경제, 서비스 등 7개로 설정하였다(초의수 외, 2010). 동네와 같은 근린적 소생활권도 중요하지만 시군구 단위의 기초생활권, 거점도시와 연계된 지역생활권, 광역생활권, 초광역생활권과 같이 공간에 기반을 두고 각 권역이 충족해야 할 서비스 기준을 설정하여 각 생활권의 취약한 영역을 중심으로 이를 개선하기 위한 사업을 전개하여 효율적이고 성과중심의 정책 운영이 필요하다(부산복지개발원, 2016).

둘째, 15분 내 동네생활보장체계 운영이다. 최근 근접도시, 압축도시에 대한 관심이 큰데 주로 주민생활권 내 삶의 질을 높이기 위한 정책 의지로 강조된다. 프랑스 파리 시장인 Anne Hidalgo는 2014년 "내일의 도시 파리"를 정책공약으로 제시하면서 ① 도보와 자전거로 통행하는 푸른도시, ② 연대의 도시, ③ 모두에게 평등한 파리, ④ 15분 도시 파리를 핵심 내용으로 천명하였다. Hidalgo시장은 도시를 15분 생활권으로 새롭게 조직하고 근거리서비스를 강화하며 시민의 권리를 지키기 위한 시민의 창구를 설치하겠다고 하였다(이수진·허동숙, 2021). 15분 도시는 근거리 서비스에 기반하여 동네중심으로 도시를 운영하겠다는 것으로 집에서 도보로 15분 이내에 교육, 보건의료, 문화, 공공서비스 시설에 접근할 수 있도록 하는데 있다. 특히 아이돌봄 및 보육, 초·중·고 학교, 장애인돌봄, 노인돌봄, 주민 걷기 및 체육활동, 도서관 등 문화시설에서 주민밀착형 생활서비스를 원활하게 이용할 수 있도록 구축하는 것이 매우 필요하다.

셋째, 동네 생활 진단 지수를 개발·운영하여 취약한 동네 맞춤형 사업을 전개해야 한다. 영국은 2000년도 이후부터 복합결핍지수(Multiple Deprivation Index)를 조사하여 정책에 활용하고 있다. 영국의 복합결핍지수는 소득, 고용, 건강 및 장애, 교육·기술·훈련, 범죄, 주거·서비스, 생활환경 등 총 7대 영역, 37개 지표를 개발하여 3년 등 정기적으로 결과를 발표하고 있다(Ministry of Housing, Communities & Local Government, 2019). 발표된 자료는 해당 지역 주민들의 삶을 개선하는데 활용되고 있으며 정책교부금 운영에 기초적 자료로 활용된다. 우리나라도 읍·면·동의 소지역 단위별로 동네 생활에 대한 진단 지수를 개발하여 총 3500여개의 읍·면·동 중심의 소지역을 체계적으로 진단하고 영국처럼 가장 결핍의 정도가 높은 상위 20%의 700여개 읍·면·동에 결핍 유형별 맞춤형 정책을 집행하게 된다면 효과적이고 효율적인 사업이 추진될 것이다. 각 지역에 대한 재정교부에도 영국처럼 결핍의 정도에 따라 더 많은 재정을 지원받을 수 있도록 읍·면·동뿐 아니라 시·군·구, 시·도의 재정지원 규모와 사업에도 동일하게 활용이 가능할 것이다.

넷째, 행복동네의 추진은 현재의 사회경제적 여건과 미래지향적으로 되어야 하며 이를 위해서 동네 및 공간의 정책도 그린·스마트연계의 웰빙타운 지원이 필요하다. 동네를 중심으로 일자리 창출, 산업경제 등을 통해 주민들의 소득보장과 생활여건 개선, 삶의 질을 향상시키되 동네문제 해결과 주민 생활 개선을 위해 탄소중립, 에너지 절감, 재생에너지, 디지털 등 과학기술의 접목을 적극 활용하는 정책이 필요하다. 초등학교 등 동네 내 공공시설을 중심으로 태양열 등 신재생에너지, ESS, 스마트그리드 등의 사업을 우선적으로 추진하여 재생과 삶의 질 해결을 함께 연결하는 등의 제로 에너지 타운 추진, 대중교통에 대한 디지털 정보시스템 운영, 스마트 헬스 케어, 스마트 팩토리를 통한 일자리 창출 등 다양한 사업을 운영할 수 있다(한국행정연구원, 2021).

5. 지방대 육성 등 지역 인재 역량의 강화

지역균형발전에서 산업과 경제가 중요하지만 이를 추동해낼 인적자원 역시 매우 중요하다. 현재 우리나라 고등교육 및 지역 인재의 주요한 문제는 고등교육의 낮은 공적 책임성, 교육을 매개로 한 부의 대물림 현상 심각, 저출산에 따른 입학자원의 격감, 수도권 대학을 정점으로 한 대학 서열화, 지방대의 몰락, 낮은 고등교육 경쟁력, 대학의 사회경제적 인재 양성 기능 충족 미흡 등을 들 수 있다.

고등교육에 대한 낮은 책임성과 관련해 OECD 국가와 비교해보면 한국의 학생 1인당 초중등교육의 공교육비 순위는 낮은 편이 아니나 고등교육의 경우는 4,323 달러로 OECD 평균의 64.3%로 38개국 중 30위에 불과할 정도로 매우 낮은 실정이다(한국대학교육협의회, 2022).

우리나라 고등교육은 기회균등과 계층 이동 사다리로써의 기능을 못 하고 오히려 부의 세습 통로로 변질되고 있다. 이른바 'SKY(서울대·고려대·연세대)' 대학생 부모의 소득 9, 10분위 비중은 46%, 서울 8개 의대 대학생 부모의 소득 9, 10분위 비중은 55%로 그 밖의 대학의 9, 10분위 비중이 25%인 것과 비교하면 수도권 대학이 부모 부의 대물림의 통로가 되고 있음을 확인할 수 있다(https://www.joongang.co.kr/article/23634196).

세계 어느 나라에서도 보기 힘든 수도권 대학을 정점으로 진행되는 대학 서열화는 수도권 대학으로 학생 집중 및 비수도권 대학 존립 위기를 초래하고 있다. 2023년 정시모집 결과 경쟁률 3대 1 미만 대학의 87%가 비수도권 대학이며 1대 1 미만 대학 대부분도 비수도권이다(https://www.usline.kr/news/articleView.html?idxno=21461). 대학교육연구소(2020)의 분석에 의하면 2020년~2037년 권역별 미충원은 수도권이 23.8%인데 비해 호남권은 43.3%, 강원권 45.3%, 대경권 39.8%, 부울경권 35.9%이며, 수도권에 인접한 충청권은 그나마 28.1%일 것으로 전망되었다. 입학자원 격감으로 지역의 인적자원 재생산에도 상당한 타격이 있는 실이다. 일본에서는 오랫동안 '지역 인재 댐(dam)'이란 말로 지역의 인재 유출을 막고 인재 양성으로 지역의 댐을 지켜야 한다는 생각이 있고, 독일 등 유럽에서도 공공적 성격의 대학을 통해 산학협력 등 지역사회 발전을 이루어야 한다는 정책적 전제가 깊숙이 자리 잡고 있으나 우리나라는 취약한 지방대학이 정리되는 기회로 보는 경향이 크다. 대학 서열화로 전체 60% 이상의 지방대 대학생들은 입학 이후부터 취업과 사회생활에 이르기까지 편견과 낙인으로 다중적 어려움에 처하게 된다(박경, 2020).

우리나라 25~34세 청년층의 대학교육 이수율은 69.3%로 OECD 1위지만(교육부·한국교육개발원, 2022), 전문직 고용 비중은 2019년 22%로 주요 선진국 집단이 40% 이상인 것과 비교하면 절반 수준에 머물러 있으며, 대학의 경쟁력도 세계 주요 국가 64개국 중 47위로 낮은 실정에 있다[29](전국경제인연합회, 2021).

지방대 육성정책은 앞에서 기술한 주요 문제를 해결하면서 교육의 수월성과 사회발전의 성과를 낼 수 있는 방향으로 추진되어야 한다. 이를 위해서는 다음과 같은 전략이 요청된다. 첫째, 대학에 대한 정부의 공적 책임성을 강화하여 고등교육의 공공적 기능 수행을 제고시켜야 한다. 우리나라 고등교육 재정은 2023년 13조 5,135억원으로, GDP의 1% 정도로 확대한다면 4조 원 이상이 증액되어 18조 내외가 된다. 2022년 12월 24일 고등·평생교육지원 특별회계 신설을 위한 법률이 통과되어 그동안 대학과 전문가들이 주장해온 고등교육과 평생교육에 대한 예산을 법률적 기초 위에 집행이 가능하게 되었고, 2023년 9조 7,400억원이 편성되었다. 세입은 교육세 전입 1조 5,200억원, 일반회계 추가지원 2,000억원, 기존 사업 이관 8조 200억원으로 구성되어 대

---

29) 간판 중심으로 대학을 인식하는 사회적 풍조는 대학교육의 질적 수월성을 소홀하게 만들고, 우수 인력이 의대와 법대에 몰리는 것은 학문의 발전을 후퇴시키는 큰 원인으로 작용한다.

학의 자율 혁신 촉진, 지방대학 집중 육성, 교육·연구 여건 개선, 교원양성기관 교육혁신 지원 등에 증액된 1조 7,000억원이 집행된다. 고등·평생교육지원 특별회계 신설과 운영을 넘어 대학의 공공성 강화를 위해서는 현행과 같이 특정 목적 중심, 교육부 등 정부 설계에 의한 프로젝트형 사업, 지표 중심의 사업비 배분이 아니라 대학에 포괄적인 지원을 해야 한다. 아울러 지방 국·공립대 강화와 더불어 지방 사립대에 대한 지원을 강화해야 한다. 2021년 현재 우리나라 대학은 총 325개로 이중 국·공립은 47개(14.5%), 사립은 278(85.5%)로 사립대학의 고등교육 분담률이 압도적으로 높다. 지방의 사립대도 (가칭)정부책임형 사립대로 재정지원을 통해 공적 책임성을 높일 필요가 있다. 일본 역시 우리나라처럼 사립대학이 고등교육의 80%를 담당하고 있으며 국민의 고등교육 참여와 국가발전에 많은 기여를 하고 있어서 국민 세금에 의한 지원을 하는 것을 당연하게 인식되고 있으나 우리나라의 경우는 아직 이에 대한 적극적 고민이 부족하다고 하겠다. 일본은 이미 지방대의 대규모 미달 사태를 경험하고 있으나 다수의 지방 사립대들의 자연도태가 아니라 사립대 나름의 경영전략 및 교육 질 관리 대응, 지역별 대학 컨소시엄 운영, 사학진흥조성법과 제도에 의한 경상비 보조(73%) 및 시설정비보조금(25%) 등으로 대학 본연의 역할을 충실히 수행하고 있다(한국대학교육협의회, 2021). 정부책임형 사립대는 정부지원을 통해 교육 및 연구 여건의 개선, 학생들의 경제적 부담 경감, 대학 경영의 건전성 향상 등의 효과를 높일 수 있을 것으로 예상된다.

둘째, 대학 무상교육을 실시해야 한다. 대학의 무상교육 실시 이유는 교육은 보건의료 등과 같은 공공재이며, 고등교육 역시 공공재적 특성이 강화[30] 되고 있다는데 있다. 고등교육의 수익자는 개인뿐 아니라 전체 사회이며 미래의 한국이 우수인적자원의 최대 수혜자가 될 것이다. 무상교육은 헌법 32조 1항("모든 국민은 능력에 따라 균등하게 교육을 받을 권리를 가진다")에 명시된 보편적 교육기본권을 실천하는 일이기도 하다. 우리나라 고등교육 정부지출은 36.1%로 OECD 66.0%를 크게 하회하는 실정이다. 정부지출의 확대 부분을 대학 무상교육에 따른 예산 증가분에 활용한다면 공교육을 강화하는

---

30) 대학진학율이 50%가 넘으면 엘리트형은 물론이고 대중형도 아닌 보편형으로 보아야 하며 이미 70% 내외의 진학률인 우리나라 실정을 보면 보편교육 상태임을 알 수 있다(송영조, 2021).

핵심적 역할을 할 수 있을 것이다. 우리나라 사립대 비중은 86.5%로 등록금 의존비율이 높다. 국·사립대 통합 대학생등록금 지원이 이루어진다면 사립대도 차별없이 고등교육의 역할을 할 수 있게 되고, 궁극적으로는 고등교육의 공공성과 공적 책임을 강화할 수 있다. 우리나라는 세계 경제 규모 10위의 선진국대열에 서 있으며 역량 중심의 국가 대혁신을 위해 대학 무상교육을 실시할 필요가 있다. 독일은 1946년 첫 시도 후 연방법으로 확정하여 실시하고 있고, 프랑스·노르웨이·핀란드 등 OECD 16개 국가에서 대학 무상교육을 실시할 정도로 고등교육의 무상화 추세는 이제 일반적으로 확산되는 실정이다. 미국 바이든 대통령도 커뮤니티칼리지 무상교육과 연방정부 무상장학금인 Pell Grant를 강화하겠다고 천명한 바가 있다. 우선은 반값 등록금 제도를 1~2년간 시행한 후 3~4년차에 전면 시행하는 단계별 접근을 하여 재정적 준비와 대응을 하는 것이 안정적인 운영에 도움이 될 것이다. 소요경비는 2025년 입학생 156만명에 전체 평균등록금 6,434천 원 기준으로는 10조 370억 원, 사립대 평균 등록금 7,176천 원 기준으로는 11조 1,900억 원이 될 것으로 예상된다(홍성학, 2021)[31]. 현재 우리나라의 실질 GDP 대비 고등교육 예산 수준을 OECD 평균 1.1% 수준까지는 아니더라도 1.0% 정도로만 높이면 고등교육 무상화에 따른 예산은 충분히 확보가 가능할 것으로 판단된다. 대학 무상교육으로 얻는 사회적 편익은 교육의 공공성 확대, 사회문화적 공적 효과 증진, 4차산업혁명에 부응하는 고등교육 질 제고, 지역균형발전, 대학서열의 완화 뿐 아니라 정부지출 7~9조원 내외의 추가예산으로 생산유발효과는 7~14조원, 부가가치유발액 7~8조원이 발생할 것으로 예상된다(송영조, 2021). 대학 무상교육 운영의 방법은 학생 수만큼 대학에 지원하는 안과 대학생에 지원하는 안이 가능할 것인데 대학생에게 지원하는 것이 더 적절할 것으로 판단된다. 무상교육비는 교육부가 사회적 합의를 거쳐 기준재정 수요금액을 중심으로 표준등록금을 설정하여 집행될 것이며 재원은 국가장학금의 전환, 각종 목적형 대학지원사업의 축소 등으로 확보될 수 있을 것이다. 바로 전면 시행하는 것이 어렵다면 전문대, 지방대, 소득하위 70% 시행 후 전체 대학으로 확대할 수도 있다.

---

31) 고영구(2021)는 연간 재학생 190만명에 대해 1인당 650만원의 등록금을 제공한다면 연 12조원이 소요될 것으로 추정했다.

셋째, 근시안적인 사업 중심보다는 중장기적 전망을 갖고 기능 중심의 대학을 재편하는 K-고등교육 마스터플랜 수립이 필요하다. 현재 우리나라는 대학 간 기능의 구분이 없어서 불필요한 경쟁, 학생 유치, 협력 및 협업 미흡의 문제를 발생시키고 있다. 미국 California주는 1960년부터 연합대학 총장이었던 Clark Kerr의 주도하에 고등교육의 마스터플랜이 수립되었는데 핵심은 연구중심대학으로서 University of California(UC), 교육중심대학으로서 California State University(CSU), 성인교육 및 직업교육훈련 고등교육기관으로 California Community College(CCC)로 재편한 것이었다. 2023년 현재 California주 고등교육 체계는 UC 10개, CSU 23개, CCC 115개로 구성되어 있는데, UC의 다수는 연구중심의 최고 경쟁력을 갖춘 대학이고, CSU는 교육중심 대학으로 전문, 학사, 석사 등 우수인력을 배출하고 있으며, CCC는 직업전문기관으로 간호사(주 내 70% 이상), 경찰 및 소방관(80% 이상) 등 전문직업인력의 대부분을 육성하여 주 내외적 전문인력 양성의 협력과 분업이 최적화된 체제라고 할 수 있다. 핀란드 역시도 고등교육기관은 모두 공립기관으로 일반대학(universities)과 직업기술대학(universities of applied sciences)으로 구분되어 있는데 일반대학은 20개에서 13개로 통합되고 직업기술대학은 23개로 구성되어 있다. 핀란드 고등교육은 연구혁신, (융합)교육, 산학협력 등을 고려한 대학 기능 중심의 특성화와 통·폐합 추진으로 재편되었는데 통·폐합대상 대학에는 재정적 인센티브를 부여하였다. 수도권 헬싱키보다는 수도권 외 주요 도시별로 대학 주도의 글로벌 과학기술센터와 전문특화센터 구축을 통해 비수도권 지역의 과학기술 및 관련 전문 인재 육성 추진에 관심을 두고 사업을 진행하였다(https://www.pressian.com/pages/articles/2021122216011148557). 전문특화센터는 수도 헬싱키 외 주요 대도시권 8개소에 설치되어 있으며 도시들의 특화발전과 민관협력, 신산업 창출을 견인하고 있다. 이미 70~80년대 대학을 분산시키는 것을 통해 수도권 집중 제한과 균형발전을 시도하였고 오울루같은 북방 접경지역에도 대학을 통해 지역발전을 도모하는 전략을 시도하여 큰 성과를 거두었다. 노키아 등의 대기업도 오울루, 탐페레 등의 지역에 연구소를 설립하여 역내 고급일자리를 만들어내었고 개방형 혁신플랫폼으로 산학협력과 다학문적 융복합의 신산업을 창출하였다. 정부는 대학에 대한 민간기부금 조세 감면을 통해 고등교육기관을 육성하였으며 자율기반의 국립대 법인화를 추진하였다.

K-고등교육 마스터플랜은 기능 중심으로 고등교육체제를 재편하는 것이다. 대학별로 더 주력할 수 있는 기능 중심으로 자율 편성을 원칙으로 하되 연구기능, 교육기능, 평생·직업교육의 융합적 편성 속에 주력 부분을 강화시키는 것이다. 즉 연구중심대학은 연구기능(大) + 교육기능(中) + 평생·직업교육(小)으로 하면서 대학원 중심의 인재 양성을 하고, 교육중심대학은 연구기능(中/小) + 교육기능(大) + 평생·직업교육(中/小)의 구성을 통해 학부 중심의 인재 양성을 하며, 평생·직업교육 중심대학은 연구기능(最小) + 교육기능(中/小) + 평생·직업교육(大)의 구성으로 평생교육 및 전문기능인력 중심의 인재 양성에 주력하는 것이다. 이러한 기능별 대학 재편은 획일화가 아닌 대학별 다양한 특성화와 협업화에 기반을 두고 추진한다[32]. 연구중심 대학은 대학원 중심의 인력을 운영하고 학부 정원은 축소하고, 교육중심 대학은 학부 인력을 중심으로 정원이 구성되며, 평생·직업교육 중심대학은 해당 기능 중심으로 특화되도록 하되 향후 예상되는 입학자원 수급에 맞게 정원은 일률 감소한다[33]. 연구중심대학은 수도권 10개 내외 국·사립대학, 비수도권은 거점국립대학이 해당되며, 그 외 4년제 대학은 대부분 교육중심대학으로 구성한다. 4년제 일부대학과 2~3년제 전문대학은 평생교육 및 전문기능인력 교육에 주력한다[34]. 이러한 대학재편을 유인하기 위해서는 정원 감축[35]과 새로운 기능 담당을 조건으로 재정을 지원한다. 기능중심 대학 재편 참여 대학은 정부 재정 지원을 하되 특히 사립대학은 정부지원형(준공영형) 대학[36]으로 공공의 역할이 강조되며 2~3년제 사립전문대학의 공공적 기능 강화를 위해서는 정부에서 인수하여 운영할 수도 있을 것이다.

---

32) David J. Staley(2015)는 미래의 대안적인 대학에 대해 적극적인 모색이 필요하다고 강조하면서 그 예로 Platform University, Micro College, The Humanities Think Tank, Nomad University, The Liberal Arts College, Interface University, Polymath University 등을 제시하였다.

33) 대략 10~15% 일률 감소가 적절할 것으로 판단된다.

34) 현재 1955년생부터 1963년생인 1차 베이비부머뿐 아니라 2차 베이비부머, 그리고 에코세대까지는 인구층이 두터우므로 직업재교육과 평생교육의 강화로 2030년 이후 심각해질 인적자원 격감에 사전 준비를 할 수 있고 전문인력의 양성으로 산업과 고용의 선순환을 달성할 수 있다. 현재 평생교육 바우처사업은 일정 소득 이하만 참여하는 등 제한적 요소가 많아 국민 누구나 1번 이상 공적 고등교육기관 등에서 직업교육 및 평생교육을 받을 수 있도록 해야 할 것이다.

35) 우리나라 대학정원은 미국, 일본, 영국 등 주요 국가들에 비해 많은 편이고 특히 수도권 일부 사립대학의 정원은 매우 많아 정원이 감축될 때 이를 고려할 필요가 있다.

36) 정부지원형 사립대학은 지원을 받는 조건으로 공공적 책무(대학 구성원의 공적 대표 강화, 이사회 내 학내 구성원 대표성 비중 확대 등)를 수행해야 한다.

넷째, 시·도 단위와 (초)광역권 단위의 공유혁신형 대학연합을 통해 대학자원의 공유와 협력체제를 강화하고 우수인력을 육성하는 것이 필요하다. 저출산으로 인해 시·도 권역 내 인구 소규모 지역에 소재한 대학의 경우 입시경쟁률이 낮아 대학 지속성에 영향이 매우 큰 상황이다. 인구 과소지역일수록 대학이 미치는 영향이 매우 큰 편이다. 향후에도 인구가 적은 지역일수록 대학존립에 영향이 크므로 해당 지역 주민의 기본권리이자 발전축으로 (초)광역권 단위의 고등교육의 연합적 체제를 구축해야 한다. 먼저 시·도 내 연구중심, 교육중심, 평생·직업교육 중심 등 기능별로 대학을 구분하고 각 대학은 대학의 강점을 중심으로 특성화 방향을 선정하여 대학 간 공유혁신형 연합체제를 구축해야 한다. 국립대 간에는 통합할 수 있으면 기존 대학은 분교의 개념으로 구성될 수도 있다. 각 대학은 동일전공 간 교육 및 연구의 협력과정을 통해 상생발전체제를 도모하고 교육과정을 함께 설계하고 강의실 및 실험실, 기자재 등을 공유할 수 있다. 공유의 유형은 다음과 같다.

① 동일기능내 공유 : 연구중심-교육중심-전문대 내 네트워크 → 교육과정, 인력양성, 연구

② 기능 간 공유 : 교육연계과정, 학문 심화, 공동 및 협력 연구

③ 學研産官 간 공유 : 대학-연구소-산업체-지방정부 간 연계. 테크노폴리스 발전

④ 전국 권역 간 공유 : 연구중심대, 교육중심대, 전문대의 권역 간 협력

각 시·도의 대학은 (초)광역권별 결합을 통해 고등교육과 지역인력 양성에 더욱 효과적인 대응을 할 수 있다. 부·울·경 광역권을 중심으로 예를 들어 설명하면 부산에서는 금융, 해양, 수산, 영화, 울산에서는 석유화학, 조선·중공업, 자동차 등, 경남에서는 기계금속, 수소에너지, 조선·중공업 등을 중심으로 연구 및 인력 양성의 특화, 협력, 경쟁, 공동투자를 추진할 수 있을 것이다. 부·울·경 광역권을 중심으로 하는 공유혁신 대학연합네트워크인 (가칭)BUGN-NET(Busan-Ulsan-GyeongNam Network)은 대도시를 거점으로 하되 진주, 거제, 남해, 양산, 김해 인근 지역까지 포함하는 중생활권역 주민들의 고등교육권, 평생교육권까지 존중하여 운영될 필요가 있다.

〈표 12〉 부·울·경 광역권 (가칭) BUGN-NET 대학

시·도	연구중심대학(3)	교육중심대학(22)	전문대(20)
부산	부산대(1)	부경대, 해양대, 경성대, 고신대, 동명대, 동서대, 동아대, 동의대, 부산외대, 신라대, 부산가톨릭대, 부산교대(12)	부산경상대, 동의과학대, 부산여자대, 부산보건대, 부산과기대, 경남정보대, 대동대, 부산외대(8)
울산	울산과기대(1)	울산대(1)	울산과학대, 춘해보건대(2)
경남	경상대(1)	창원대, 가야대, 경남대, 부산장신대, 영산대, 인제대, 창신대, 한국국제대, 진주교대(9)	경남도립거창대, 경남도립남해대, 거제대, 김해대, 동원과기대, 마산대, 연암공대, 진주보건대, 창원문성대, 한국승강기대(10)

※ 부산, 동부산, 진주, 창원, 항공의 한국폴리텍대학도 네트워크에 포함됨

　부·울·경 광역권의 대학연합 네트워크는 다시 다른 광역권에 포함된 대학과 협력을 하면서 전국단위의 공유혁신 대학연합 네트워크와 연계되며 기능별로 연구중심, 교육중심, 직업·평생교육중심 대학들과 협력 체계를 형성하면서 다중적 협력으로 발전할 수 있을 것이다.

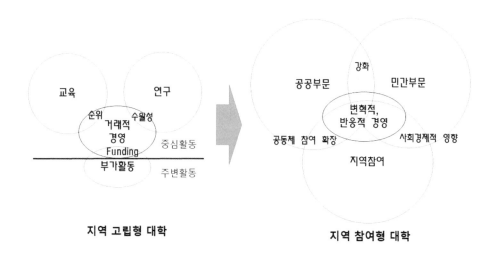

〈그림 17〉 지역 고립형 대학과 지역 참여형 대학

자료 : Goddard and Kempton(2011)에서 재구성

　다섯째, 향후 대학은 생존형 대학이 아니라 혁신형 대학 역할을 수행해야 한다. 정부지원을 통해 부실대학을 연명시킬 이유는 없을 것이며 생명을 다해 제 역할을 못하는 대학은 소멸이 불가피할 것이다. 현 시대의 과제와 미래 비전에 필요한 대학이 활성화되도록 재정 투입을 하는 것이 매우 효율적일 것이다. 대학은 과학기술, 연구개발을 중심으로 혁신의 산실이 되며 단순

히 연구비 중심의 소극적 대응이 아닌 지역산업 뿐 아니라 지역시민사회에 책임있는 주체로 역할을 해야 한다. 교수 및 전문가 개인이 정부나 민간기업으로부터 연구비를 지원받고 연구수행을 하면서 지역사회발전에 소홀한 대학이 지역 고립형 대학이라면 공공과 민간에 전향적으로 반응하고 이들과 결합되는 경영을 하며 지역문제 해결과 지역사회 혁신에 적극적으로 발벗고 나서는 대학은 지역 참여형 대학이다. 이제는 지역의 사회경제적 현실에 참여하는 지역 참여형 대학이 매우 중요한 시대가 되고 있다.

대학은 맥락적으로 국가 및 지역의 역량을 형성하고, 혁신하며, 인적 자본과 기술 발전에 중추적 역할을 하고, 사회와 문화 발전에 기여하게 된다. 아울러 지역사회 내 대학의 역할은 연구와 혁신, 인적자원 개발, 사회적 평등성 고양, 기업가(혁신가)와 비즈니스 발전의 4대 역할을 수행하며, 이를 위한 자원 동원을 적극적으로 수행하게 된다(Goddard and Kempton, 2011).

〈그림 18〉 대학의 국가 및 지역적 맥락
자료 : Goddard and Kempton(2011)에서 재구성

〈그림 19〉 국가·지역발전을 위한 지역대학 역할
자료 : Goddard and Kempton(2011)에서 재구성

지역대학은 이전에는 거래적 서비스 모형에 가까운 컨설팅과 혁신 및 자문의 역할이었지만 이제는 점차 변혁적 활동과 지역혁신의 상생적 생태계 네트워크를 이끄는 혁신역량의 플랫폼으로 발전해야 한다. 공유혁신형 대학 연합체제는 1, 2차 공공기관 이전의 클러스터인 혁신도시와 K-테크노폴리스가 결정적인 기여를 할 수 있을 것이다.

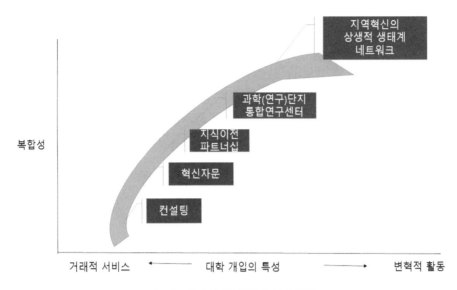

〈그림 20〉 대학 혁신역량의 특성 변화

자료 : Goddard and Kempton(2011)에서 재구성

　　대학은 지역의 각 주체와 관련하여 단순한 거래적 서비스를 중심으로 대응할 수 있겠지만 바람직한 모형은 변혁적 활동이다. 거래적 서비스 모형은 공식적 수요 기반의 기관 이익 목표를 중시하였다면 변혁적 활동 모형은 실질적 수요 기반의 생태계 전체와 사회적 이익이 궁극적 목표가 된다.

〈표 13〉 대학의 지역 내 역할모형 : 거래적 서비스와 변혁적 활동

내용	거래적 서비스	변혁적 활동
수요 유형	법적, 공식적 수요	잠재적, 실질적 수요
접근방법	산출(output)	성과(output·impact) 중심
목표	명시적 목표	실질적 목표
시간제한	시간제한 중시	목표 중심의 실질제한 중시
이익·목표 지향	연구자·기관의 이익	관계자, 사회이익
이익 확산	개인·당사자	생태계 및 사회 전체

자료 : Goddard and Kempton(2011)

　　여섯째, 지방인재 채용 강화를 통한 실질적 지역인재댐을 구축해야 한다. 2014년 지방대학육성법이 제정되었고 1차(2016~2020)와 2차(2021~2025)에 걸쳐 지방대학 및 지역균형인재 육성지원 기본계획이 시행되고 있으나 더 실질적인 성과를 달성하기 위해 전향적 정책 전환이 요구된다. 국립대 육성 사업 추진, 혁신도시 공공기관 지역인재 채용 의무화, 지역인재육성지원협의회

구성·운영 등이 시행 되었으나 지역의 일자리가 부족하고, 지자체와 대학 간 협력체계가 제대로 작동되지 못하고 있으며, 지역단위에서 대학생 고용 창출을 위한 체계적 비전 및 실질적 전략 수립·운영이 매우 미흡한 상황이다. 이를 개선하기 위해서는 대통령 직속 지방대학발전위원회를 설립·운영하여 지방인재의 육성과 일자리 연계를 국가 반도체산업 이상의 국정 핵심과제로 비중있게 접근하는 것이 필요하다. 지방인재의 육성과 일자리 과제를 위한 정부와 지방자치단체의 지원 내용 및 의무사항을 구체화하며, 지역인재 우대 정책 강화, 재정의 수도권 대학 편중화 및 독식 해소 등을 담는 법률 개정안이 필요한 실정에 있다. 윤석열정부는 대학지원의 행·재정 권한을 지자체에 위임·이양하고 지역발전과 연계한 전략적 지원으로 지역과 대학의 동반 성장을 추진하는 지역혁신중심 대학지원체계 구축을 위한 RISE(Regional Innovation System and Education) 사업 시행을 발표하였다(교육부, 2023b). 지자체에 위임이나, 이양하려는 접근은 적합하지만 수도권과 비수도권 대학 간의 심각한 격차와 지방대학의 위기, 지역산업 환경개선을 통한 지방대학생들의 일자리 창출 등에 대한 근본적 대책 없는 사업 추진은 효과가 의심스러울 수밖에 없다. 이양이 이루어진 만큼 지방자치단체의 대응도 중요하다. 하지만 그동안 광역 시·도가 고등교육에 대한 경험이 부족하였고 실질적 실천적 의지가 부족한 경우 해당 지역의 고등교육정책은 상당한 타격을 받을 수밖에 없었다. 광역 시·도 중에는 고등교육 기관에 높은 관심과 지방재정으로 지원을 해준 경우도 있었지만 그렇지 않은 시·도도 있기 때문에 지역 간 상당한 불균등이 나타날 것으로 예상된다. 지역인재댐과 관련하여 지방인재에게 채용과 고용에 우선권 부여 확대가 매우 중요하다. 지역인재의 공무원임용기회 확대(제12조)와 관련하여 '지방인재채용목표제'를 상향시키도록 개정하여야 하며 공공기관의 지방인재채용(제13조)은 권고사항에서 의무사항으로 전환하여 책무성을 높여야 하며, 채용비율도 현재 35%에서 50%까지 확대하여 수도권으로 청년층 집중 경향을 완화할 필요가 있다. 지방인재특별전형 시행대학도 확대하여 수혜범위도 넓히는 것이 필요하다. 입시에서도 지방인재의 수도권 집중 완화와 수도권 학생들의 비수도권 인기학과 집중을 완화하기 위해서는 치·의대, 한의대, 약대, 간호대, 법전문대학원에 지역고교졸업자의 신입생 선발 의무화를 확대하고 비율도 높일 필요가 있다.

일곱째, 지방청년의 일할 권리 확대를 위한 정책적 개선이 요구된다. 지금의 청년정책은 분산되어 있고 체계적인 운영이 미흡하다. 이를 개선하기 위해서는 청년 사회보장·일자리에 대한 통합적 플랫폼을 구축 운영해야 한다. 청년정책과 관련하여 현재 20개 부처에 총 45여개의 사업이 전개되고 있어서 매우 복잡한 실정에 있다. 지방자치단체의 경우에는 더욱 복잡하게 운영되고 있고 통합적 성과 판단도 쉽지 않은 소규모 사업들이 중구난방식으로 진행되는 경우가 허다하다. 청년들도 무엇을 어떤 방식으로 접근해야 할지 매우 막연하고 혼란스럽다. 청년친화적, 수요자 중심, 물리적 접근성 등 청년들에 대한 통합적 서비스를 제공하는 통합 플랫폼인 (가칭)청년플라자를 구축, 운영할 필요가 있다. 청년플라자는 청년의 사회보장과 일자리정책을 총괄하는 콘트롤 타워이자 직접적 서비스를 수행한다. 대학 재학생을 위한 서비스 역시 정책적 지원을 하되 각 대학의 일자리센터, IPP(Industry Professional Practice)센터와 협업적 추진을 강화한다. 대학의 일자리 기반들에 대해 지원을 하되 추후에는 Job Success Center로 서비스 및 사업의 내연은 넓히되 기능은 통합, 일원화하도록 하여 성과를 더욱 높이는 것이 필요하다.

〈표 14〉 기존 청년정책의 문제점과 새로운 통합 플랫폼 구축 방향

기존 정책의 문제점	새로운 통합 플랫폼 구축 방향
▶정책사업과 지원 및 추진기구의 복잡성	▶(가칭)청년플라자로 통합적 플랫폼 운영
▶각 추진주체 간 칸막이식 접근	▶공급자 중심이 아니 정책 수요자 중심의 정책 운영
▶협업과 연계 등 거버넌스 메커니즘 미흡	▶기존 정책의 통합적 운영
▶기업과 민간과의 파트너십 취약	▶청년친화적 공간 구축
▶청년친화적 정책 접근의 애로	▶온/오프라인의 통합 추진

장기 실직 청년을 대상으로 일자리 경험을 촉진시키는 Job Start 사업을 통해 세제 등 정책 지원을 통한 민간기업의 참여 확대, 정부 및 공공영역의 일자리 경험 촉진, 개별 청년들 문제 해결 중심의 통합사례관리 및 마음건강지킴이 지원 등을 패키지사업 운영으로 공공 및 민간의 일자리 경험 기회 확대와 청년 신규 인력의 노동시장 진입 지원을 촉진할 수 있을 것이다.

기존의 사회보장제는 실직, 고령, 질병 등 소득중단 시에만 필요한 사회서비스를 받을 수 있어 청년이나 중장년에는 매우 취약하다. 이제는 '일하는

사람을 위한 복지체제'도 병행 운영되어야 한다. 코로나19 시기 뿐 아니라 그 영향력이 현저히 약화된 현재까지도 청년들의 고용률은 OECD국가들 중 여전히 최저 수준에 머무르고 있으며 실업도 장기화하는 경향이 있다. 청년 일자리 및 일자리 역량 보장제를 통해 청년들의 취업 연계, 공공 일자리 경험, 공급기회 증가에 박차를 가할 필요가 있다. 지역특성에 맞는 청년 친화적 괜찮은 일자리(decent job)를 발굴·육성하고, 유망직종 중심의 재교육 기회를 확대하며, 정부부문의 직접적 청년 일자리 제공을 강화하고, 광역권 내 상생형 일자리를 운영한다면 지역사회 내 청년인력 선순환의 기틀을 마련할 수 있을 것이다.

서구 유럽 등에서도 청년들의 장기실업, 빈곤의 정도는 심각해지고 이들이 제기하는 불만은 높아지고 있으며 설사 일시적 취업에 들어가더라도 노동의 질 취약과 고용불안정성은 지속되고 있어서 프레카리어트(Precariot) 문제가 대두되었다(Standing, 2014). AI, 로봇 등 4차산업혁명시대 시장에서는 노동에서 배제된 많은 인력이 있고, 시장에서 충족될 수 없으나 사회적, 가치적 필요성이 있는 수많은 일자리는 갈수록 확대된다. 성장 지원, 사회참여, 공공안전, 돌봄 등 핵심영역을 중심으로(문성호 외, 2021) 청년들이 사회적으로 유용한 활동에 참여하는 참여소득제(Atkinson, 1996)의 실시를 통해 청년들의 역량 향상과 생활보장, 사회발전의 다중적 효과를 거양할 수 있을 것이다. 청년참여소득제는 사회문제 대처 및 사회성과(social impacts) 증가, 청년 일자리 확대, 청년 소득보장의 3중 이익구조를 강화시켜 전환기의 청년문제 해소와 사회발전에 도움을 줄 것으로 생각된다.

결론 – 역량 기반의 주체와 거버넌스
중심의 지역균형발전을 위하여

1. 연구의 요약

  지금까지 연구 결과를 제시하면 먼저 서론에서는 시민의 민주적 생활권으로 공간 정의에 대한 재인식을 하면서 공간을 활용하여 사회문제를 해결하는 공간 기반 사회정책전략의 필요성을 제시하였다.

  두 번째, 대전환 시대 지역위기의 현황 파악으로 수도권 일극 집중과 두 개의 한국으로 나뉘는 분단적 현상, 인구절벽시대 지방·동네의 소멸, 사회경제적 집중이 낳은 삶의 질 위기, 지방대와 지방 인재 댐의 붕괴, 무능한 지역정책을 진단하였다.

  세 번째, 팬데믹, 고용없는 성장, 기후 및 지속가능 위기, 공간 양극화, 인구지속성 한계, 사회적 결속 해체 등 복합위기를 맞이한 지역정책의 방향으로 1지역중심의 포스트-펜데믹 리질리언스(Resilience) 추진, 2산업4.0에 대응한 지역혁신4.0의 적극적 추진, 3생태·탄소중립·그린뉴딜을 통한 지속가능 지역발전, 4수도권 일극 집중 및 지역 간 사회경제적 격차 해소와 포용국가 추진, 5초저출산·급고령화 대응 사람중심의 스마트 압축체제 구축, 6연대협력과 네트워크 중심의 균형발전의 통합적 사회 추진 등을 제시하였다.

  네 번째, 역량기반 지역균형발전 전략에서는 1Amartya Sen의 역량 중심 지역균형발전 전략 설정, 2메가리전 등 광역권 중심의 정책 재편, 3공공기관 2차 이전과 K-테크노폴리스의 추진, 4K-행복동네의 추진, 5지방대 육성 등 지역 인재 역량의 강화 등을 제시하였다.

2. 정책 제언

  결론을 대신하여 지역균형발전의 추진 방법에 대한 방향을 중심으로 제언하고자 한다. 여기서 추진방법은 지역균형발전에서 역량 기반의 주체와 거버넌스가 중심이 되는 것이다.

1) 지역균형발전의 과정적 정의 존중

지역균형발전에서 역량 기반의 주체와 거버넌스가 중심이 되는 추진방법의 지향점은 '목표의 정의'와 함께 '과정의 정의'이다. 그동안 목표의 정의도 미흡하였지만 과정적 정의가 특히 부족하였다. 지금까지 우리나라는 수도권 중심으로 사회경제적 부뿐만 아니라 미래성장동력까지 일극 집중화함으로써 혁신적 발전을 저해하고 공간 및 자원의 비효율을 촉진시켰다. 수도권 일극의 공간적 집중은 다른 권역을 소멸과 침체, 인구 및 복지의 사막화, 중추관리 및 핵심기능의 서열화, 직업과 일자리의 서열화, 대학의 서열화 등과 상호작용하면서(서로를 정의롭지 못하게 활용하면서) 독점지대추구의 사회경제적 병폐를 심화시키고 있다. Sen이 말하는 정의론은 목표와 과정이 함께 담보되는 정의인데 지역균형발전에서도 동일하다. 각 지역이 격차와 불평등을 해소하면서 역량 중심의 더 나은 사회경제적 지역발전을 이루는 것이 '공간적 정의의 목표'라면 그것을 달성하는 '공간적 정의의 과정'도 민주적이고 평등하며 역량과 연계될 수 있도록 접근해야 한다. 정의로운 과정은 줄탁동시(啐啄同時)로도 표현할 수 있다. 지역균형발전은 중앙정부, 지방정부의 힘만으로도 불가능하고 지역주민의 주체적 의지만으로도 불가능한 상호적 과정이다. 알 안에서 병아리가 껍질을 두들기고 밖에서 어미 닭도 껍질을 부리로 쪼아야 생명체가 탄생할 수 있듯이 지역의 안과 밖에서 함께 노력하고 협력하는 거버넌스의 과정이 필요하다. 거버넌스의 전제는 각 주체가 독립적으로 일할 수 있는 역량을 갖는 것이 무엇보다 중요하다. 그런 의미에서 거버넌스의 기초로 지역균형발전의 과정은 "내가 (다른 주체와) 협력하여 만들어 가는 실천활동"이다.

2) 지역참여의 균형발전 거버넌스

먼저 지역균형발전 실천활동의 일환으로 거버넌스의 개편을 제시하고자 한다. 1)거버넌스 개편의 첫 번째는 거버넌스의 핵심 부처인 지역균형발전부의 신설, 운영이다. 현재 지역균형발전정책은 매우 분산적이다. 주무 부처인 국토교통부는 SOC 등 물리적 요소를 중심으로 접근하고 있으며, 내무부의 집권주의적 전통을 가진 행정안전부는 사회경제적 정책설계와 기획능력에 한계를 보이고 있어서 자치분권과 지역균형발전 간 정책적 연계체계도 매우 취약하다. 이를 극복하기 위해서는 지역균형발전과 관련된 중앙부처 조직의 개편이 필요하다. 지역균형발전의 전문조직과 기구로는 일본의 마을·사람·일자리 창생본부, 영국의 주택·공동체·지방정부부(部), 프랑스의 ANCT (Agencenationalede la cohésiondes territoires, 국토결속청) 등을 들 수 있다. 앞서 서술한 것처럼 일본 아베 정부는 2014년 저출산, 고령화, 수도권 집중, 살기 좋은 지역공동체 정주환경 확보를 통한 지속가능 사회를 위한 지방창생법을 제정하였고, 부처 간 거버넌스 조직으로 마을·사람·일자리 지방창생본부를 구성하였으며 이곳을 중심으로 마을·사람·일자리 창생종합전략을 수립하여 추진하고 있다. 지방창생본부는 총리가 본부장이고 지방창생담당상과 관방장관이 부본부장이 되며 내각의 정부부처가 참여하여 일본의 심각한 저출산, 초고령화, 지방소멸, 수도권 집중 문제를 극복하고자 하는 기구이다. 영국의 지역균형발전 전담부서로는 지역정책을 통합하여 추진하는 주택·공동체·지방정부부(MHCLG, Ministry of Housing, Communities, Local Government)가 있다. 담당업무는 공동체 통합, 소방서비스 및 공동체 회복, 주택, 지방정부, 지역계획, 인종 평등(Race equality), 도시재생 등의 업무를 담당하고 있다. 프랑스는 지역균형발전전담 행정조직으로 ANCT라는 실용적 기구를 운영하고 있다. 이 기구는 1960년대 DATAR, 2000년대 CGET 등의 후신으로 2020년부터 현재 조직으로 명칭을 전환하였다. 지리적 제약, 인구적·경제적·사회적·환경적 애로, 공공서비스 접근 등의 업무를 전담하며 국토의 평등을 위한 정책개발, 모니터링, 전문기능 등을 수행하는 전문기관이다. 33명의 이사회(대의원 2명, 상원의원 2명, 국가기관대표 16명, 지자체/관련집단대표 10명, 직능대표 등)로 구성되며 지역정책의 거버넌스 추진기구이자 전문 실행부서이다. 우리나라도 지역균형발전과 지방분권을 통합적으로 전담, 운영하는 정책부처(가칭 지역균형발전부)가 필요하며 신설 지역균형발전부는 지역균형발전, 공동체, 소멸지역대응, 지역 및 도시재생, 자치분권 등 지역업무를 전담하고 지역정책을 총괄 추진하게 될 것이다. 행정안전부는 해체되어 지역균형발전처로 전환되고, 국토교통부의 지역업무를 흡수하여, 영국처럼 주택 관련 업무의 통합도 가능할 것이고, 지역의 이익을 통한 국가이익의 실현이 부처운영의 방향이 될 것이다.

 지역균형발전의 두 번째 거버넌스는 현재 국가균형발전위원회[37]의 민주적 참여 중심의 재편이다. 그동안 국가균형발전위원회는 이명박, 박근혜, 문재인 정부를 거치면서 제대로 된 역할을 수행하지 못하였다. 대통령 직속 자문기구로 자문이 중심이라 실행 기능이 취약하였고, 대통령이 지역균형발전의 의지가 강했던 참여정부의 역할과 영향력에 비해 위상이 현저히 낮은 상태이며, 지역 진단·정책 대안· 정책 개발 등의 전문적 역할이 미흡하고, 특히 지역균형발전운동, 지역전문가, 지방정부 관계자 등 이해관계자(stakeholder)의 참여 미약하며, 지역의 목소리를 수렴하고 집중시키는(voice organizing) 체계적 노력이 부족하다. 국가균형발전위원회는 지역 참여와 지역 주도적(Initiative) 위원회로 전환해야 한다. 이를 위해서는 지역 주체(지역 4단체 대표 등), 지역정책 전문가 등 지역 이익을 대변[38]하는 위원회이자 실행위원회로서 기능이 강화되어야 한다. 위원회는 지역격차 및 불균형에 대한 체계적 진단 및 모니터링, 정책 대안 개발에 주력해야 하고, 지역균형발전정책에 대한 평가, 조정, 상호 연계, 통합화 등의 기능을 수행하게 된다. 지역 4단체, 지역 이해관계자, 지역전문가, 지역균형발전운동단체의 적극적 참여가 보장되고 메가리전(광역권)의 광역특별연합이 설립되어 이와 정책적 연계 운영이 필요하다. 프랑스가 ANCT 전신(前身)인 DATAR를 통해 지역균형발전의 큰 성과를 거둔 것처럼 우리의 국가균형발전위원회도 이러한 실질적 기능이 강화될 필요가 있다.

 지역균형발전의 세 번째 거버넌스는 연방제적 성격의 국정운영 필요성이다. 문재인대통령은 연방제적수준의 분권 추진 약속했음에도 구체적 이행이 없었고, 윤석열대통령은 권한의 지방이양을 강조하였으나 실질적 권한의 이양이 뒷받침되지 못하고 있다. 진정한 의미의 연방제나 상원의 도입은 국민적 공감대와 개헌 등 쉽지 않은 벽을 넘어서야 한다. 연방제란 중앙과 지방이 권력을 공유하는 국가권력 운영체제이다. 국가를 대표하는 권력과 지역을

---

37) 윤석열정부는 자치분권위원회와 통합하여 국가균형발전위원회를 지방시대위원회로 전환하고자 하나 수평적이고 기계적 통합 이외에 의미있는 변화가 없어 영향력에 의문을 갖게 된다.
38) 프랑스의 ANCT는 지방정부의 대표가 참여하는 조직구성이 특징적이다.

대표하는 권력이 함께 국정에 참여하는 제도 중의 하나는 지역대표형 상원이다. 하지만 상원이란 별도의 권력기구를 두는 데 대한 국민의 불신이 큰만큼 현 단계에서는 수용이 쉽지 않다. 하지만 국정운영에 지역이 참여할 수있도록 현행 제도가 허용하는 범위 내에서 노력을 하는 것은 매우 값진 일이될 것이다. 특히 국가정책의 상당수 내용은 지역과 지역주민의 삶에 직접 관련되는 사안이 많지만 중앙정부에 의해 일방적으로 결정될 수밖에 없는 것이 현행 제도의 특징이다. 지역대표성이 반영되는 참여형 국정 운영이 필요하다. 지역이익을 반영하는 권력구조는 양원제이나 영국의 경우 세습 귀족과지명제에 의한 상원이라 지역대표성을 갖지는 못한다. 대신 영국(UK)은 잉글랜드(England) 외 웨일즈(Wales), 스코틀랜드(Scotland), 노던 아일랜드(Northern Ireland)로 구성되어 있기 때문에 이들 지역의 대표를 장관으로 임명하여 내각(cabinet)을 구성하고 지역 이익을 대변하는 기능을 수행하게 하였다. 현재내각의 25명 장관 중 4명이 지역장관이다. 우리나라는 지난 문재인정부에서2021년 중앙-지방협력회의가 관련법 제정으로 가능하게 되었고 윤석열정부에서 활발하게 운영되고 있다. 국정의 일상적 협의과정에 지역대표권이 제대로 반영된다면 연방제적 국정운영에 한 걸음 더 가까이 나아가게 될 것이다.지역장관제는 헌법을 개정하지 않고 국무회의에 배석의하는 방법을 통해 가능하다. 국무회의 규정 제8조 제1항에 따르면 대통령 비서실장, 정책실장, 서울시장이 배석할 수 있고 의결권은 없으나 발언권은 있다. 광역시·도 대표나기초자치단체의 대표들이 지역장관의 의미로 국무회의에 참석하여 지역의이익을 주장하거나 표명할 수 있다면 지방의 의견이 잘 반영되고 그만큼 민주적인 국정운영이 가능할 것이다. 국무회의에 지역장관격으로 참여할 인원은 광역자치단체 대표로서 수도권+강원, 영남권, 호남+제주의 3대 초광역권(Super Mega Region)[39]별 시·도지사가 윤번제로 참여할 수 있고, 아니면 광역자치단체장과 기초자치단체장 중에서 각 2명씩 총 4명의 대표들이 참여할수도 있을 것이다. 이들은 지역에 영향이 있는 사무 및 지역사무 관련 의견을 개진하고 반영하는 역할을 수행한다. 중장기적으로는 국민의 공감확대에따라 독일형 상원(Bundesrat)[40]에 가까운 상원이 있는 양원제 운영을 통해 지

---

39) 북부권(수도권+강원권), 동남권(부울경권+대경권), 서남권(호남권+충청권+제주권) 등 3대 슈퍼메가리전의 지역입장을 대변할 수 있다.

역 참여의 정치체제를 갖출 필요가 있다. 그 시기까지 지역의 대표가 국무회의 내 지역장관의 기능을 수행한다면 지역 참여의 연방제적 국정운영이 가능할 수 있을 것이다.

3) 역량 기반의 지역 주체 형성

우리나라는 짧은 시기에 빠른 경제성장을 이루었고 1960년 4.19, 1986년 6월 민주항쟁, 2014년 촛불시민혁명을 거치면서 민주주의의 정도가 크게 향상되었다.[41] 하지만 민주주의 최상위 국가인 북유럽, 스위스, 독일 등에 비해 우리나라 시민의 직접적 참여도는 낮은 실정에 있다. 진정한 의미의 지역균형발전이 가능하려면 결국 시민 혹은 주민이 국가나 자기 지역공동체에 참여하여 권한과 책임을 행사할 수 있어야 한다. 즉 역량있는 국민이 되어야 하는 것이다.

역량 기반의 지역 주체 형성을 위해서는 첫째, 국민이 직접 참여하여 동네 공동체, 지역사회를 만드는 경험 및 실천을 확대해야 한다. 즉 "내가 만드는 동네국가" 실천이다. 이를 위해서는 민주시민교육, 직접 민주주의 실천사업에 더 많은 국민들이 참여하여야 한다. 마을만들기, 마을민주주의 사업이 중요한 이유가 된다. 둘째, 각계 각층이 광범위하게 참여하는 분권·균형발전운동을 전개해야 한다. 노무현정부 초기인 2003년 국가균형발전 3대 특별법(신행정수도 건설을 위한 특별조치법, 지방분권특별법, 국가균형발전특별법)이 발의되고 통과되기까지는 기득권층들의 수많은 궤변과 방해로 인해 그런 구상 자체가 현실성 없는 허황된 주장으로 매도되기까지 하였다. 분권과 균형발전의 큰 흐름이 형성된 것은 이러한 가치를 존중하고 기꺼이 실천했던 시민운동 및 전문가집단에 의해 가능했다. 2001년 3월 22일 청주에서는 시민단체 운동가와 학계인사 200명이 모여 자치헌장 네트워크를 선포하였으며 (https://news.kbs.co.kr/news/view.do?ncd=173805), 2002년 춘천 자치헌장 선언이 있었고, 그 이전 2000년에는 부산에서 국토균형발전 제안(http://www.kookje.co.kr

---

40) 독일 상원에 해당되는 연방의회는 각 주(16개)의 대표를 인구규모에 따라 정해진 의석수에 따라 파견하여 운영된다.

41) 매년 이코노미스트지는 세계 각국의 민주주의 지수를 발표하는데 2022년 우리나라 순위는 24위이고 지수 값이 9.01을 넘어 완전한 민주주의에 속한다.

/news2011/asp/newsbody.asp?code=0300&key=20000526.01001373382)이 있었으며, 대구에서는 균형발전운동이 있었다. 그 외에도 수많은 자치분권과 균형발전에 대한 시민단체 및 활동가, 전문가들의 노력이 있었기에 변화를 이루어낼 수 있었다. 지역균형발전운동의 성공을 위해서는 단체 및 개인의 소아적인 이익과 기득권 주장을 절제하고 대의를 위한 협력과 협업을 촉진시키며 숙의민주주의의 노력을 지속해야 한다.

셋째, 실효성 있는 정책의제의 개발과 확산이다. 설계없이 건물을 지을 수 없듯이 정책의제의 제안없이 지역균형발전을 추진할 수 없다. 수많은 지역균형발전의 담론 제안과 치열한 토론이 있어야 하며, 집합적 성과(collective impacts)와 문제 해결의 효과성, 실천 가능성과 효율성, 재정 등 자원의 가능성 등에 대한 꼼꼼한 검토도 필요할 것이다. 정책의 개발과 확산에 가장 중요한 것은 시민의 참여를 항상 보장하고 시민과 함께 추진할 수 있도록 노력하는 일이다. 5.16 군사쿠데타로 해산된 민주주의의 뿌리인 지방자치제가 우리나라에서 다시 복원되는데 30년의 시간이 소요되었고, 지역균형발전의 필요성이 실체적 의제로 실천되는데도 수십 년의 세월이 요구되었듯이 더 많은 시민이 공감하고 참여하면서 지역균형발전 운동을 전개하는 데도 많은 시간이 소요될 것이다.

국민총생산 세계 10위, 민주주의와 산업화를 동시에 달성한 대한민국이 정점(Peak Korea)에 이르러 내리막의 시작을 경험하지 않으려면 이제는 추격형(catch up) 전략이 아니라 달라진 사회경제적 현실에 맞는 우리만의 선도형(leading) 전략이 필요한 시기이다. 경제나 효율성 일변도의 사회도 경계해야 하고, 포용과 복지만으로도 대안이 되기 어렵다. 그것은 마치 Acemoglu와 Robinson(2020)의 말처럼 거대한 국가라는 독재의 리바이던과 사회 압도 및 국가 부재(不在)의 리바이던으로도 해결되지 않는 좁은 회랑(narrow corridor)을 통과해야 하는 어려운 험로다. 즉, 지역균형발전의 정의를 실천하기 어려운 이유이다. 그래서 지역균형발전의 '정의 실천'이 '값진 서사(敍事, narrative)'가 되는 것이다.

〈참고문헌〉

감사원, 2021, 『감사보고서 인구구조 변화 대응실태 I 』, 감사원.
고영구, 2021, "균형발전과 공공성 확보를 위한 대학정책의 전환", 『지역사회연구』 제29권 제2
　　호, 한국지역사회연구회, 1-29.
교육부, 2023a, 『2023년 주요업무 추진계획』.
＿＿＿, 2023b, 『지역혁신중심 대학지원체계 시범지역 선정·운영 계획』.
교육부·한국교육개발원, 2022, 『OECD 교육지표 2022』.
권규상·다무라·김영롱, 2018, 『컴팩트-네트워크 도시의 실천방안과 추진과제』, 국토연구원.
권규상·서민호, 2019, "콤팩트시티 정책의 효과적 추진방안", 『국토정책Brief』 제 705호.
국정기획자문위원회, 2017, 『문재인정부 국정운영 5개년 계획』.
김용창, 2018, "최병두의 하비 읽기", 『공간과 사회』, 제28권 제4호, 한국공간환경연구회.
김태완 외, 2020, 『한국사회 격차문제와 포용성장전략』, 경제인문사회연구회.
대학교육연구소, 2020, 『대학 위기 극복을 위한 지역대학 육성 방안』.
대한민국정부, 2022, 『윤석열정부 120대 국정과제』.
류종현, 2020, "뉴노멀 시대 수도권 정책 제언", 『수도권 규제정책은 왜 실패하고 있는가 긴급
　　토론회 자료집』, 균형발전국민포럼.
문성호·정지윤·한지연·노자은·노지혜, 2021, "소득보장 및 사회통합을 위한 참여소득의 도
　　입방안: 청년층을 중심으로", 『청소년복지연구』 제23권 제1호, 한국청소년복지학회,
　　157-186.
문윤상, 2021, "공공기관 지방이전의 효과 및 정책방향", 『KDI 정책포럼』 제283호.
박경, 2020, "지방 대학에 대한 낙인과 지방대생의 손상된 사회적 정체성", 『사회과학연구』 제
　　59권 제2호. 171-205.
박인권, 2018, "사회적 약자의 삶과 지역균형발전 – 역량의 지역격차 분석", 『공간과 사회』 제
　　28권 제2호, 한국공간환경연구회, 71-114.
배준구, 2017, "프랑스의 지역발전정책", 『프랑스문화연구』 제34호, 한국프랑스문화연구회.
부산복지개발원, 2016, 『부산시민복지기준 수립 연구』, 부산복지개발원.
소진광, 2018, "공간정의 관점에서의 지역격차와 지역균형발전", 『한국지역개발학회지』 제30
　　권 제4호, 한국지역사회개발학회, 1-26.
송영조, 2021, "대학 무상교육의 효과와 가능성", 『대학 무상교육의 효과와 가능성 국회토론회
　　자료집』.
송주명, 2023, "윤석열 정부의 고등교육 개혁에 대한 비판적 검토", 『윤석열 정부의 고등교육
　　개혁 무엇이 문제인가 토론회 자료집』, 국회의원 강민정 등 공동 주최.
안홍기 외, 2017, 『저성장기 지역균형발전 정책방향과 과제』, 국토연구원.
연덕원, 2021, 『대학구조조정 현재와 미래』, 정의당 정책연구보고서.
이민원, 2021, "공공기관 2차 이전 추진방향과 전략", 『지역혁신주도 Mega Region 구축 전략 정
　　책세미나 자료집』, 부산광역시의회 기획재경위원회 및 부산YCA 등 공동 주최.
이별빛달빛, 2022, 『인류세와 기후위기의 대가속』, 한울아카데미.
이상호, 2020, "포스트 코로나19와 지역의 기회", 『지역고용리뷰』 2020년 1월호, 한국고용정보
　　원.
이상호·김필, 2022. 3., 지역소멸위험지수 원시자료, 한국고용정보원.
이수진·허동숙, 2021, "프랑스 안 이달고 파리시장의 '내일의 도시 파리'정책공약", 『국토이슈
　　리포트』 제32호, 국토연구원.
이종호, 2021, "영국 공공기관 지방이전 정책의 전환과정과 그 정책적 함의", 『한국지역지리학

회지』 제27권 제3호, 한국지역지리학회, 346-358.

이찬영·정일호, 2011, 『미국 MPO 운영 현황과 시사점』, 국토연구원.

임희성, 2022, "고등교육정책 진단 및 해법", 『더불어민주당 교육특별위원회 출범식 및 정책세미나 자료집』.

전국경제인연합회, 2021, 『한국 대학 경쟁력 국제 비교』.

차미숙, 2020, "제11장 국토 균형발전: 수도권과 비수도권 지역간 격차", 김태완 외, 『한국사회 격차문제와 포용성장 전략』, 경제·인문사회연구회 협동연구총서

초의수, 2021, "2000년대 이후 우리나라 광역권의 사회경제적 변화에 대한 연구", 『한국지역경 제연구』 제49호, 한국지역경제학회.

초의수·김해몽·홍재봉, 2010, 『부산의 마을만들기 모형분석과 좋은 마을만들기 매뉴얼』, 부산 발전연구원.

천현숙, 1998, "롤스의 사회정의론과 도시정책적 의미", 『국토』제8호, 국토연구원.

최병두, 2016, 『데이비드 하비』, 커뮤니케이션북스』.

통계청, 2020, 『최근 20년간 수도권 인구이동과 향후 인구전망 보도자료』.

_____, 2022, 『2022년 가계금융복지조사 결과 보도자료』.

한국공학한림원·산업미래전략위원회, 2021, 『담대한 전환』, 잇플.

한국대학교육협의회, 2021, "일본의 사학진흥조성제도 현황과 시사점", 『이슈페이퍼』 제10호.

_____, 2022, "국제지표를 통해 본 고등교육재정 투자현황", 『고등교육 포커스』 제1호, 한국대학교육협의회.

한국콘텐츠미디어, 각 연도, 『한국 1000대기업』.

한국행정연구원, 2021, 『포용국가를 지향하는 분권형 정부체계 수립에 관한 연구』, 한국행정 연구원.

홍성국, 2018, 『수축사회』, 메디치미디어.

홍성학, 2021, "한국 대학의 무상교육의 의미와 가능성", 『대학 무상교육의 효과와 가능성 국회 토론회 자료집』.

황광훈, 2021, "지역별 청년 노동시장 동향 및 일자리의 질 비교", 『고용동향브리프』 2021년 6 호, 한국고용정보원.

增田 寬也(마스다 히로야), 2015, 김정환 옮김, 『지방소멸 - 인구감소로 연쇄 붕괴하는 도시와 지방의 생존전략』, 와이즈베리.

Acemoglu, D. and Robinson, J., 2020, *Narrow Corridor*, 장경덕 옮김, 『좁은회랑』, 시공사.

Atkinson, A., 1996, "Participation Income", *The Political Quarterly*, Volume 67, Issue 1

Blätter, T., 2017, "Governance in Metropolitan Regions in Germany", *The European Committee on Democracy and Governance (CDDG) of the Council of Europe.*

Bourdieu, P., 1979, *La distinction: Critique sociale du jugement*, 최종철 옮김(2005), 『구별짓기(상, 하)』, 새물결.

Dunford, M. F. and Perron, D. C., 1983, *The Arena of Capital*, London: The Macmillan Press Ltd.

Eatwell, J., Milgate, M., 1991, The World of Economics, London : Palgrave Macmillan.

Friedman, T., 2020, "Our New Historical Divide: B.C. and A.C. — the World Before Corona and the World After", *New York Times* 2020. 3. 17, https://www.nytimes.com/2020/03/17/.

Florida. R., 2018. *The New Urban Crisis : How Our Cities Are Increasing Inequality, Deepening Segregation, and Failing the Middle Class - And What We Can Do about,* 안종희 옮김(2018), 『도시는 왜 불평등한가』, 서울: 매경출판.

_____, 2019, https://www.citylab.com/life/2019.

Goddard. J. and Kempton, L., 2011, *Connecting Universities to Regional Growth: A Practical Guide. Smart Specialization Platform.*

Grander, M. Roelofs, K. & Salonen, T., 2022, "Area-based development initiatives: a means to an end or an end in itself? - a literature overview on the case of Sweden", *Nordic Social Work Research,* 12(2).

Hadjimichalis, C., 1987, *Uneven Development and Regionalism: State, Territory, and Class in Southern Europe,* London : Crom Helm.

Harvey, D., 1973, *Social Justice and the City,* 최병두 옮김(1983), 『사회정의와 도시』, 종로서적.

_____, 1982, *The Limits to Capital,* 최병두 옮김(2007), 『자본의 한계』, 한울.

_____, 1989, *The Condition of Postmodernity: An Enquiry into the Origins of Cultural Change,* 구동회 옮김(2008), 『포스드모더니티의 조건』, 한울.

_____, 1989, *The Urban Experience,* 초의수 옮김(1996), 『도시의 정치경제학』, 한울.

_____, 2009, *Spaces of Hope,* 최병두 외 옮김(2000). 『희망의 공간』, 한울.

_____, 2012, *Rebel Cities: From the Right to the City to the Urban Revolution,* 한상연 옮김(2014), 『반란의 도시』, 에이도스.

Hersey, P., & Blanchard, K. H., 1988, *Management and Organizational Behavior,* NJ: Prentice-Hall.

House, Robert J., 1971, "A path-goal theory of leader effectiveness", *Administrative Science Quarterly,* 16(3): 321-339. doi:10.2307/2391905. JSTOR 2391905.

Jacobs, J., 1984, *Cities and the Wealth of Nations,* New York: Random House.

Johnston, Gregory, Smith, et al., 1992, 한국지리학회 옮김(1992), 『현대 인문지리학 사전』,

Klein, N., 2007, *The Shock Doctrine: The Rise of Disaster Capitalism,* 김소희 옮김(2021), 『자본주의는 어떻게 재난을 먹고 괴물이 되는가』, 모비딕북스.

Krueger, A. P., 1974. "The Political Economy of a Rent Seeking Society," *American Economic Review* 64, 291-303.

Lefebvre, H., 2000, *La Production De L'Espace,* 양영란 옮김(2011), 『공간의 생산』, 부산대학교 한국민족문화 연구소.

Massey, D., 1984, *Spatial divisions of labour: social structures and geography of production,* London: Macmillan.

Ministry of Housing, Communities & Local Government, 2019, *The English Incices of Deprivation Research Report.*

Murphy, K.M., Shleifer, A., Vishny, R.W., 1993, "Why is Rent-Seeking So Costly to Growth", AEA 33.

Nussbaum, M., 2013, *Creating Capabilites : The Human Development Approach,* 한상연 옮김(2015), 『역량의 창조』, 돌베개.

OECD, 2022, Income Distribution.

Omae, Ken'ichi, 1995, *The End of the Nation State: The Rise of Regional Economies,* Simon and Schuster.

Orellana, J. 2020, "How Rent Seeking Impoverishes Nations", https://mises.org/wire.

Rawls, J., 1971, *A Theory of Justice,* 황경식 옮김(2003), 『정의론』, 이학사.Regional Plan Association, 2006. *America2050: A Prospectus,* NY: Regional Plan Association.

Sandel, M., , 2009, *JUSTICE: What's the right thing to do?,* 김명철 옮김(2014), 『정의란 무엇인가』, 와이즈베리.

_____, 2020, *The Tyranny of Merit: What's Become of the Common Good?,* 함규진 옮김(2020), 『공정하다는 착각』. 와이즈베리.

Sen, A., 2009, *The Idea of Justice*, 이규원 옮김(2019), 『정의의 아이디어』, 지식의 날개.

_____, 2000, *Development As Freedom*, 김원기 옮김(2013), 『자유로서의 발전』, 갈라파고스.

Smith, G., 1999, *Area-Based Initiatives : The rationale and options for area targeting*, London School of Economics.

Smith, N., 1989, "Uneven development and location theory: towards a synthesis", R. Peet & N. Thrift(eds.), *New Models in Geography — Vol. 1*, London : Routledge.

Soja, E. W., 1989, *Postmodern Geographies: The Reassertion of Space in Critical Social Theory*. London: Verso Press.

_____, E. W., 1996, *Thirdspace: Journeys to Los Angeles and Other Real-and-Imagined Places*. Oxford: Basil Blackwell.

_____, 2000, Postmetropolis: *Critical Studies of Cities and Regions,* 이성백 옮김(2018), 『포스트메트로폴리스 1』, 라움. 이현재·박경환·이재열·신승원 외 옮김(2019), 『포스트메트로폴리스 2』, 라움.

_____, 2010, *Seeking Spatial Justice*. Minneapolis: University of Minnesota Press.

_____, 2010, "Towards a regional democracy?", *Métropolitiques*, March 2011.

_____, 2014, *My Los Angeles: From Urban Restructuring to Regional Urbanization*. Berkeley: University of California Press.

Staley, D., 2015, *Alternative Universities: Speculative Design for Innovation in Higher Education*, Johns Hopkins University Press

Standing, G., 2014, 『프레카리아트: 새로운 위험한 계급』, 박종철출판사.

Tullock, G. 1967, "THE WELFARE COSTS OF TARIFFS, MONOPOLIES, AND THEFT", *Economic Inquiry* 5(3), pp. 224−32.

USWG, 2019, *Area-Based Approaches in Urban Settings*, Global Shelter Cluster.

Wells, T. R. 2012. "Sen's Capability Approach" in J. Feiser and B. Dowden(eds.). *The Internet Encyclopedia of Philosophy*. http://www.iep.utm.edu/sen-cap/(검색일: 2023.3.20)

World Economic Forum, 2022, *The Global Risks Report 2022*.

https://european-union.europa.eu/live-work-study/funding-grants-subsidies_en

https://kosis.kr/

https://news.mt.co.kr/mtview.php?no=2022121211374664596

http://www.casenews.co.kr/news/articleView.html?idxno=12471

https://www.jjan.kr/article/20210905739726

https://www.joongang.co.kr/article/23634196

http://www.kookje.co.kr/news2011/asp/newsbody.asp?code=0300&key=20000526.01001373382

http://www.kookje.co.kr/news2011/asp/newsbody.asp?code

https://www.korea.kr/news/policyBriefing

https://www.local.gov.uk/topics/devolution/devolution-online-hub/devolution-explained/combined-authorities

https://news.kbs.co.kr/news/view.do?ncd=173805

https://stdict.korean.go.kr/search/ searchResult.do

https://www.oecdregionalwellbeing.org/KR07.html

https://www.pressian.com/pages/articles/2021122216011148557

https://www.usline.kr/news/articleView.html?idxno=21461

https://www.youtube.com/watch?v=1h0_Bv-mc2k

2부

지역경제의 균형발전을 위한 정책 대안

권기철 부산외국어대학교 교수

1장

부산시 지역경제 발전의 목표

지역균형발전이라는 관점에서 볼 때, 특정 지역경제의 발전 목표는 지역의 개인소득이 1인당 국민소득에 필적하는 것이 되어야 할 것이다. 그러기 위해서는 지역경제가 국민경제의 성장만큼 성장해야 하고, 지역소득이 국민소득의 증가만큼 증가해야 한다.

그래서 우선 지역경제의 발전을 위한 중간 목표를 전국경제의 성장률보다 높거나 최소한 동등한 성장률로 성장시키는 것으로 잡아보자.

통계자료로 이용가능한 1986년부터 2021년까지의 36년 동안 부산의 경제성장률이 전국보다 높았던 것은 7차례(1990년, 1999년, 2001년, 2012년, 2014년, 2015년, 2019년)에 불과하다. 나머지 29개 해에는 부산의 성장률이 전국 성장률에 비해 낮았다. 그 결과 1986년부터 2021년까지 부산의 연평균 성장률은 4.0%로 전국의 5.6%에 비해 1.6%p 낮았다. 2000년부터 2021년까지로 범위를 좁히면, 부산이 2.6%, 전국이 3.9%로 격차가 1.3%가 된다. 전국의 경제성장률을 100으로 했을 때, 부산의 1986~2021년 평균성장률은 전국의 72.4에 불과하고, 2000~2021년 평균성장률은 전국의 68.1에 불과하다. 부산의 성장 속도가 전국의 성장 속도에 크게 미치지 못함으로써, 부산은 시간이 갈수록 점점 더 전국 경제, 특히 수도권 경제 수준으로부터 멀어지고 있는 것이다.[42]

이러한 저조한 지역경제 성장의 결과 전국 대비 부산의 GRDP 비중도 지속적으로 감소해왔다. 부산의 GRDP 비중은 1985년에 전국의 7.7%였으나, 1991년에 6.8%로, 1996년에 5.9%로 줄어들었고, 2011년에는 5% 아래로 떨어져 4.9%에 이르렀다. 2021년에는 4.8%를 기록했다.(그림 2 참조) 부산의 인구 비중이 1992년에 8.7%였고, 2021년말 현재 전국 인구의 6.5%인데 비하면, GRDP의 전국 비중이 현저히 낮다는 것을 알 수 있다.

---

[42] 부산의 경제규모가 머지않은 장래에 인천에 역전될 것이라는 우려가 나오는 것은 바로 이런 사정을 대변한다. 국제신문, 2022.

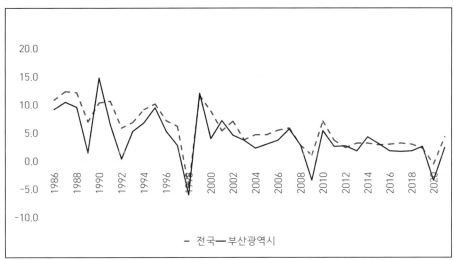

〈그림 35〉 전국과 부산의 경제성장률 추이(1986~2021)

주: 2021년 성장률은 잠정치임
자료: 통계청, KOSIS의 통계로 작성.

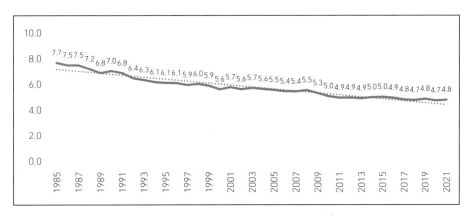

〈그림 36〉 부산 GRDP의 전국 대비 비중(%)

자료, 통계청, KOSIS의 통계로 작성.

　한국은행 부산본부에 따르면 이러한 부산의 경제성장 지체는 세 가지 요인에 기인한다(한국은행부산본부, 2020).

　첫째, 생산가능인구의 성장기여도 저하이다. 경제성장을 가져오는 요인은 크게 세 가지이다. 기술진보, 노동 투입의 증가, 자본 투입의 증가가 그것이다. 이 요인들의 경제성장 기여도를 분석하기 위해서 보통 다음과 같은 성장회계 방정식을 사용한다.

$$GDP성장률 = 총요소생산성증가율+노동생산성증가율+자본생산성증가율^{43)}$$

이러한 방법으로 분석한 결과, 2000~2018년 부산과 전국의 성장률 격차 1.3%p의 대부분을 생산가능인구 증가율의 차이 1.1%p로 설명할 수 있다. 부산은 2000~2018년간 청년층 인구유출 등으로 인해 청년층 인구가 연평균 −2.6%의 비율로 감소했다. 이 기간에 전국의 청년 증가율은 −1.2%이었다. 이러한 청년 유출뿐만 아니라 중장년층의 지역 이탈도 지속되었기 때문에, 부산의 생산가능인구 증가율이 전국에 비해 낮은 것이었다.

둘째, 청년층 및 중년층의 고용 부진 및 순유출이다. 2000~2018년 부산의 청년층 고용은 서비스업과 제조업 모두에서 감소하여 전국 대비 부진했다. 아울러 30대 인구의 고용 감소율이 전국보다 컸고, 40대 인구의 고용도 전국은 증가한 반면 부산은 감소했다. 부산의 청년층 및 중년층은 지역 내 선호 일자리가 부족하다는 등의 이유로 서울·경기를 비롯한 수도권뿐만 아니라 경남 쪽으로도 큰 폭으로 이동하고 있다. 청년층의 서울·경기 이동 사유는 2018년 기준으로, 직업이 63.2%, 교육이 21.9%, 주택이 8.4%의 순이다.

셋째, 부산경제에서 고부가가치 산업의 비중이 낮다는 것이다. 전기전자의 부산내 비중은 2.4%, 석유화학은 1.7%, 정보통신은 2.3%, 사업서비스는 8.9% 등 고부가가치 업종의 지역내 비중이 전국에 비해 아주 낮은 수준이다. 이들 업종은 한국경제에서 경제성장 기여도가 높은 산업으로서 이 업종들에서의 성장 기여도 차이가 전국과 부산의 성장격차로 귀결되었다. 부산의 주력 제조업은 기계·운송(자동차, 조선)이라고 할 수 있는데, 이들의 경우 성장기여도가 전국 수준과 비슷해서 부산 지역경제를 선도하는 역할이 부족했다.

부산에서 고부가가치 산업의 역할이 저조한 것은, 1990년대 이후 한국경제의 성장을 선도한 고부가가치 기술집약산업이 수도권과 그 인접지역에 집적된 데 주로 기인한다. 고부가가치 기술집약산업(고위기술제조업, ICT생산자

---

43) 위 방정식을 추정하기 위해서는, 각 요소들을 대표하는 통계치들을 구할 수 있어야 한다. 그런데 지역경제의 수준에서 총요소생산성증가율과 자본생산성증가율을 직접 구하기가 쉽지 않다. 그래서 위 요소들 대신에 노동생산성, 고용률, 생산가능인구를 사용하여 GDP성장률을 분해하는 방법을 사용할 수 있다. Gordon, R. (2010), "Okun's Law and Productivity Innovations," American Economic Review, Vol. 100, pp. 11-15; Musso and Westermann, (2005), "Assessing Potential Output Growth in the Euro Area: A Growth Accounting Perspective," ECB Occasional Paper Series No. 22.2005.

서비스업)44)은 경기(41.4%)와 서울(23.5%)에 집중돼 있고 부산의 비중은 1.3%로 미미한 수준이다. 이를 다른 관점에서 보자면 부산의 주력산업은 전국의 주력산업과 괴리돼 있어 우리나라 경제가 꾸준히 성장하는 과정에서 부산경제는 그 성장세에 제대로 올라타지 못했다고 할 수 있다. 윤석민 외 (2013)에 따르면, 주력산업은 "생산, 수출 및 고용 비중이 높고 전후방 산업에 대한 파급효과가 큰 국가경제의 중추 산업"을 지칭하는 것으로, 2013년 기준으로 자동차, 조선, 기계, 철강, 석유/정밀화학, 섬유/의류, 가전/전자부품, 통신기기/컴퓨터, 반도체, 디스플레이 등 10개 부문이다. 이 연구에서는 개별 지역경제에서 위 10개 산업부문 각각이 생산과 부가가치 면에서 전국 대비 비중이 10% 이상인 경우에, 해당 주력산업이 그 지역에 입지한다고 규정한다. 이에 따르면 서울은 섬유/의류, 인천은 기계, 광주는 가전/전자부품, 울산은 자동차, 조선 석유/정밀화학이 주력산업으로 입지해 있는 지역이다. 반면 부산은 대구, 대전과 함께 주력산업이 존재하지 않는 지역이다. 부산은 기계, 철강, 섬유/의류의 부가가치 비중이 각각 전국 5위에 해당하지만 그 수치가 5.1%, 6.5%, 5.9%에 불과해서 주력산업이 입지하고 있다고 볼 수 없다고 평가되는 것이다. 산업연구원(2022)에 따르면, 2023년 기준으로 한국의 13대 주력산업은 기계산업군에서 자동차·조선·일반기계, 소재산업군에서 철강·정유·석유화학·섬유, IT신산업군에서 정보통신기기·가전·반도체·디스플레이·이차전지·바이오헬스 등으로, 여기서도 여전히 부산지역경제가 들어설 자리는 없어 보인다.

처음으로 돌아가서, 부산 지역경제의 발전이 전국 수준에서 뒤처지지 않으려면 부산경제의 성장률이 전국 성장률보다 높거나 최소한 동등한 수준이 되어야 한다. 부산경제 현황에 관한 위 한국은행 부산본부의 진단을 수용할 경우, 부산경제가 전국의 발전수준에 뒤처지지 않고 따라잡으려면 주력산업이나 고부가가치 기술집약산업이 부산에서 발전해야 한다. 부산뿐만 아니라

---

44) 한국은행에 따르면, 제조업 세부업종은 기술수준별로 다음과 같이 네 종류로 분류된다. ① 고위기술: 전자·컴퓨터, 통신장비, 의료물질·기기; ② 중고위기술: 화학, 전기장비, 기계, 운송장비(자동차, 조선 등); ③ 중저위기술: 석탄·석유, 고무·플라스틱, 금속·비금속; ④ 저위기술: 음식료·담배, 섬유·가죽, 목재·종이·인쇄, 가구·기타 (한국은행, 2019). 그리고 산업별 R&D집약도(=산업별 R&D지출액/부가가치)는 고위기술 제조업과 ICT생산자서비스업(정보통신 등)에서 높다. 제조업의 고위기술은 23.6%인 반면 중고위기술은 7.8%, 중저위 이하는 2.2%에 불과하다. 서비스업에서는 ICT생산자는 3.7%인 반면, 비ICT생산자 등은 0.5% 미만이다.

수도권을 제외한 어떤 지역이라도 이런 기준을 충족하지 못하면 전국 발전에 뒤처질 수밖에 없다. 물론 중앙정부나 지방자치단체들이 이런 노력을 게을리한 것이 아니다. 다음에서 그 노력들에 대해 살펴보자.

2장

지역경제 발전정책의 흐름과 성과
- 지역전략산업육성정책을 중심으로

1. 역대 정부별 지역산업육성정책

1) 지역산업정책의 특징

중앙정부가 다양한 지역정책을 주도함에도 불구하고 인구, 경제력 등의 측면에서 지역간 불균형은 지속되고 있다. 수도권은 전 국토 면적의 12%만을 차지하지만, 인구는 50% 이상, 1,000대 기업 본사의 74%를 차지하고 있다. 이렇게 경제력이 특정 지역에 쏠린 상황에서 중앙집권적 국가 운영으로는 저성장, 양극화, 저출산, 고령화, 지방소멸 등 국가적 당면과제를 해결하기가 난망이다. 이에 따라 중앙정부 주도 방식으로는 지역경제 발전에 한계가 있으며 지역이 국가적 문제 해결의 주체가 되어야 한다는 문제의식이 생겨났다. 그리하여 지역 문제를 가장 잘 알고 그것을 해결할 경험과 지식을 축적한 지방정부가 스스로 발전 계획을 입안하고 실행할 필요성이 대두되었다.

수도권을 제외한 대부분의 지역이 주력산업의 침체로 경제활력을 잃어가는 한편, 많은 지역들이 혁신역량 미흡으로 자립적 성장과 재도약에 한계를 보이고 있다. 비수도권 지역의 제조업은 2000년대에 6% 전후의 성장률을 보였으나, 2011년 이후 연평균 2.3% 대로 크게 둔화되었다. 이것은 같은 기간 수도권 제조업이 5%대의 성장률을 보인 것과 크게 대조된다. 각 지역별로 주요산업을 중심으로 클러스터가 형성되어 있긴 하지만 그 성과도 점차 떨어지고 있다. 이에 따라 비수도권 지역의 산업경쟁력은 전반적으로 취약해졌다(박재곤 외, 2015).

이러한 상황을 극복하기 위하여 정부는 일자리 창출을 위한 지역산업정책 정비와 적극 추진을 국정과제로 설정했다(오은주, 2013). 지역산업정책을 지역의 필요에 의해 산업을 선정하고 집중 육성하는 정책으로 개념화할 경우, 지역산업정책은 다음의 세 가지 특징을 갖는다(오은주, 2013).

첫째, 지역산업정책은 과거 1970년대, 80년대에 추진되었던 산업입지정책과는 다르다. 1970년대, 80년대 산업화 시기의 대표적인 계획은 「경제사회발전5개년계획(1962년 시작)」과 「국토종합계획(1972년 시작)」이었다. 이 당시에는 국가 경제의 총량적 성장을 달성하기 위해서 국가 차원에서 집중 육성되어야 할 산업이 선정되고 해당 산업에 적합한 산업입지를 개발하는 산업입지정책이 추진되었다. 「경제사회발전5개년계획」에 따라 1970년대에는 수출산업으로서 경공업이, 1980년대에는 중화학공업이 선정되었다. 그리고 목표산업을 집중 육성하기 위한 공간 배치 전략으로 「국토종합계획」이 수립되었다. 산업 육성을 위해 가장 효율적인 지리적 위치를 선별하여 산업단지 건설, 수출자유지역 조성 등이 추진되었다. 이때의 국토종합계획은 국가 전체의 경제발전을 위해 선정된 산업의 생산비를 절감할 수 있는 지역을 찾아 개발하는 것을 주 임무로 했다. 그에 따라 수도권, 동남권에 산업기지가 건설되었다. 산업기지 건설이 진행된 지역에서는 투자로 인한 긍정적인 효과를 누릴 수 있었다. 다만, 해당 지역의 부존자원 구성을 반영한 산업이 발전한 것이 아니라 외부로부터 이식된 산업이 발전하게 되었다.

1980년대에 수도권 과밀화 문제가 지적되면서 1984년 제1차 수도권정비계획이 실시되는 등 본격적으로 지역간 격차 문제를 해소하려는 노력이 시작되었다. 이런 취지로 실시된 "공업의 지방분산" 정책도 지역의 산업 육성이라는 정책목표 측면에서는 진정한 의미의 지역산업정책이라고 보기는 힘들다. 이때는 국가의 균형발전, 국토의 효율적 활용을 위한 지방분산정책이라는 국토정책의 한 수단으로서 지역정책이 추진되었다고 할 수 있다.

둘째, 지역산업정책은 해당 지역에서 육성대상으로 선정된 산업을 다양한 영역에서 지원하는 단일 지역 내 통합적 산업정책의 특징을 갖는다. 지역산업정책은 목표산업에 대한 통합적 접근을 요구한다. 지역산업정책은 지역의 번영을 위해 지역산업을 선정하고 육성하기 위해 추진되는 것을 일차적인 목표로 하는 정책이므로, 지역 기업의 육성을 위해 필요한 모든 부문들이 해당 지역 안에서 유기적으로 구성되어야 한다.

따라서 지역산업정책의 하위 영역으로 기업의 혁신역량 제고를 위한 지방 R&D 사업, 기업의 마케팅, 투자유치 등을 지원하는 비R&D사업, 인재양성사업, 해당 지역산업과 관련된 지방과학기술정책 등이 포함된다.

〈표 1〉 산업입지정책과 지역산업정책의 비교

구분	지역산업정책	산업입지정책
목표	지역 산업발전, 지역경쟁력 강화, 지역의 내생적 발전	국가 산업정책의 효율화, 국토개발의 형평성 도모
전략	지역 자원과 역량의 동원과 융합	산업의 지역 안배
주요정책수단	전략산업 선정과 지원	
지원 내용	기반시설 조성(산업용지, 기술·기계장비 등), 기술개발, 인력양성, 경영역량 강화	기반시설 조성(산업용지 개발, 도로·항만 걸설, 전력망 구축 등

출처: 오은주, 2013에서 인용.

셋째, 지역산업정책은 주체가 다양하게 존재한다. 지역산업정책은 중앙정부 차원에서 독자적으로 기획, 입안, 집행되는 경우도 있고, 지방자치단체에서 지역사회의 발전을 위해 독자적으로 추진되는 경우도 있다. 다만, 지자체의 재정 능력 한계로 지자체가 지역산업정책을 완전히 독자 추진하는 경우는 드물다.

2) 역대정부의 지역산업육성정책

지금까지 중앙정부 차원에서 추진되어온 지역산업육성정책을 정부별로 살펴보면 다음과 같다.

국민의 정부(1998~2002년)는 입지 중심의 산업정책에서 지식기반경제 환경에 맞는 혁신주도형 산업정책으로 전환하고자 했다. 산업정책을 산업경쟁력 제고 및 지역경제 활성화를 내생적 관점에서 추진한다는 전략을 세웠다. 이에 따라 1998년 「지역산업진흥계획」에 근거하여 지역산업진흥사업을 시범적으로 추진했다. 1999년에 대구의 섬유산업을 시작으로 2000년에 부산의 신발산업과 경남의 기계산업, 광주의 광산업을 선정하여 산업기반 확충과 연구개발을 지원했다. 2002년에 지역산업진흥사업은 비수도권 나머지 9개 시도까지 포함하는 제1단계 「지역산업진흥계획(2002~2007년)」으로 확대되었다.

참여정부(2003~2007년)는 지역혁신체계를 통한 자립적 지방화와 국가균형발전을 목표로 지역전략산업진흥사업을 체계적으로 추진했다. 정부는 「국가균형발전5개년계획」에 의거하여 시도별로 4개씩 지역전략산업을 자율적으로 선정하게 했다. 여기에 인프라 구축, 인력양성, 공동 R&D 등을 지원하여 지역의 산업기반을 구축하고자 했다. 아울러 지역산업 육성을 위해 2003년에 지역혁신특성화사업, 테크노파크 2단계 신규 지정, 지역혁신인력양성사업을, 2004년에는 기업지방이전촉진사업, 산학협력중심대학사업, 지방기술혁신사업을 추진했다. 2005년에는 지역혁신산업기반구축사업, 산업단지혁신클러스터사업, 대덕연구개발특구조성사업, 지역혁신센터구축사업 등을 추진했다.

이명박정부(2008~2013)는 2008년 9월에 지역경제활성화 및 국가경쟁력 강화를 위해 「지역전략산업육성사업(Post 4+9) 추진계획」을 발표했다(산업통상자원부, 2015). 이 사업의 기본방향은 ① 기술경쟁력 제고를 위한 R&D 및 S/W사업 강화, ② 지역의 자율적 사업계획 수립, 거점기관인 테크노파크의 권한과 책임 강화, ③ 4+9 지역 구분 대신 비수도권 전 지역에 대한 통합적 사업계획 수립, ④ 사업의 효율성, 공정성 제고를 위한 제도 개선 등이다. 이명박정부는 또 글로벌 경쟁력 강화를 위해 시·도 중심의 지역정책을 5+2 광역경제권[45] 중심으로 재편하고 광역경제권 전략을 추진하고자 했다. 대표적 사업으로 광역경제권선도산업 육성사업이 있다. 이것은 광역지역 차원에서 산업간 유기적 연계를 강화하고, 규모의 경제 및 범위의 경제를 확보하기 위해 광역경제권 단위로 사업을 추진하고자 한 것이었다.

광역경제권선도산업육성사업은 1단계(20009~2011년)와 2단계(2012~2014년)로 구분된다. 1단계에서는 지역의 미래성장동력 육성을 위해 5+2 광역경제권에 기반하여 광역권별로 2개의 선도산업과 4개의 프로젝트를 선정하여 3년 내 유망상품 개발을 목표로 추진했다. 2단계에서는 지역의 성장선도산업과 함께, 일자리 창출효과가 더큰 지역 기반의 대표 주력산업을 포함시켜 고용창출형 R&D로 전환했다. 1단계에서는 특정 기업에 대한 R&D 지원 중심이었다면 2단계에서는 산업생태계 조성 중심으로 지원체계를 전환했다.

박근혜정부는 지역산업정책의 기본 목표를 일자리 창출로 설정하고, 이를 통한 지역경제의 활력제고 효과를 지역주민이 실생활에서 체감할 수 있는 '사람 중심의 질적 성장'에 역점을 두었다(산업통상자원부, 2017). 이런 정책방향은 「·지역희망프로젝트(HOPE 프로젝트)」로 표현되었으며, '지역주도-중앙지원'의 지역사업 추진, 지역행복생활권 기반 구축 등을 골자로 하는 새로운 추진 방향을 설정했다. 이를 위해 자율과 협력, 융합에 기초해 지역산업

---

45) 5+2광역경제권은 수도권(서울, 인천, 경기), 충청권(대전, 충남, 충북), 호남권(광주, 전북, 전남), 동남권(부산, 울산, 경남), 대경권(대구, 경북), 2대특별광역권(강원권, 제주특별자치도)으로 구성된다.

을 육성하고 새로운 일자리와 부가가치를 창출할 수 있는 토대로서 지역주
도의 산업지원체계 구축, 일자리 창출 중심의 산업 기업 육성 추진 등의 실
행전략을 설정했다.

〈표 2〉 역대 정부별 지역산업정책 내용 (1990년대~2012년)

구분	~1997년	1998~2007년	2003~2007년	2008~2012년
정책기조	수도권집중억제	지역혁신체제 구축과 내생적 지역발전	지역혁신체제를 통한 자립적 지방화, 균형발전	지역의 글로벌 경쟁력 확보
정책범위	산업입지 지역개발	지역산업 산업입지	투자, 인력, R&D 등 추가	좌동
중점분야	산업입지	R&D, 산업입지	산업인프라, R&D, 인력양성	R&D, 인력양성
공간단위	산업집적지, 낙후지역	시·도	시·도 시·군·구	시·도, 시·군·구, 광역경제권
주요사업	TIC, RRC	테크노파크(6개) 4+9전략산업진흥 경제자유구역(3개)	지역혁신특성화 산단혁신클러스터 산학협력중심대학	광역선도산업 광역연계협력 지역전략산업

자료: 산업통상자원부(2017, 106)에서 인용.

세부 실행전략으로, 첫째, 광역경제권 단위에서 벗어나, 지역의 특화 발전
을 위한 정책 중심으로 지역산업정책을 전환했다. 2013년에 광역경제권선도
산업육성사업과 신특화산업육성사업으로 이원화되었던 지역산업지원사업을,
지역주력산업육성사업(시도 단위), 경제협력권산업육성사업(시도 연계), 지역
연고(전통)산업육성사업(시군구 및 지역생활권 단위)의 3단계 지원체계로 재
편하였다. 둘째, 인접한 시·도 단위가 아닌 지자체간 자율 협의를 통해 산업
집적(클러스터) 또는 산업생태계의 구조 특성에 맞게 권역을 선정할 수 있는
경제협력권산업육성사업을 도입했다. 14개 시·도간 협의를 통해 총 17개의
협력산업 프로젝트가 도출되었다. 17개 중 11개가 산업생태계 중심의 협력산
업(경제협력권)으로 구성되었다. 다시 이 11개 중 4개가 3개 이상의 시·도가
연속 인접한 벨트형 협력권, 7개가 인접하지 않은 원거리 지역간 협력권사업
이다. 사업 내용은 R&D(기술개발)형과 비R&D형(기업지원서비스)으로 나뉘
어서 추진되었다. 셋째, 지역발전 비전과 전략에 따라 시도별 특화프로젝트
를 상향식으로 선정하여 시·도와 산업통상자원부가 상호협력하여 추진되었
다. 선정 방법은 ①시·도 발전 비전과 부합할 것, ②지역경제 활성화에 기여
하고 조기에 가시적 성과를 도출할 것, ③지역의 창조경제 기반 조성에 기여
할 것, ④지역공약을 실현할 것 등이다. 넷째, 지역주력산업육성사업에서는

지역경제 기여도, 제조업 기반산업, 고용창출효과, 지식서비스 산업 중에서 시·도별 5개 이내로 총 63개의 주력산업을 선정했다.

박근혜 정부에서 부산은 주력산업으로 지능형기계부품, 초정밀융합부품, 금형열처리, 바이오헬스, 디지털콘텐츠를 지원 대상으로 지정받았고, 협력산업으로 조선해양플랜트2, 차량부품, 기능성하이테크섬유를 지원대상으로 지정받았다 (산업통상자원부,2017).

문재인정부는 지역경제 활성화와 일자리 창출을 위해 지역산업 혁신 및 활력 회복을 추진했다(산업통상자원부,2021). 지역 주도의 자립적 성장기반을 강화하기 위해 균특회계 개편 등을 포함한 「국가균형발전 5개년계획」을 수립·추진했다. 아울러 「국가균형발전 특별법」 개정을 통한 인구감소지역 지원의 법적 근거 마련 등으로 지역이 산업의 중심이 되도록 하는 제도적 기반을 마련하고자 했다. 또 시도별 대표 신산업 육성 등을 위해 혁신도시 산단 등과 연계해 혁신 클러스터를 지정 운영하고 산업위기 선제대응지역을 지정하여 지역산업의 위기 진입을 사전 방지할 수 있는 대응체계를 구축하고자 했다.

「국가균형발전 특별법」 개정으로 상생형일자리사업에 대한 지원 근거를 마련하고 밀양(뿌리), 구미(이차전지), 횡성(초소형 전기화물차), 군산(전기차), 부산(전기차부품) 등 상생협력 체결 지역 등을 대상으로 상생형 일자리사업을 선정하고 지원했다. 정부는 선정된 곳에 지방투자촉진보조금, 세액공제, 임대료 인하 등 다양한 지원을 제공하고 근로자에게는 산단 정주, 교통환경 개선, 편의시설 확충 등의 혜택을 제공하고자 했다.

정부는 행정구역 단위로 지원되는 기존 지역사업을 극복하고 상생 협력의 가치를 극대화하기 위해 시·도간 혁신자원 역량을 연계한 광역협력권사업을 추진했다. 구체적으로 중앙-지역간 산업정책의 연계를 강화하기 위해 6대 신산업(바이오헬스, 스마트 친환경선박, 에너지신산업, 전기 자율차, 첨단신소재, 프리미엄소비재) 중심으로 14개 협력프로젝트를 구성했다. 이러한 광역협력권산업 내의 지역기업을 대상으로 유망품목 발굴을 위해 기술개발(R&D) 및 지업지원(비R&D)을 실시했다.

문재인정부에서 부산은 상생형 일자리사업에서 전기차부품 부문을 지원 대상으로 지정받았다. 청년일자리 정책의 일환으로 추진된 산학융합지구사업에서 미음단지에 해당 융합지구가 조성되었다(산업통상자원부, 2021). 섬유패션산업 부문에서 해양 융복합소재 고부가가치화, 봉제-ICT 융합 위기대응형 특수워크웨어(방역물품, 군복) 생산 시스템 구축을 지원받았다. 로봇산업부문에서 부산대는 지역 거점대학으로서 인공지능·로봇 융합분야 석·박사급 전문인력 양성, 제작자 예비취업자 등을 대상으로 하는 지역 로봇기업 실무인력양성 교육프로그램을 운영하였다.

2. 지역산업육성정책의 성과

지역(전략)산업육성정책은 한 지역이 그 지역의 미래 경제성장에 핵심적이라고 생각되는 산업을 선정하여 비교우위를 창출하고자 하는 정책이다. 이런 산업으로는 대개 첨단산업이 선정되는데, 이들 산업에는 대규모 생산을 통한 규모의 경제가 존재하여 대규모 투자가 요구되며 위험성이 높지만, 지역경제 전체에 광범위한 외부경제효과를 발생시킬 수 있다. 이것은 개발도상국이 특정 산업을 육성하기 위해 보호주의 무역정책을 취할 수 있다는 유치산업보호론과 유사하다.

전략산업육성정책은 사실 국가 차원에서 먼저 시작되었다. 가령 일본의 경우 1950년대에 철강산업, 1970년대와 1980년대에 반도체산업을 전략적으로 육성하고자 했다. 유럽의 경우 1970년대에 시행한 초음속 여객기인 콩코드 개발과 1970년대 이후 시행한 에어버스 개발도 전략산업 육성의 관점에서 이해할 수 있다. 중국의 경우는 반도체산업 육성, 2차전지산업 육성, 고속철 개발 등이 그 사례이다. 우리나라의 경우도 많은 성공사례를 갖고 있지만, 철강, 석유화학, 조선 등의 산업이 대표적인 전략산업 육성의 산물이라고 할 수 있다. 국가 차원의 전략산업 육성정책은 연구개발 자금 지원, 투자에 대한 세금 혜택 부여, 정부-산업간의 협력 증진, 해외에서 오는 경쟁압력으로부터 국내산업의 보호 등을 내용으로 한다.

지역전략산업육성정책이 특정 지역에서 지역성장을 견인하는 모델을 그 지역의 현실을 반영하여 구축한 사례가 있다. 최남희 외(2013)는 충북지역에서 진행된 1,2단계(2002~2007; 2008~2012) 지역전략산업육성사업이 가져온 지역경제의 변화를 인과순환지도를 통해 도식화하였다. 충북의 이 사업은 지역산업기반구축사업, 지역산업지술개발사업, 기업지원서비스사업, 지역혁신거점육성사업, 지역전략산업기획단운영사업으로 구성되어 있다. 이 사업들을 통해 충북은 4대 전략산업을 육성하고자 했다. 4대 전략산업은 바이오산업, 차세대전지산업, 반도체산업, 전기전자융합부품산업 등이다. 그림 *에서 지역산업기반구축의 효과를 보면, 먼저 네트워킹 사업을 통해 4대 전략산업에서 클러스터 구축 효과가 발생하고 클러스터의 경쟁력이 강화된다. 이것은 지역산업기반구축 투자를 유발하여 그것을 더욱 강화한다. 한편 전략산업 창업보육사업을 통해 전략산업 관련기업이 증가하고 전략산업의 고용이 늘어난다. 이것은 충북지역의 기업과 고용을 증가시키고 지역소득과 지역산업의 매출을 증대시킨다.

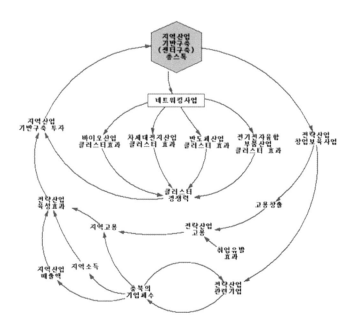

〈그림 3〉. 지역산업기반구축사업의 지역경제성장 및 성과 인과순환지도

출처: 최남희 외, 2013.

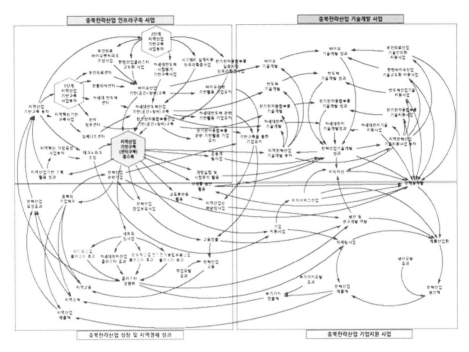

〈그림 4〉 충북 4대전략산업 육성사업의 지역경제효과 종합 다이어그램

출처: 최남희 외, 2013.

최남희 외(2013)가 전략산업육성사업의 지역경제효과를 종합한 것이 〈그림 4〉이다. 이 그림에 대한 설명은 아래와 같다. 충북의 4대전략산업육성사업은 지역산업의 경쟁력을 높이고 지역혁신체제를 강화하는 것을 목표로 한다. 이를 위해 인프라구축사업, 기술개발사업, 기업지원사업, 지역혁신거점육성사업 등을 추진한다. 이 과정에서 지역기업들은 기술을 개발하고 제품의 산업화를 통해 부가가치를 창출한다. 이들 사업은 기업이 지역내에 입지할 가능성을 높이며, 기업은 생산역량을 높이고 기술개발을 함으로써 이윤창출과 지역경제에 기여한다. 이에 따라 지역의 고용 규모는 늘어나고 산업경제가 활기를 얻으며 지역경쟁력이 강화된다 (최남희 외, 2013).

만약 위와 같이 전략산업육성정책의 효과가 발현된다면 지역경제는 성장과 발전의 선순환 고리에 들어설 수 있을 것이다. 그렇다면 그동안 실행되어 왔던 지역전략산업육성정책은 소기의 성과를 거두있을까? 지역전략산업육성정책 전체에 대한 성과 평가는 찾기 어렵지만, 특정 시기의 특정사업이 특정 부문에 미친 영향에 대한 분석은 몇 개의 사례를 찾을 수 있다.

산업연구원(2007)은 2000년대 초에 시행됐던 지역전략산업진흥사업에 대해 성과 분석을 실시한 적이 있다. 이 사업은 기술개발, 인력 양성, 혁신인프라 확충, 기업지원서비스 등을 포괄하는 패키지형 지원을 통해 추진되었다. 이를 통해 산업 성장(고용, 부가가치 등), 생산성(노동생산성, 총요소생산성) 향상 및 산업집적도 증대 등의 성과가 기대되었다. 산업연구원 평가에 따르면 이 사업 참여기업의 매출액과 R&D 투자액이 비참여기업에 비해 소폭 높은 것으로 나타났다. 32개 전략산업 중에서 지역고유성장효과가 나타난 경우가 부산의 신발 등 17개 산업인 것으로 분석되었다. 그리고 부산의 기계·부품 등 15개 산업에서는 총요소생산성과 노동생산성 증가율이 전국 평균보다 높은 것으로 분석되었다.

오은주(2013)는 광주시의 지역전략산업인 광산업 육성정책의 성과를 요약하였다. 이에 따르면 광주광산업은 육성 이전인 1999년에 비해 2009년에 매출액은 14.2배, 고용인원은 3.6배, 기업체 수는 7.3배 늘었다. 광산업의 성장효과를 성장성, 생산성, 산업집적도의 세 가지 지표에서 산업집적도를 제외하고는 대체로 플러스(+)효과를 보였다.

〈표 3〉 광주 광산업의 성장(1999~2009)

구분	1999(육성 이전)	2003(1단계완료)	2008(2단계완료)	2009(3단계시작)
매출액	1,136	3,234	13,079	16,157
고용인원	1,896	2,834	6,018	6,870
업체수	47	190	327	346

출처: 한국광산업진흥회, 2011.

〈표 4〉 광주 광산업의 범주별 성장효과

구분	성장성		생산성		산업집적도		종합 평가
	지역고유성 장효과	고용 및 부가가치	TFP	노동생산성	사업체수 증가율	입지계수	
1999~2003	+	+	+	+	−	−	△
2004~2008	+	+	−	+	+	−	
1999~2008	+	+	+	+	+	−	

출처: 산업연구원, 2010.

박재민(2019)은 전략산업육성사업에 참여한 혁신창업기업들을 조사하여 성과를 분석했다. 정부지원 수혜기업들은 매출액, 영업이익, 순이익, 연구개

발비, 특허출원, 1인당 연구개발비, 1인당 매출액 등의 부문 중 특허출원에서
만 비수혜기업에 비해 성과가 높았다. 한편 정부지원이 혁신창업기업의 성과
에 미친 영향에 대해서 살펴보면, 정부지원 규모가 커짐에 따라 혁신창업기
업의 1인당 연구개발비 및 특허출원 규모가 증가한다. 반면, 정부지원을 통
한 생산성 개선효과나 고용확대에 대해서는 긍정적 영향을 확인할 수 없다.

  이상의 분석 결과들을 보면 지역전략산업 육성정책은 부분적으로 효과를
거둔 것으로 보이지만, 종합적으로 성과를 확인하기가 어렵다. 다만 앞에서
봤듯이 부산의 경우 지역경제성장률이 지속적으로 전국 성장률에 미치지 못
했고, 지역경제의 전국 비중이 인구비중보다 낮으면서 계속 하락하고 있다는
점에서 지역전략산업육성정책의 효과를 보지 못하고 있다고 말할 수 있다.
이것은 다른 일부 지역에서도 동일하게 발견되는 현상이다. <그림 5>는 1986
년 이후 2020년까지의 지역별 성장률을 전국 대비 지수로 표시하고 그것을
수도권과 비수도권으로 나누어 평균한 것을 5년 단위로 묶어서 표시한 것이
다. 이에 따르면 수도권은 지속적으로 전국 평균을 앞선 반면 비수도권은 전
국 평균을 하회했다.

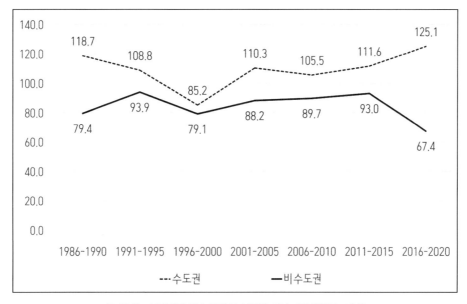

〈그림 5〉 수도권과 비수도권의 성장률 지수 추이(전국=100)

출처: KOSIS의 시도별 경제성장률 통계로 작성.

그러나 비수도권 중에서 충청권을 분리해보면 다른 결과를 볼 수 있다. <그림 6>에 따르면 충청권은 다른 비수도권 지역들과는 달리 1990년대 이후 전국 성장률을 앞질러왔다. 따라서 비수도권의 성장률 정체는 영남과 호남, 강원, 제주에 국한된 현상이었던 것이다. 그렇다면 이것은 지역산업육성정책이 충청권에서만 선별적으로 효과를 발휘했다는 뜻일까? 그렇지 않을 것이다. 이것은 오히려 수도권 확장에 따른 효과라고 볼 수 있다. 수도권 전철이 충청권까지 연장되고, 지방산업단지에 삼성전자, 현대자동차 등 대기업의 공장이 입지함에 따른 성장 효과의 발현이라고 평가된다.

비수도권의 성장세가 전국 성장을 따라가지 못하는 한편으로 수도권 인접 지역으로서 충청권이 전국 성장을 앞지르고 있는 현상은 지금까지의 지역전략산업육성정책이 소기의 성과를 거두지 못했음을 역설적으로 보여준다. 결국 지역전략산업육성정책이 부분적으로 효과를 거두고 있다 할지라도, 수도권의 강력한 전국 성장 주도력과 그에 따른 자원 흡인력을 상쇄하지 못하고 있는 것이다.

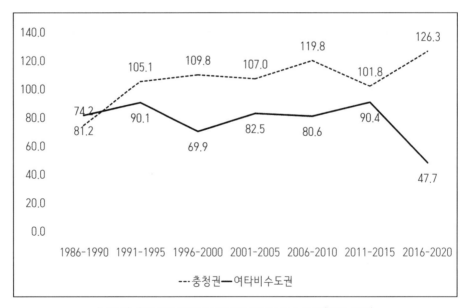

〈그림 6〉 충청권과 여타비수도권의 성장률 지수 추이(전국=100)

출처: KOSIS의 시도별 경제성장률 통계로 작성.

3장

최근의 지역경제 발전전략
- 스마트특성화 전략

최근 정부(산업통상자원부)는 지역경제발전 전략으로서 스마트 특성화를 채택한 것으로 보인다. 정부는 2020년부터 '스마트특성화 기반구축 사업'을 시행하고 있다. 이 사업은 지역의 산업육성 수요와 국가의 산업발전 전략 등을 종합적으로 고려하여 지역별로 특성화된 55개 산업(시·도별 3~4개)을 선정하여 산업별 스마트 특성화를 위해 산학연 혁신기관과 장비가 연계된 플랫폼 구축, 장비확충, 기술지원 및 전문인력 양성을 지원한다. 부산의 경우는 지능정보서비스, 지능형기계부품, 수송기기부품, 스마트해양 등이 선정되었다.

스마트 특성화 전략의 이론적 근거는 김윤수 외(2020)에서 찾을 수 있다. 지역의 산업발전을 촉진하기 위해서는 성장에 요구되는 조건이 충족되어야 한다. 전통적인 경제이론에서는 기술 습득에 요구되는 환경 변화와 재산권 보장을 위한 제도적 환경이 산업발전과 지역성장에서 매우 중요하다는 점이 강조된다. 특히 최신 기술 습득에 용이한 개방적 경제와 이에 수반되는 해외 투자 등은 기술 파급효과를 일으키는 주요한 요인이다. 또 특정 계층과 산업에 대한 지대를 용인하지 않는 제도적 개혁이 이루어질 경우 성장은 자연스럽게 달성될 수 있다고 주장한다.

그러나 현실에서는 경제성장이 저절로 일어나지 않는다. 오히려 국가별로 소득과 생산기술의 격차가 지속되고 있고 특정산업에 경제역량이 집중되는 특화현상도 나타난다. 이런 현상이 일어나는 이유는 상품이 이질적이어서 기술적 파급효과가 상품별로 특화되어 나타나고 해당 상품생산으로부터의 학습이 성장과 특화현상으로 나타나게 되기 때문이다(Hausmann, Hwang and Rodrik, 2007). 특정 상품을 생산하기 위해서는 다른 국가나 기업으로부터 얻은 정형화된 지식뿐만 아니라 암묵적 지식도 활용된다. 생산과정에서 원자재

가공, 공정관리를 통해 비용을 절감하고 질적 개선의 유도, 생산품의 조합 등 다양한 문제들을 해결하기 위한 특수 지식이 동원된다. 그런데 상품마다 요구되는 기술은 상이하다. 그리고 특정 기업이 기술을 발견하면 이 기술이 지역 내의 다른 기업으로 확산된다. 그 과정에서 많은 기업들이 해당 상품과 유사한 상품 생산기술을 발견하게 되면서 특정 지역에서 생산하는 특정 상품은 유사 상품군으로 발전하고 기술력과 경쟁력이 강화된다. 이는 다시 지역의 소득을 높인다는 것이다.

결국 지역마다 고유의 산업적 특성을 활용하여 기술 수준이 높은 상품을 생산할 수 있다면, 향후 많은 기업들이 이 부문에 투자하고 이를 통해 지역경제가 성장과정 및 특화된 경로로 전환할 수 있다.

한편 한 지역경제는 그 지역의 산업적 역사의 속박에서 벗어날 수 없다. 즉 과거에 이루어진 기술 및 자산, 노하우 등의 선택은 그 이후의 생산방법, 설계 및 기업관행에 영향을 미친다. 이것을 경로의존성이라고 한다. 지역경제가 경로의존적 성장을 한다는 데에는 몇 가지 설명이 있다. 첫째, 기술적 고착화현상이 생겨나서, 대체기술이나 더 효율적인 기술을 이용할 수 있음에도 불구하고 특정 기술 분야 자체가 기존 지역 여건의 결과인 특정한 성장방향에 고정되는 경향이 나타난다. 둘째, 그 지역의 특정 산업이 동태적 수확체증의 속성을 갖고 있으면 다양한 외부효과와 학습메커니즘을 통해 긍정적 피드백 효과를 가져옴으로써 기존의 성장경로를 강화한다. 셋째, 경제제도가 역사성을 갖고 있어서, 공식적 및 비공식적인 기관, 사회제도 및 문화의 형태가 시간이 지남에 따라 자체적으로 재생산 경향이 고착화될 수 있다.

지역경제성장이 특정 경로를 선택하고 그것을 고수하는 계기가 되는 사건들은 다음과 같은 것들이다. 첫째, 특정한 천연자원 기반의 지역경제 여건으로 특정 원료 및 관련 산업에 제공되는 기술적 잠재력에 의해 결정되는 지역성장 경로이다. 둘째, 지역자산이 고정자본에 투자되고 사회간접자본이 구축된 경우로서, 특히 중화학공업에 대한 투자에서 축적된 대규모 자본장비와 도로·항만 등의 사회간접자본이 장기간 사용가능한 경우에 그것을 활용하는 방향으로 경제성장의 경로가 정해진다. 셋째, 특화산업으로 지역적 외부경제가 발생하는 경우 그 산업을 중심으로 한 성장경로가 선택되고 유지된다. 마샬적 의미의 동태적 외부경제(전문 인력, 전문 공급업체, 지식파급 네트워크

등)와 상호의존성을 특징으로 하는 지역 산업클러스터가 존재하는 경우이다. 넷째, 집적경제에 의해 발생하는 경로의존성이다. 이것은 동일 산업에 속한 기업들의 지역적 집중에 기인하는 국지화경제, 다양한 산업에 속한 기업들의 지역적 집중에서 발생하는 도시화경제에 의해 다양한 집적 외부효과가 발생하고, 이로 인해 지역이 자기강화 성장을 하는 경우이다. 다섯째, 지역의 기관, 사회조직, 문화 전통에 따라 발생하는 경로의존성이다. 지역의 경제 및 규제기관, 사회적 자본, 사회 기반시설 및 전통 등이 복합체를 형성하여 지역의 경제활동을 특정 방향으로 이끌어가는 경우이다. 마지막으로 한 지역의 성장경로는 다른 지역의 성장경로에 영향을 받을 수도 있고, 산업내 및 산업간 연계 및 의존성, 다른 지역과 국가 차원에서 시행되는 경제정책 및 규제정책에 영향을 받기도 한다.

실제로 지역의 경로의존적 성장은 위와 같은 요인들이 단독으로 또는 복합적으로 작용하는 과정에서 결정된다고 할 수 있다. 지역산업구조의 발전경로는 우발적으로 다양하게 나타날 수 있다. 긍정적 고착화 현상이 순차적으로 지속되면 지역은 누적적 상승경로를 걷게 되지만, 어느 시점에 긍정적 고착화가 부정적 고착화로 전환되고 그것이 누적되면 지역경제가 쇠퇴의 길을 걸을 수도 있다(Martin and Sunley, 2006). 그런데 이 과정에서 지역경제가 어떤 경로를 따를 것인가는 과거와 현재의 시점에서 지역이 어떤 선택을 하느냐에 달려 있다고 할 수 있다.

지역의 성장경로는 경제환경 변화나 글로벌 차원의 충격 등에 의해 외생적 변화를 겪을 수 있다. 이때 부정적 고착화가 연속적으로 나타나게 되면 지역경제가 쇠퇴할 가능성이 크다. 따라서 이 경우 부정적 고착화에서 벗어나 긍정적 고착화로 전환하기 위해서는 새로운 발전경로를 창출하기 위한 정책 방안이 필요하다. 지역산업정책이 정당성을 갖는 것은 이런 차원에서이다. 여기서 제안되는 지역산업정책으로는 다음과 같은 것이 있다.

첫째, 새로운 기술 패러다임의 출현은 지역이 새로운 성장경로를 확립할 수 있게 한다. 그런데 오래된 산업 지역은 새로운 부문의 창업에 부정적인 영향을 미칠 수 있기 때문에, 지역은 전문적이고 차별적인 기술을 확보하는 노력을 기울여야 한다.

둘째, 사업추진 주체, 기술, 기관 및 사회적 네트워크의 다양성이 존재하면, 지역 구성원들의 숨겨진 역량이 느슨하게 연결된 네트워크 내에서 새로운 성장경로가 탄생할 수 있다. 경제적 다양성이 존재할 경우 범위의 경제를 통한 새로운 경로 창출이 가능하다.

셋째, 외부로부터 새로운 조직 형태, 첨단기술 및 산업, 기업 또는 제도의 적용을 이식하는 방법이다. 이것은 일종의 벤치마킹이라고 할 수 있다. 벤치마킹을 통한 적응적 또는 창조적 모방은 지역경제의 재구성 및 재생 또는 기술 및 생산능력의 업그레이드를 유발한다.

넷째, 한때 핵심산업 또는 기술이었던 분야를 관련산업 또는 파생산업 및 기술로의 다각화를 통해 지역산업의 새로운 성장경로를 모색하는 방안이다.

김윤수 외(2020)는 전국의 광역시도가 갖고 있는 산업구조의 특성을 개방혁신성과 산업선도성을 기준으로 4가지 유형으로 구분하였다(<그림 7> 참조).[46] 첫째, 개방혁신성과 산업선도성이 14개 시도 평균보다 큰 유형은 1사분면에 위치한다. 이 지역은 산업구조의 개방혁신성이 커서 신산업을 창출할 역량이 우수하고 선도산업의 존재가 새로운 기술적 표준을 제시할 수 있는 산업환경을 갖고 있다. 따라서 이 지역은 혁신창업생태계의 활성화 정책을 통해 새로운 산업구조의 성장경로를 발굴한다. 둘째, 선도산업이 존재하지만 산업구조의 개방혁신성이 낮은 2사분면에 해당하는 지역은 기존의 선도산업을 기반으로 주변산업에 있는 첨단 고기술 산업과의 연계를 강화하여 산업구조의 연관다양성을 높일 수 있는 산업다각화 전략이 필요하다. 셋째, 선도산업도 부재하고 산업구조의 개방혁신성도 낮은 3사분면에 해당하는 지역은 기존산업의 주력품목을 고부가가치화하는 지역주력산업 고도화 전략을 우선 추진하는 것이 효과적인 전략이다. 넷째, 개방혁신성은 크나 산업선도성이 없는 4사분면에 해당하는 지역은 이미 갖추어진 혁신역량을 기반으로 기존산업과 밀접하게 연계된 새로운 산업의 창출을 통해 산업구조의 전환을 유도하는 전략을 적용한다.

---

46) Foray and Hall(2009)과 Foray(2015)는 스마트 특성화 유형을 신산업 기반 구축(Foundation), 지역산업 구조전환(Transition), 다각화(Diversification), 그리고 고도화(Modernization) 등 4가지로 구분했다. 김윤수 외(2020)의 연구에서도 이 4가지 유형을 기준으로 정책과제를 도출하였다.

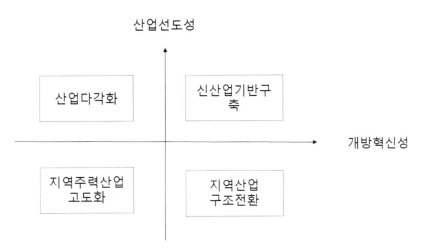

〈그림 7〉 지역제조업 특성 기반 산업구조 유형과 스마트 특성화 전략

출처: 김윤수 외(2020, 157)의 그림을 재작성.

실제로 지역별로 산업선도성과 개방혁신성을 측정한 결과를 보면, 부산의 경우 개방혁신성과 산업선도성이 모두 평균보다 낮다. 따라서 부산에는 지역주력산업의 고도화전략이 요구된다.

한편 국가주력산업은 국가의 경제발전을 이끌어가는 산업으로서 국가가 경제발전 목표를 달성하기 위해 전략적으로 설정한 산업으로서 이 산업의 육성정책은 지역경제의 성장과도 관련을 갖는다. 각 지역의 산업구조에서 국가주력산업이 중심산업으로 역할하면서 지역산업을 성장하게 하는 것이 바람직하다. 김윤수 외(2020)에 따르면 부산의 경우 국가주력산업이 지역산업구조에서 중심산업 역할을 하는 부문으로 "주방용 전기기기 제조업" 등 33개이다. 부산의 제조업 생태계에서 국가주력산업 혁심업종은 산업기계와 기계요소 부문이 주류를 이루는 기계장비산업이다. 여기에 섬유산업, 조선산업, 정밀화학, 화학사업이 추가된다. 부산 제조업의 국가주력 중심산업늘은 전통기술기반의 저기술 및 저부가가치 제조업의 특성을 보인다. 부산지역의 스마트 특성화 전략은 주력산업의 고부가가치화를 통한 산업구조 고도화라고 요약할 수 있다.

이 마지막 제안은 스마트 특성화 전략을 찾기 위해 기존의 지역산업을 분석하여 모색한 결과로 나온 것이다. "주력산업의 고부가가치화를 통한 산업

구조 고도화"가 그것이다, 새로운 분석방법과 개념을 적용했지만, 결론은 과거와 크게 달라지지 않았다. 이 전략에서는 기존 주력산업 관련 산업만 지원대상이 되고, 새로운 산업이 정부의 지원을 받을 가능성은 처음부터 배제된다. 따라서 이 방법도 기존의 전략산업육성정책이 가졌던 한계를 여전히 갖고 있다고 평가할 수밖에 없다. 이 전략은 부분적으로 성공을 거두기는 하겠지만, 수도권의 흡인력을 극복하기에는 부족할 것이라는 우려를 낳게 한다.

4장

향후 과제
- 전략산업레짐의 극복

1. 전략산업레짐의 한계

국민의 정부가 시행했던 지역산업진흥사업부터 최근의 스마트 특성화전략에 이르기까지 한국 정부의 지역산업육성정책은 "전략산업레짐"을 벗어난 적이 없다. 누가 어떤 방법으로 선정하든 특정 산업을 지역의 경제발전을 주도할 전략산업으로 선정하고 그것에 정부의 한정된 자원을 투입하는 방법이다.

전략산업육성은 일종의 선별적 산업정책으로서 그 정당성은 우리나라의 경험 그 자체에서 나온다고 할 수 있다. 우리나라는 1960년대 이후 석유화학, 조선, 자동차, 반도체 등 우리나라의 핵심산업들을 정부의 전략적인 선별과 집중적 지원 속에서 성공적으로 글로벌 산업으로 육성해냈다. 이처럼 전략산업육성은 우리나라의 대표적인 성공신화라 할 수 있다. 이러한 성공사례를 발판 삼아 전략산업 육성정책을 지역에 적용하려고 한 것이 지역전략산업육성정책이다. 그러나 전략산업육성정책은 그 자체로 몇 가지 한계점을 갖고 있다. 첫째, 이 정책이 효과를 발휘하려면 정부가 성공할 가능성이 있는 산업을 잘 골라야 한다. 소위 승자고르기(picking-the-winner)를 정부가 성공적으로 해야 하는 것이다. 이것은 기본적으로 시장에는 많은 경쟁자들이 있으며, 정부는 그 선별에서 시장보다 더 잘 안다는 믿음에 기초한다. 사실 한국경제가 경제발전 초기일 때는 선진국의 사례를 보면서 산업의 중요성과 시장성을 파악하고 그것을 뒤따라가면 되었다. 소위 따라잡기(catch-up)이다. 이때는 승자고르기가 상대적으로 쉽다. 그러나 현재 한국경제는 상당한 발전수준에 도달했기 때문에 과거와 같은 선진국 따라잡기 전략을 쓸 수가 없다. 지금 어떤 첨단산업이 미래에 얼마나 성장할 것인지는 한국도, 여타 선진국들도 알고 있지 않다. 모범답안이 없는 상태에서 순전히 미래에 대한 통찰만으로 전략산업을 선택해야 하는 상황이다. 현재 정부가 채택하고 있는 스마트 특성화 전략도 승자고르기의 범주를 벗어나지 못한다. 정부가 시장보다 더 많이 더 잘 알고 있다는 승자고르기정책의 기본 전제는 충족되지 못한다. 산업의 내밀한 현실에 대한 이해와 그것을 바탕으로 한 비즈니스 기회 창출은 기업가 등 시장참여자들보다 정부가 결코 더 잘할 수 없다.

둘째, 정부가 특정산업을 범주화하고 지원하는 방식은 산업을 구성하는 기초 단위인 기업의 생각과 활동범위를 축소시키고 한정시킨다(이재우, 2021). 정부 주도의 특정산업 지원은 기업들의 시야를 좁게 만든다. 이것은 하나의 목표를 향해 나아가는 데는 도움을 주지만, 기업이 새로운 가능성을 모색하고 새로운 목표를 설정하는 데는 결정적인 장애가 된다.

셋째, 기존의 산업체계에 다 포함시킬 수 없는 경계 상에서 새로운 혁신 상품을 개발한 경우 정부 지원을 받기가 어려운 경우가 생긴다. 특정산업 지원방식에서는 일종의 역선택이 발생할 가능성이 매우 높은 것이다.

전략산업육성정책을 지역에 적용할 때는 또 다른 문제가 발생한다. 첫째, 국가 차원의 전략산업육성정책은 해외로부터 오는 경쟁 압력에서 국내산업을 보호하는 것을 주요 요소로 한다. 국가는 관세장벽과 여타 비관세장벽을 사용하여 국내산업을 보호할 수 있다. 그러나 지역 차원에서는 다른 지역으로부터의 경쟁을 막는 방법으로, 국가가 해외에 대해 설치하는 관세 및 비관세장벽을 사용할 수 없다. 특정 지역의 전략산업 기업은 다른 지역의 동종산업 기업들과의 경쟁에 노출되지 않을 수 없다. 이렇게 지역산업 보호가 거의 불가능하기 때문에 전략산업육성정책에는 한계가 있기 마련이다.

둘째, 국가간에는 생산요소의 이동, 특히 노동력의 이동이 자유롭지 않기 때문에 한 국가가 전략산업 육성 과정에서 길러낸 숙련노동력을 국내에 유지하기가 상대적으로 쉽다. 노동력의 해외 이주에는 해외국가에 존재하는 장벽과 이주에 따른 각종 기회비용이 뒤따른다. 이것이 전략산업 육성과정에서 길러진 노동력을 국내에 보존할 수 있게 해준다. 그런데 한 국가 내의 지역은 숙련 노동력 보존이 상대적으로 어렵다. 숙련 노동력의 그 지역 거주는 순전히 그 자신의 선택에 맡겨둘 수밖에 없다. 이들은 더 높은 임금과 더 좋은 생활여건을 찾아서 다른 지역으로 비교적 쉽게 이동할 수 있으며, 한국의 상황에서는 특히 수도권으로 쉽게 이동할 수 있다. 이것도 전략산업육성의 성과를 지역이 유지하는 데 어려움을 가져오는 요인이 된다.

2. 전략산업레짐의 극복 방안

전략산업육성정책의 한계를 극복하는 방법은, 첫째, 정부가 산업 자체를 선정하는 방식을 지양해야 한다는 것이다. 정부는 산업이 아닌 기업을 지원하고, 기업 지원의 기준을 고부가가치화를 위한 혁신활동에 두어야 한다. 이를 통해 기존 기업이 새로운 기회를 찾아서 나아갈 수 있게 할 수 있다. 이 과정에서 다른 지역 기업들과 경쟁할 수 있지만, 그 경쟁을 통해 오히려 효율성을 높일 수도 있다.

둘째, 지역에서 새로운 기업과 산업이 출현할 수 있도록 신기업 창업을 위한 환경 조성에 지원을 더 늘려야 한다. 그리고 창업을 촉진하는 것도 중요하지만, 창업기업이 지역에 뿌리내려서 타 지역으로 빠져나가지 않도록 해야 한다. 이를 위해서는 창업과 창업 이후의 기업활동 과정에서 지역의 지원기관들과 유기적 연대를 갖도록 일정 성장 단계까지 지속적으로 지원해야 한다. 창업기업의 시장 정착과 성장에는 시간과 육성, 돌봄이 필요하다(Cimoli and Dosi, 2017).

셋째, 지역산업이 새로운 성장경로를 타는 경우이든 기존산업의 고부가가치화로 가는 경우이든 중요한 것은 지역경제의 주체 전체가 혁신역량을 가지는 것이다. 따라서 혁신역량 구축을 위한 학습과정이 반드시 필요하다. 경제가 하나의 성장경로에서 다른 성장경로로 "횡단"하기 위해서는 지역 전체가 새로운 역량을 갖기 위한 학습을 해야 한다(권기철, 2016). 따라서 지역경제가 혁신에 성공하기 위해서는 기업가뿐만 아니라 지원기관, 소비자, 노동자 모두에게 역량 구축을 위한 학습이 필요하다. 이 점에서 시민 전반에 대한 혁신 관련 교육을 정부가 제공해야 한다.

넷째, 지역에서 양성한 인재가 타지역으로 빠져나가는 현상을 완화하기 위한 강력한 지원수단이 제공되어야 한다. 특히 청년 인재는 위에 말한 혁신과 창업과 학습에 핵심 역할을 하기 때문에 이들을 유지하는 것이 매우 중요하다. 기존의 수단으로는 매년 수만명씩 인재가 유출되는 것을 막는 것이 불가능했다. 이것을 조금이라도 완화할 수 있는 조치, 예를 들면 청년에 대한 주거 지원 등의 경제적 인센티브를 소수에게라도 규모를 키워서 제공하는 방법을 고려해야 한다.

〈참고문헌〉

국제신문, 2022, "부산, 신성장산업 발굴 못 하면 2년 내 인천에 역전", 2.21일자.

권기철, 2016, "리카도 기계 효과의 현대적 해석과 그 정책적 의미 – 힉스와 오스트리아학파의 경우", 부경대학교, 『인문사회과학연구』, 17-4, pp.57-85.

김윤수·김선배·김찬준·이상호·서정현·조성민, 2020, 『지역혁신성장을 위한 전략산업 구조 고도화와 성장경로 분석 – 산업 Atlas 모형 적용을 중심으로』, 산업연구원.

박재곤·변창욱·이상호, 2015, 『지역산업의 클러스터 매핑 분석과 발전전략』, 산업연구원.

박재민, 2019, 지역전략산업육성정책의 지역별 창업성과 분석, 국회예산정책처 보고서.

산업연구원, 2007, "지역전략산업 육성정책의 성과분석과 시사점", 『KIET 산업경제정보』, 2007-42.

_____, 2022, "2023년 13대 주력산업 전망", 『KIET산업경제』, 2022.12.

_____, 2010, 『Photonics 2020 계획수립 연구』.

산업통상자원부, 2015, 『2013-2014 산업통상자원백서』.

_____, 2017, 『2015-2016 산업통상자원백서』.

_____, 2021, 『2019~2020 산업통상자원백서(산업편)』.

오은주, 2013, 『지역주도형 지역산업 육성방안』, 한국지방행정연구원.

윤성민·고승환·김기호, 2013, "주력산업의 존재 유무가 지역경제에 미치는 영향과 정책적 시사점: 부산지역과 여타지역 비교를 중심으로", 한국은행 부산본부.

이재우, 2021, "줄세우기식 선별적 산업정책을 버려야 산업이 산다", 한겨레신문, 2021.01.25.

최남희·조병설·안유정·이만형, 2013, "지역전략산업육성사업과 지역경제성장 파급효과: 충북 사례를 중심으로", 『한국시스템다이내믹스연구』, 14-1, pp.5~29.

한국광산업진흥회, 2011, "광주광산업 현황 및 2011 전망", 『광산업정보』, 62호, 20-23.

한국은행, 2019, 『산업별 노동생산성 변동요인 분석』.

한국은행부산본부, 2020, 『부산경제 현황과 과제 – 부산경제 성장여건 점검』.

Cimoli, M. and G. Dosi, 2017, "Industrial policies in learning economies", in A. Noman and J. E. Stiglitz (eds.), 2017, Efficiency, Finance and Varieties of Industrial Policy, Columbia University Press (KDB미래전략연구소 옮김, 2019, 『산업정책의 효율성, 다양성, 그리고 금융』.

Foray, D., 2015, Smart Specialisation: Opportunities and Challenges for Regional Innovation Policy, Abingdon and New York : Routledge.

Foray, D., P. David, and B. Hall, 2009, "Smart specialization – the concept", Knowledge Economists Policy Brief, 9.

Hausmann, R., J. Hwang, and D. Rodrik(2007), "What you export matters", Journal of Economic Growth, 12(1), 1-25.

Martin, R. and P. Sunley, 2006, "Path dependence and regional economic evolution", Journal of Economic Geography, 6, 395–437.

3부

지역대학 위기 극복을 위한 정책 제안
- 부산 울산 경남 지역대학을 중심으로 -

박순준 동의대학교 교수

1장

지역소멸 위기와 지역대학의 역할

학령인구의 격감과 '지역소멸(지방소멸)'은 고등교육 환경의 변화를 언급할 때 이제 가장 큰 화두로 대두하고 있다. 대한민국 정부가 수립되고, 1949년에 집계를 시작한 이후 2021년에 들어와 사상 처음으로 인구가 줄어들기 시작했다.[1] 인구만 줄어든 게 아니라 일할 수 있는 연령대인 생산연령인구도 계속 줄고 있다. 그에 반해서 고령 인구 비중은 반대로 늘어가고 있다. 학교에 다니는 만 6~21세 아동·청소년 숫자는 20년 새 30% 넘게 줄어 2001년 1,128만여 명에서 2021년 770만여 명으로 내려갔다.[2]

'인구지진'이라고도 불리는 이러한 인구감소와 이에 따른 학령인구의 격감은 수도권 쏠림현상의 강화와 더불어 지역소멸의 위기를 부추기고 있다. 한국고용정보원이 통계청의 주민등록연앙인구(성별/연령별/시군구별) 자료를 이용하여 소멸위험지역의 장기적 추이를 살펴본 결과, 2022년 3월 기준 소멸위험지역은 113개로 전국 228개 시군구의 절반(49.6%)에 이르는 것으로 나타났다.[3] 소멸위험지역은 2005년에 33곳(14.5%)에 불과하였으나 2015년에는 80곳(35.1%)으로 증가하였고 2019년 5월에는 93곳(40.8%), 코로나19가 발생하던 2020년 4월에는 소멸위험지역이 105곳(46.1%)으로 늘어났으며 그로부터 2년 정도 지난 2022년 3월에는 전국 지자체의 절반에 이르게 된 것이다.

산업연구원이 2022년 11월 13일 내놓은 지방소멸에 관한 보고서는 전국 228개 시·군·구 가운데 지방소멸 위기지역에 속하는 곳이 59곳에 이른다고 하였다. 지역경제 선순환 메커니즘에 기반을 둔 지방소멸 지수의 개발로 도출한 결과여서 앞서 언급된 한국고용정보원의 결과와 다른 수치다.[4] 59곳의 공간적 분포를 보면, 전남이 13곳으로 전국의 22.0%를 차지하고 있으며 강원

---

1) 〈"정부 수립 후 첫 인구감소"···이제 인구는 점점 줄어드나요?〉 KBS 2022.07.28.
2) 〈학령인구 줄어드는데 학교는 왜 늘어나나 했더니···〉 한경 2022.08.15
3) 한국고용정보원 2022.04.29, 「'22년 3월, 전국 시군구 2곳 중 1곳은 소멸위험지역」
4) 〈'소멸위기' 시군구 숫자 왜 이렇게 다를까〉 한겨레 2022.11.13.

및 경북이 각각 10곳과 9곳으로 16.9%, 15.3%를 차지하여 전체의 절반 이상
인 54.2%를 기록하고 있다. 그런데 이 59곳에는 광역시인 부산(서구, 영도구)
과 울산(동구)도 포함되어 있으며 이들 지역은 전국 평균을 크게 밑돌고 있
다.5) 이처럼 지역소멸의 문제는 비수도권 군 지역의 문제만이 아니라 광역시
까지 확산되고 있다. 특히 부산은 2021년 65세 이상 인구 비율이 20%가 넘는
초고령 사회에 진입함으로써 전국 7개 대도시 가운데 첫 사례가 되었다.6)

이러한 지역소멸 위기와 대비하여 '수도권 쏠림 현상'은 더욱 심화하고 있
다. 통계청이 2021년 7월 29일에 발표한 '2020년 인구주택총조사 결과'를 보
면, 우리나라 국토 면적의 11.8%를 차지하는 수도권(서울특별시·인천광역
시·경기도)의 인구가 2019년에 처음으로 전체 인구의 절반을 넘어섰다.7) 인
구만이 아니다. 2020년 수도권의 지역내총생산(GRDP)은 1000조 원을 넘어서
우리나라 국내총생산(GDP)의 51.9%를 기록했다.8) 그만큼 비수도권 지역의
공동화는 심해졌다.

이는 곧 지역소멸 위기가 지역대학의 위기로 직결되고 있다는 인식을 고
조시켰다. 2021년 초봄 무렵에 우리 언론들은 '위기의 대학'9), '위기의 지방
대'10), '빈사상태 지방대'11), '지방대 위기'12), '대학 붕괴'13) 등의 제목으로

---

5) 산업경제연구원, 「K-지방소멸지수 개발과 정책 과제- 지역경제 선순환 메커니즘을 중심으로」, 『KIET 산업경제』 2022년 10월

6) 〈[부산 원도심 소멸] ① 주민 10명 중 4명이 60대…젊은 층 사라진 거리〉 연합뉴스 2022.11.14. 연합뉴스는 이 기사를 시작으로 5회에 걸쳐 [부산 원도심 소멸]을 게재하였다.

7) 통계청 보도자료 「2020년 인구주택총조사 등록센서스 방식 집계결과」. 2020년 11월1일 기준 우리나라 총인구(외국인 포함)는 5182만9천명으로 1년 전보다 5만명(0.1%) 늘어난 것으로 나타났다. 이 가운데 수도권(서울·인천·경기) 인구는 전체의 절반이 넘는 2604만3천명(50.2%)으로 집계됐다. 서울과 인천 인구는 각 5만3천명, 7천명 감소했지만 경기도 인구가 21만1천명 늘어난 탓이다. 〈우리나라 인구 절반은 수도권에 산다…10가구 중 셋은 '나홀로 가구'〉 한겨레 2021.07.29.

8) 통계청 〈국가통계포털〉, 주제별 통계/ 국민계정/ 지역소득(2015년 기준)/ 시도별 경제활동별 지역내총생산(GRDP) 1985~2020

9) 〈[위기의 대학] ①저출산에, 코로나19에 대학이 '무너진다'〉 연합뉴스 2021.04.13.; 〈[위기의 대학] ②"벚꽃 피는 순서대로 망한다고?…전국 동시다발로 망할 것"〉 연합뉴스 2021.04.14.; 〈[위기의 대학] ③10년 넘게 교사 안 뽑아도 서울대 불어교육과 정원 '그대로'〉 연합뉴스 2021.04.15.; 〈[위기의 대학] ④대학 무너지면 '대학원'도 무너진다…'R&D 한국'에 직격탄〉 연합뉴스 2021.04.16.; 〈[위기의 대학] ⑥"인재 배출 총체적 실패"…'현장 연계 교육'으로 해법 모색〉 연합뉴스 2021.04.20.

10) 〈[위기의 지방대] ①대규모 미달 현실화..미래는 더 암울〉 KBS 2021.03.30.; 〈[위기의 지방대] ②'혼합 수업·등록금 반환 요구'..혼란 지속〉 KBS 2021.03.31; 〈[위기의 지방대] ③지방대 학생 감소→지역 상권 수축..지역경제 연쇄 타격 현실화〉 KBS 2021.04.01.; 〈[위기의 지방대] ④지방대 혁신 프로그램도 엇박자..대구·경북 협력 절실〉 KBS 2021.04.01.; 〈[위기의 지방대] ⑤지방대 활로 찾기 안간힘..종합 지원 시급〉 KBS 2021.04.02. 〈위기의 지방대① 7차 추가모집에도 정원 미달…학생수 감소 직격탄〉 뉴시스 2021.03.04.; 〈[위기의 지방대②] 힘들게 뽑아도 年 6만명 이탈…재정난에 신음〉 뉴시스 2021.03.04.; 〈위기의 지방대③ 사학비리 폐교만 14곳…수도권 쏠림 부채질〉 뉴시스 2021.03.04.

11) 〈[빈사상태 지방대] ①대학 추가모집 결과…서울 55대1 vs 지방 0.14대1〉 이데일리 2021.03.04; 〈[빈사

시리즈 기사를 쏟아내면서 호들갑에 가까운 비명을 질렀던 적이 있다. 지역대학의 위기가 결코 어제 오늘의 이야기가 아니었는데도 2020년 하반기 수시모집과 정시모집에서부터 2021년 2월초 추가모집에 이르기까지 지역대학들이 보여준 입시결과에 언론들이 유별나게 반응을 보인 이유는 직전년도까지도 신입생 충원율 100%를 달성했던 대학들 가운데 일부가 2021년에는 추가모집 끝에 미달사태를 면치 못했고, 심지어 일부 국립대학마저 정원을 채우지 못했기 때문이다.14) 지역 언론들도 저마다 입시결과에 따른 지역 대학의 위기를 집중 보도하였다.15)

이런 사태에 직면하여 국회 교육위원회는 2021년 5월 6일 '고등교육 위기 극복과 재정확충 방안을 마련하기 위한 공청회'를 개최하여 고등교육의 위기에 대한 인식을 같이하고 고등교육 재정의 획기적인 확충 방안을 마련하겠다고 다짐하였다.16) 특히 유기홍 교육위원장은 2021년 5월 18일에 고등교육 7개 단체 대표들과의 공동입장문을 통해 규제 개혁과 제도개선을 적극 추진하며 「고등교육특별회계」를 통해 긴급재정을 지원하기로 약속하였다.17)

상태 지방대] ②굳게 닫힌 부산 동부산대, 무너진 대학가 상권〉 이데일리 2021.03.04.; 〈[빈사상태 지방대] ③"옆 대학 문닫길 바랄 뿐"…'버티기' 들어간 대학들〉 이데일리 2021.03.04.; 〈[빈사상태 지방대] ④대학평가에 '충원율 강화'…정원감축 고삐 죄는 교육부〉 이데일리 2021.03.04.

12) 〈[지방대 위기] ①신입생 감소 쓰나미 닥친 지방대학. 하다하다 '유령원서'까지 등장..지방대 충격의 신입생 실종〉 중앙일보 2021.04.27.; 〈[지방대 위기] ②20년 전 학령인구 감소 예측에도 대책 미적. 등록금 0원, 정부 손놓자 대학 돈풀기 경쟁…그래도 정원미달〉 중앙일보 2021.04.28.; 〈[지방대 위기] ③'우후죽순' 허가하고 평가·지원 홀대. 학생 주는데 대학은 늘었다, 정책 실패가 부른 지방대 위기〉 중앙일보 2021.04.29.; 〈[지방대 위기] ④정부, 재정지원 늘리고 대학 서열 없애야. "유령원서 판치는 부실대..퇴출 위해 해산 장려금도 고려할만"〉 중앙일보 2021.04.30.; 〈[지방대 위기] ⑤"지방국립대 무상대학으로" 與법안, 사립대 죽음 앞당긴다〉 중앙일보 2021.04.30.

13) 〈[대학 붕괴, 현실로] ①대학 정원 감축, 정권 바뀌면서 흐지부지…"예견된 대규모 미달 사태"〉 머니투데이 2021.02.27.; 〈[대학 붕괴, 현실로] ②사라진 고3, 2년새 13만명↓…신입생 못채우는 대학 '속출'〉 머니투데이 2021.02.27.; 〈[대학 붕괴, 현실로] ③장학금 주고 전형료 면제…"학생이 없어요" 지방대 한숨〉 머니투데이 2021.02.27.; 〈[대학 붕괴, 현실로] ④대학 붕괴 눈앞에… 정원 줄이고 재정지원 늘려야 산다〉 머니투데이 2021.02.27.

14) 한국대학교육협의회가 운영하는 대입정보포털 '어디가'에 따르면, 2021년 2월 28일 마감된 추가모집 인원은 3만여명으로, 16년 만에 최대 규모를 기록하였다. 추가모집 인원이 가장 많은 지역은 경북(4871명)이었고 부산 4451명, 전북 3225명, 충남 2509명, 경남 2335명, 충북 2300명, 강원 1983명, 광주 1980명, 전남 1788명 순으로 나타났다.

15) 〈'위기의 지방대, 생존 해법을 찾아라' (상) 정원 미달사태로 휘청〉 전북도민일보 2021.03.10.; 〈'위기의 지방대, 생존 해법을 찾아라' (중) 살아남기 위한 전략〉 전북도민일보 2021.03.11.; 〈'위기의 지방대, 생존 해법을 찾아라' (하) 대학 자율개혁 한계〉 전북도민일보 2021.03.14. 〈부산 지역大 정원미달 4000명 넘었다…작년 4배 규모〉 국제신문 2021.02.22. 〈지역대학 최악의 미달 사태…"학생이 없다"〉 KBS울산 2021.03.04. 〈[R]초유의 미달 사태.. 안동대 정원 3/4도 못 채워〉 안동MBC 2021.03.04

16) 유기홍의원실 보도자료 2021년 5월 6일, 「국회 교육위원회(유기홍 교육위원장) 고등교육 위기 극복과 재정확충 방안 마련 공청회 개최해」

17) 국회 교육위원회 유기홍 위원장은 2021년 5월 18일 고등교육 7개 단체 대표들과의 공동입장문을 통해, 시

교육부와 국회입법조사처도 각각 '대학의 체계적 관리' 대응책과 '정책 및 입법과제' 등을 제시하였다.[18]

이처럼 혹독한 환경에 처한 지역대학들은 지역소멸과 함께 무너지고 말 것인가? 지역소멸의 위기를 극복하기 위해 우리는 어떻게 대응해야 할 것인가? 일각에서는 지역에서의 대학의 역할이 단순히 전문인력 양성에 국한되지 않고 지역경제를 견인하며 지역소멸을 막는 핵심적 역할(지역소멸의 댐 역할)을 한다고 주장한다. 각 지역의 대학은 그 지역의 산업과 경제발전에 필요한 우수한 인재를 양성 및 공급하고 창의적인 지식과 기술개발 등을 통하여 지역의 혁신 주체 간 긴밀한 협력네트워크를 활발하게 작동시키는 역할을 하는 지역혁신의 앵커기관이라는 것이다.[19]

지역대학이 나름의 역량을 가지고 지역혁신의 주체로서 역할을 행할 때 지역구성원들의 지지를 받고 지역사회의 필수적인 존재가 될 수 있다. 하지만 현 한국사회에서 지역대학이 과연 혁신을 이끌 수 있는 역량을 가지고 있느냐는 의문이 남는다. 그것은 부분적으로 교육부의 다양한 규제 탓일 수도 있고 중앙집중적인 대학관리 정책의 탓일 수도 있다. 또한 정부가 국제적인 기준에 턱없이 모자라는 예산을 고등교육에 투입해온 탓일 수도 있고 대학들이 중앙정부의 여러 부처들에게서 사업 예산을 수주하여 부족한 재원을 보충하느라 예속된 탓일 수도 있다.

그렇지만, 우리나라 고등교육의 80% 이상을 차지하는 사립대학들 대부분이 학생등록금에 절대적으로 의존하고 있다는 점은 무시할 수 없는 상수다. 그래서 신입생 미충원은 곧바로 사립대학의 재정위기와 직결되기에 학령인구가 급감하는 최근의 입시 때마다 지역대학들이 사활을 건다는 뉴스가 매년 되풀이되어온 것이다.

대 변화에 맞지 않는 대학설립·운영 4대 요건(교사, 교지, 교원, 수익용 기본재산) 완화 등 대학의 경쟁력 제고를 위한 규제 개혁과 제도개선을 적극 추진해 나가기로 다짐하고, OECD 평균에도 미치지 못하는 GDP 대비 고등교육 재정 확충을 위해 우선 〈고등교육특별회계〉를 통해 긴급재정을 지원하며 중장기적으로 안정적인 재정 지원을 위해 「고등교육재정교부금법」 등을 마련하겠다고 약속하였다.

18) 국회입법조사처 2021.06.29, 「지방대학 신입생 충원 현황과 정책 및 입법과제」, 『NARS 현안분석』; 교육부 보도자료 2021.05.20, 「학령인구 감소 및 미래사회 변화에 대응한 대학의 체계적 관리 및 혁신 지원 전략」

19) 이종호, 장후은 2019, 「대학-지역 연계형 산학협력 사업의 발전단계와 특성: LINC+사업 참여대학을 중심으로」, 『한국경제지리학회지』 22(1); 산업경제연구원 2022년 10월, 「K-지방소멸지수 개발과 정책 과제 - 지역경제 선순환 메커니즘을 중심으로」, 『KIET 산업경제』

만약 윤석열 정부가 지금껏 공언한 대로 교육부의 대학에 대한 행·재정권을 지자체에 이관 또는 위임한다면 지역대학이 지역혁신의 주체로서 제 역할을 발휘할 가능성이 높아질 수 있을까? 지역대학이 살기 위해서라도 이에 대한 구체적인 안을 적극 모색할 필요가 있다. 수십 년간 대학을 망쳐놓은 주범이 교육부라는 인식이 팽배한 가운데[20] 지난 시대의 교육부장관이 다시 돌아온 상황에서, 어떤 식으로든 교육부가 대학에 대한 행·재정권을 지자체로 위임 또는 이양하겠다는 것은 역설적으로 역사상 매우 의미 있는 분수령이 될 수도 있다. 왜냐하면 지금까지 교육부는 대학에 대한 행정 통제권을 쥐고서 각종 재정지원사업을 설계하여 실행하는 재정권까지 누려왔기 때문이다.[21]

만약 고등교육에 대한 정부의 정책이 방향 전환을 한다면 구체적으로 어떻게 구현되어야 하는지, 그리고 지역대학은 지역혁신의 주체로서 역할을 다하기 위해 어떠한 내부 혁신을 도모해야 하는지, 지역대학이 국민과 지역구성원들로부터 신뢰를 얻을 수 있으려면 어떤 모습으로 변신해야 하는지 등을 논의할 필요가 있다.

그래서, 본고는 지역대학의 위기를 극복하기 위한 정책 모델을 동남권이라 불리는 부산·울산·경남('부울경'으로 줄임) 지역대학들에 초점을 맞추어 그 현황을 면밀히 들여다보고, 고등교육에 대한 정부 정책의 전환이 어떻게 진행되어야 하는지 그리고 부울경 지역대학들은 이에 어떻게 대응해야 하는지를 논하고자 한다.

---

20) 이명박 정부 인수위원회도 교육부 해체를 검토했었고, 문재인 정부 출범 전까지 교육부 해체 주장이 팽배했다가 김상곤 장관의 부임과 교육부 차관보의 임명으로 오히려 자리를 굳히는 형국이 되었고 교육부 해체를 주장했던 진보인사들도 그와 함께 수그러들었다. 윤석열 정부의 인수위원회는 느닷없이 교육부를 해체한다는 방침을 발표했다가 정부 출범을 앞두고는 이를 번복하였다. 이는 윤석열 정부가 대학가에서 분출된 여망을 납득할만한 대안도 없이 내민 포퓰리즘적인 혐의 짙은 시도를 다시 철회한 결과라고 하겠다. 〈윤석열 인수위 교육계 패싱, 교육부 해체 수순 밟나?〉 에듀프레스 2022.03.17. 한국교총이야 당연히 교육부 해체를 반대하는 입장을 전달했는데 전교조 의외로 대안이 없는 교육부 해체를 우려하였다. 〈'교육부 해체' 우려에... 인수위 "교육 홀대 없다"〉 한국일보 2022.04.01

21) 교육부의 2중대격인 대교협만 홀로 반대 입장을 내놓았을 뿐, 모두들 별다른 반응이 없이 관망 중인 듯하다. 〈대교협 이사회, "지역대학 행·재정권 지자체 위임, 강력 반대" 표명〉 유스라인 2022.06.07

부울경 지역대학들의 현황

1. 부울경 지역대학들의 신입생 충원율

언론들이 2021년의 입시결과에 요란한 반응을 보였던 것과는 달리, 2022년 입시 때는 전년도에 비해 상대적으로 조용하였다. 이는 2022년 8월 말 교육부가 대학알리미를 통해 2022년 대학 신입생 충원현황을 최종 발표한 결과를 분석해 보면, 전년도에 비해 충격이 덜했기 때문이 아니었을까 추측된다. '정원 내' 모집인원과 미충원을 비교해 보면 2021년에는 전문대학을 포함하여 전체 대학 331교의 충원율이 3월 기준으로 91.4%(43만2,603명)으로 집계되었는데, 2022년에는 <표 1>에 의하면 전체 대학 329교의[22] 충원율이 8월 기준으로 93.4%(43만 2,362명)으로 집계되었다. 2021년에는 모집인원이 총 47만3189명이었으며 미충원 인원이 4만586명(8.6%)에 달하였고 비수도권에서만 3만458명이 발생하여 전체 미충원 인원의 75%를 차지하였다.[23] 이에 비해 2022년에는 모집인원이 총 46만3,258명으로 약 1만명 가량이 줄었으며 미충원 인원이 3만896명(6.6%)로 2021년의 4만586명(8.6%)에 비해 감소하였고 비수도권에서 2만2,215명이 발생하여 전체 미충원 인원의 72%를 차지하였다.

---

22) 2021년의 331교에는 전국 대학수 355교 중에서 사이버대학 19교와 특별법 법인대학 5교가 제외되어 있다. 2022년의 329교에는 2월에 폐교된 한려대와 2021년 3월에 통합된 경남과기대가 빠진 것이다.

23) 교육부 보도자료 2021.05.20, 「학령인구 감소 및 미래사회 변화에 대응한 대학의 체계적 관리 및 혁신 지원 전략」, 3쪽. 이 자료에 의하면 일반대학(198교)의 전체 모집인원 31만8,013명 가운데 미충원 인원은 1만6,396명(5.1%)이었는데 비수도권 대학의 미충원 인원이 1만5,367명(7.8%)으로 전체 일반대학 미충원 인원의 93.7%를 차지하였다. 전문대학(133교) 전체 모집인원 15만5,176명 가운데 미충원 인원이 2만4,190명(15.6%)으로 일반대학과 미충원율만 놓고 비교하면 일반대학(5.1%)보다 훨씬 심각하였다. 그런데 전문대학의 경우 비수도권 전문대학의 미충원율(17.3%, 1만5,091명)이 수도권이 미충원율(13.4%, 9,099명)보다 다소 높긴 하였지만 비수도권의 학교수가 수도권의 2배인 것을 감안하면 수도권의 전문대학의 타격이 상대적으로 컸을 것으로 판단된다.

<표 1> 2022년 수도권과 비수도권 4년제 대학 및 전문대학 신입생 충원 현황

(단위 : 명, %)

구분	전체(정원 내)				4년제 대학(정원 내)				전문대학(정원 내)			
	학교수	모집 인원	입학자 (충원율)	미충원 (미충원율)	학교수	모집 인원	입학자 (충원율)	미충원 (미충원율)	학교수	모집 인원	입학자 (충원율)	미충원 (미충원율)
전국	329	46만3,258	43만 2,362 (93.4)	3만 896 (6.6)	196	31만5,573	30만 3,883 (96.3)	1만 1,690 (3.7)	133	14만7,685	12만 8,479 (87.0)	1만 9,206 (13.0)
수도권	116	18만4,120	17만 5,439 (95.3)	8,681 (4.7)	73	11만8,663	11만 7,752 (98.1)	911 (0.8)	43	6만 5,457	5만 7,687 (95.5)	7,770 (4.5)
비수도권	213	27만9,138	25만 6,923 (92.0)	2만 2,215 (8.0)	123	19만6,910	18만 6,131 (94.5)	1만 779 (5.5)	90	8만 2,228	7만 792 (86.1)	1만 1,436 (13.9)

* 자료출처 : 대학알리미

　2022년 신입생 충원 현황을 설립별로 조금 더 상세히 분석한 <표 2> 의하면 4년제 국공립대학의 충원율은 98.4%이고 국공립전문대학은 94.3%인데 비하여, 4년제 사립대학의 충원율은 96%이고 사립전문대학의 충원율은 87%로 국공립(전문)대학에 뒤떨어지고 있다. 사립(전문)대학의 저조한 성적은 대체로 비수도권의 결과에 기인하지만, 학교수가 수도권(42교, 88.2%)에 비해 2배 많은 비수도권의 사립전문대(83교, 85.7%) 보다는 비수도권의 4년제 사립대학(92교, 92.9%)이 수도권(65교, 99.2%)에 비해 훨씬 격차가 심한 결과를 초래한 탓이라고 할 수 있다.

<표 2> 2022년 수도권과 비수도권 설립별 신입생 충원 현황

(단위 : 명, %)

구분		4년제 대학(정원 내)					전문대학(정원 내)				
		학교수	입학 정원	모집 인원	입학자 (충원율)	미충원 (미충원율)	학교수	입학 정원	모집 인원	입학자 (충원율)	미충원 (미충원율)
전국	국공립 (전문)대	39	72,882	72,907	71,724 (98.4)	1,183 (1.6)	8	3,158	3,158	2,980 (94.3)	178 (5.7)
	사립 (전문)대	157	242,352	242,666	232,159 (96.0)	10,507 (4.0)	125	145,144	144,527	125,499 (87.0)	19,028 (13.0)
	총합	196	315,234	315,573	303,883 (96.3)	11,690 (3.7)	133	148,302	147,685	128,479 (87.0)	19,206 (13.0)
수도권	국공립 (전문)대	8	12,209	12,206	12,181 (99.8)	25 (0.2)	1	251	251	205 (82.0)	46 (18.0)
	사립 (전문)대	65	106,233	106,457	105,571 (99.2)	886 (0.8)	42	65,366	65,206	57,482 (88.2)	7,724 (11.8)
	소계	73	118,442	118,663	117,752 (98.1)	911 (0.8)	43	65,617	65,457	57,687 (95.5)	7,770 (4.5)

구분		4년제 대학(정원 내)					전문대학(정원 내)				
		학교수	입학정원	모집인원	입학자(충원율)	미충원(미충원율)	학교수	입학정원	모집인원	입학자(충원율)	미충원(미충원율)
비수도권	국공립(전문)대	31	60,673	60,701	59,543 (98.1)	1,158 (1.9)	7	2,907	2,907	2,775 (95.5)	132 (4.5)
	사립(전문)대	92	136,119	136,209	126,588 (92.9)	9,621 (7.1)	83	79,778	79,321	68,017 (85.7)	11,304 (14.3)
	소계	123	196,792	196,910	186,131 (94.5)	10,779 (5.5)	90	82,685	82,228	70,792 (86.1)	11,436 (13.9)

* 자료출처 : 대학알리미

2021년 시도별 대학 신입생 충원율을 분석 발표한 유기홍 의원실에 따르면,[24] 일반대학의 경우 2020년(98.8%)과 대비하여 약 4%p 하락한 94.9%였고 전문대학(94.3%)은 9.9%p 하락한 84.4%를 나타냈다. 즉, 일반대학에 비해 전문대학의 하락폭이 훨씬 컸었다. 일반대학 전체의 경우, 경남이 2021년도에 85.0%의 가장 낮은 신입생 등록률을 보였고 전년과 대비하여 전북(89.3%) 및 강원(89.2%)과 나란히 10%p 이상 크게 하락하였다. 경북(88.1%), 제주(89.4%), 전남(89.6%)에 이어 부산(93%)과 충북(93%)이 뒤를 따랐다. 사립 일반대학만 보면, 경남(73.1%)의 하락폭(18.5%p)이 가장 컸고 부산(90.0%)은 8.2%p 하락한 것으로 나타났다. 전문대학만 보면, 경남(84.5%)이 약간 나은 편이지만, 부산(75.1%)은 대전(71.8%)과 충북(72.6%)에 이어 하위권에 머물렀다.

<표 3> 2022년 부울경 국공립 전문대학들의 신입생 충원 현황

(단위: 명, %)

지역	학교	입학정원(A)	모집인원			입학자			정원내 신입생 충원율 (D/B)×100	경쟁률	미충원 (정원내)
			계	정원내(B)	정원외	계	정원내(D)	정원외			
경남	경남도립거창대	369	421	369	52	376	369	7	100	3.2	0
	경남도립남해대	360	418	360	58	378	360	18	100	3.5	0
	소계	729	839	729	110	754	729	25	100		0

* 자료출처 : 대학알리미

---

24) 유기홍의원실 보도자료 2021년 5월 20일, 「유기홍 교육위원장, '한국 대학의 위기' 21년도 대학 신입생 등록률 분석 발표」

〈표 4〉 2022년 부울경 4년제 국립대학들의 신입생 충원 현황

(단위: 명, %)

지역	학교	2021년 입학 정원	2022년 입학 정원(A)	모집인원			입학자			정원내 신입생 충원율 (D/B)×100	경쟁률	미충원 (정원내)
				계	정원내 (B)	정원외	계	정원내 (D)	정원외			
부산	부산대	4,217	4,257	4,680	4,263	417	4,613	4,250	363	99.7	12.4	13
	부경대	3,270	3,270	3,721	3,277	444	3,619	3,271	348	99.8	8.4	6
	한국해양대	1,372	1,372	1,563	1,373	190	1,494	1,373	121	100	5.5	0
	부산교대	356	356	387	356	31	382	353	29	99.2	4.4	3
	소계	9,215	9,255	10,351	9,269	1,082	10,108	9,247	861			22
경남	경상국립대(*)	4,283	4,266	4,665	4,271	394	4,512	4,254	258	99.6	6.6	17
	창원대	1,754	1,754	2,016	1,759	257	1,867	1,736	131	98.7	5.5	23
	진주교대	319	319	346	319	27	338	319	19	100	5.4	0
	소계	6,356	6,339	7,027	6,349	678	6,717	6,309	408	298		40
총계		15,571	15,594	17,378	15,618	1,760	16,825	15,556	1,269	99.6		62

* 자료출처 : 대학알리미
(*) 2021년 3월 1일 경상대가 경남과기대를 흡수통합하여 경상국립대학교가 되었다.

이처럼 부산과 경남이 2021년에 저조한 결과를 초래하였기 때문에 2022년 입시에 일반적으로 동남권이라 부르는 부울경 지역대학들은 각별한 노력을 기울인 것으로 알려져 있다. 〈표 3〉과 〈표 4〉에서 보듯, 부울경의 국립대학들과 공립전문대학들은 정원 내 신입생 충원율을 각각 99.6%와 100%로 유지하고 있었지만 〈표 5〉의 4년제 사립대학들(89.4%)과 〈표 6〉의 사립전문대학들(85.9%)은 전체 평균으로 90%에 미달하였다.

〈표 5〉 2022년 부울경 4년제 사립대학들의 신입생 충원 현황

(단위: 명, %)

지역	학교	2021년 입학 정원	2022년 입학 정원 (A)	모집인원			입학자			정원내 신입생 충원율 (D/B)×100	경쟁률	미충원 (정원내)
				계	정원내 (B)	정원외	계 E	정원내 (D)	정원외			
부산	동아대	4,058	4,058	4,521	4,066	455	4,388	4,062	326	99.9	6	4
	동의대	3,595	3,635	4,016	3,638	378	3,826	3,526	300	96.9	5.6	112
	경성대	2,740	2,765	2,982	2,767	215	2,963	2,759	204	99.7	6.8	8
	동서대	2,311	2,098	2,342	2,107	235	2,090	1,921	169	91.2	6.9	186
	신라대	2,183	1,846	2,014	1,846	168	1,422	1,341	81	72.6	4.9	505
	부산외대	1,813	1,660	1,803	1,659	144	1,455	1,366	89	82.3	4.4	293
	동명대	1,818	1,638	1,830	1,634	196	1,518	1,400	118	85.7	5.5	234
	고신대	886	886	938	886	52	823	801	22	90.4	7.8	85
	영산대(제2캠)	870	831	934	831	103	785	729	56	87.7	3.6	102
	부산가톨릭대	916	735	810	735	75	764	689	75	93.7	7.1	46
	소계	21,190	20,152	22,190	20,169	2,021	20,034	18,594	1,440	92.2		1,575
울산	울산대	2,782	2,748	2,990	2,754	236	2,896	2,722	174	98.8	5.1	32
	소계	2,782	2,748	2,990	2,754	236	2,896	2,722	174	98.8		32

지역	학교	2021년 입학정원	2022년 입학정원(A)	모집인원			입학자			정원내 신입생 충원율 (D/B)×100	경쟁률	미충원 (정원내)
				계	정원내(B)	정원외	계 E	정원내(D)	정원외			
경남	경남대	2,740	2,195	2,342	2,220	122	1,920	1,841	79	82.9	4.3	379
	인제대	2,031	1,895	2,113	1,897	216	1,540	1,424	116	75.1	4.3	473
	영산대	630	575	618	575	43	469	447	22	77.7	5.1	128
	가야대(김해)	518	460	490	463	27	383	357	26	77.1	4.6	106
	한국국제대	486	437	461	437	24	62	62	0	14.2	0.7	375
	창신대	475	325	343	325	18	343	325	18	100	9.4	0
	부산장신대	32	32	35	32	3	32	32	0	100	1.6	0
	소계	6,912	5,919	6,402	5,949	453	4,749	4,488	261	75.4		1,461
	총계	30,884	28,819	31,582	28,872	2,710	27,679	25,804	1,875	89.4		3,068

* 자료출처 : 대학알리미

<표 4>에서처럼, 부울경 국립대학들 중에서 2022년 입학정원을 줄인 곳은 없고 부산대는 소폭 증원하였으며 경상국립대는 경남과기대를 흡수통합하면서 일부 정원조정을 단행하였을 뿐이었다. 하지만 <표 5>에서 보듯, 부울경 사립대학들은 5교(동의대와 경성대는 40명과 25명을 각각 증원하였고 동아대와 고신대와 부산장신대는 전년도 정원을 유지하였음)을 제외하고는 모두 상당수 입학정원을 감축하였다.[25] 그럼에도 불구하고 경남 지역대학들의 신입생 충원율은 규모가 작은 창신대와 부산장신대를 제외하고 극히 저조하였다.

<표 6> 2022년 부울경 사립전문대학들의 신입생 충원 현황

(단위: 명, %)

지역	학교	2021년 입학정원	2022년 입학정원(A)	모집인원			입학자			정원내 신입생 충원율 (D/B)×100	경쟁률	미충원 (정원내)
				계	정원내(B)	정원외	계	정원내(D)	정원외			
부산	경남정보대	2,549	2,247	4,017	2,247	1,770	2,745	2,031	714	90.4	11.2	216
	동의과학대	2,141	1,682	2,775	1,682	1,093	1,807	1,351	456	80.3	11.1	331
	부산과학기술대	1,251	1,194	1,733	1,194	539	1,374	1,059	315	88.7	8	135
	부산경상대	1,150	1,040	1,463	1,040	423	1,195	1,020	175	98.1	4.1	20
	동주대	1,160	976	1,343	976	367	942	733	209	75.1	8.4	243
	부산여대	901	802	1,219	802	417	761	631	130	78.7	6.3	171
	대동대	527	468	632	468	164	473	384	89	82.1	8.9	84
	부산예술대	451	450	541	450	91	322	305	17	67.8	2.1	145
	소계	10,130	8,859	13,723	8,859	4,864	9,619	7,514	2,105	84.8		1,345

---

25) 동서대 218명, 신라대 337명, 부산외대 153명, 동명대 180명, 영산대(제2캠 포함) 95명, 부산가톨릭대 181명, 울산대 34명, 경남대 545명, 인제대 136명, 가야대 58명, 한국국제대 49명, 창신대 150명 등 전부 2,136명에 달하였다.

지역	학교	2021년 입학 정원	2022년 입학 정원(A)	모집인원 계	모집인원 정원내 (B)	모집인원 정원외	입학자 계	입학자 정원내 (D)	입학자 정원외	정원내 신입생 충원율 (D/B)×100	경쟁률	미충원 (정원내)
울산	울산과학대	1,640	1,625	3,042	1,625	1,417	1,909	1,479	430	91	6.7	146
	춘해보건대	663	663	1,064	663	401	903	620	283	93.5	13.6	43
	소계	2,303	2,288	4,106	2,288	1,818	2,812	2,099	713	91.7		189
경남	마산대	2,044	2,004	2,674	2,004	670	2,145	1,810	335	90.3	7.5	194
	창원문성대	972	757	887	757	130	440	378	62	49.9	2.7	379
	동원과학기술대	763	756	1,381	756	625	989	645	344	85.3	4.6	111
	진주보건대	748	717	1,005	717	288	853	649	204	90.5	4.6	68
	연암공대	502	496	559	496	63	543	496	47	100	4.6	0
	김해대	459	459	649	459	190	528	437	91	95.2	5.6	22
	거제대	420	345	473	345	128	306	263	43	76.2	3.4	82
	한국승강기대	297	297	337	297	40	317	291	26	98	2.1	6
	소계	6,205	5,831	7,965	5,831	2,134	6,121	4,969	1,152	85.2		862
총계		18,638	16,978	25,794	16,978	8,816	18,552	14,582	3,970	85.9		2,396

* 자료출처 : 대학알리미

　　<표 6>에서 보듯, 부울경 사립전문대학들의 경우에는 전년도에 비해 2022년 입학정원을 유지한 춘해보건대, 김해대, 한국승강기대 등 3교를 제외한 모든 대학들이 입학정원을 일제히 감축하였다.[26] 그 결과 신입생 충원율이 90%를 넘기는 곳들이 8교였지만 경남 지역 사립전문대학의 충원율 편차는 매우 심하게 나타났다. 이와 같이 부울경의 국공립(전문)대학들을 제외한 사립(전문)대학들은 경남 지역은 말할 것도 없고 광역시인 부산 지역마저 학령인구의 격감으로 우려스런 상황으로 빠져들고 있음을 확인할 수 있다.

　　그리하여, 2021년에 이보다 심각한 상황을 겪었던 교육부는 그해 5월에 「학령인구 감소 및 미래사회 변화에 대응한 대학의 체계적 관리 및 혁신 지원 전략」(이하 「대학의 체계적 관리 방안」)을 통해 대응책을 내놓았다. 대학이 자율혁신계획을 수립해 적정규모화하고 교육부가 유지충원율을 점검하여 대학에 정원 감축을 권고하겠다는 것이었다.[27] 그로부터 1년 4개월만인 2022년 9월 15일 교육부는 그동안 대학들이 제출한 '적정규모화 계획' 결과를 발표하기에 이르렀다.[28]

---

26) 경남정보대 302명, 동의과학대 459명, 부산과학기술대 57명, 부산경상대 110명, 동주대 184명, 부산여대 99명, 대동대 59명, 부산예술대 1명, 울산과학대 15명, 마산대 40명, 창원문성대 215명, 동원과학기술대 7명, 진주보건대 31명, 연암공대 6명, 거제대 75명 등 전부 1,660명을 감축하였다.
27) 교육부 보도자료 2021.05.20, 「학령인구 감소 및 미래사회 변화에 대응한 대학의 체계적 관리 및 혁신 지원 전략」
28) 교육부 보도자료 2022.09.15, 「대학의 자율혁신과 자발적 적정규모화 추진을 적극 지원」

<표 7> 부울경 대학들의 적정규모화 계획에 따른 지원액

(단위 : 백만 원)

구분	지역	설립별	학교명	지원액
일반대	부산	사립 4교	신라대	5,987
			부산외대	2,519
			동명대	1,724
			고신대	163
		국립 1교	부경대	1,836
	울산	사립 1교	울산대	6,567
	경남	사립 3교	경남대	5,081
			인제대	1,899
			창신대	96
		국립 1교	창원대	169
	합계			26,041
전문대	부산	사립 4교	부산여대	2,832
			부산경상대	2,551
			경남정보대	1,457
			대동대	296
	경남	사립 3교	연암공대	2,156
			동원과학기술대	224
			한국승강기대	105
		국립 2교	경남도립남해대	683
			경남도립거창대	412
	합계			10,716
총계				36,757

* 자료출처 : 교육부 보도자료, 「대학의 자율혁신과 자발적 적정규모화 추진을 적극 지원」

　　교육부 발표자료에는 대학별 선제감축과 미충원분 감축 규모가 명시되어 있지 않았지만, 지원액수를 감안한다면 감축했거나 감축예정규모를 어느 정도 추정할 수 있다. 앞에서 우리가 살펴본 2022년 입학정원 감축 인원이 상당수 선제감축에 해당될 것이고 적정규모화 계획에는 앞으로 감축할 인원까지 포함된 셈이다. 교육부 발표에 따르면 부울경에서는 19교가 적정규모화 계획에 참여하여 4,407명을 감축한다고 한다.[29] 이는 적정규모화 계획의 전체 감축인원(16,197명)의 27.2%에 해당하는 규모이며 5개 권역 중에서 가장 많은 인원에 해당된다. 고등교육의 80% 이상을 맡고 있는 사립대학들 대부분이 학생등록금에 절대적으로 의존하고 있다는 점을 감안할 때 미충

[29] 2022년에 부울경 사립일반대학 12교가 2,136명, 사립전문대학 15교가 1,660명 등 모두 3,796명을 감축하였는데 이들 대학 중 19교가 참여한다고 하므로 극소수 감축인원 대학은 적정화 규모 계획에 참여한 것은 아니라고 하겠다. 전국적으로는 대상대학(2021년 대학기본역량진단에서 선정된 대학) 233곳 중에서 96교(41.2%)가 참여했다. 수도권 참여 비율이 26.2%(84교 중 22교)로 가장 낮고, 충청권 참여 비율이 57.5%(40교 중 23교)로 가장 높다.

원은 곧바로 사립대학의 재정위기와 직결되므로 선제감축과 차후감축에 정부가 인센티브로 지원하는 것은 고무적이지만, 지금처럼 지원액이 미흡하다면 수도권의 참여대학을 확대하거나 참여규모를 확대하는 데 장애가 될 수 있다.[30)]

2. 부울경 지역대학들의 학생 1인당 교육비

이처럼 적정규모화 압박을 받는 부울경 대학들의 교육여건은 어떠할까? 학생 1인당 교육비는 이를 나타내는 지표 중 하나다. 학생 1인당 교육비는 사립대학의 경우에는 교비회계, 산학협력단회계, 도서구입비, 기계구입비 등을 합한 총교육비에서 학부와 대학원생을 합한 재학생 수로 나눠 산출되고, 국립대학의 경우에는 대학회계, 발전기금회계, 산학협력단회계, 도서구입비, 기계구입비 등을 합한 총교육비에서 학부와 대학원생을 합한 재학생 수로 나눠 산출된다. 따라서 <표 8>에서 재학생수는 대학원생을 포함하고 있으므로 본고에서는 2022년 학부 입학정원을 기준으로 대학의 규모를 구분하겠다.

〈표 8〉 2022년(2021년 회계연도) 부울경 국공립(전문)대학 학생 1인당 교육비

(단위 : 백만 원, 명)

구분	지역	학교	대학일반 회계(A)	발전기금 회계(B)	산학협력단 회계(C)	도서 구입비(D)	기계기구 매입비(E)	총교육비 (F=A+B+ C+D+E)	재학생수 (G)	학생1인당 교육비 (H=F/G)
4년제 대학	부산	부산대	344,877	461	223,671	5,277	13,936	588,222	27,386	2천148만원
		부경대	189,968	927	92,193	960	6,317	290,364	18,005	1천613만원
		한국해양대	91,341	1,256	40,584	718	3,376	137,275	7,304	1천879만원
		부산교대	23,462	508	988	220	485	25,664	2,397	1천071만원
	경남	경상국립대	246,493	2,357	119,662	3,134	10,266	381,912	20,962	1천822만원
		창원대	104,807	455	45,072	992	8,427	159,752	9,095	1천757만원
		진주교대	18,052	637	2,692	89	552	22,023	1,686	1천306만원
전문 대학	경남	경남도립거창대	11,863	0	3,942	31	463	16,299	804	2천027만원
		경남도립남해대	9,909	0	3,046	25	1,368	14,347	726	1천976만원
특별법 법인대학	울산	울산과학기술원	260,320	1,053	0	63	18,484	279,920	4,041	6천927만원

* 자료출처 : 대학알리미

---

30) 대학교육연구소, 〈교육부의 적정규모화 계획 발표에 대한 대학교육연구소 논평〉 2022.09.15.; 〈"적정규모화 보조금 조금 받겠다고 구조조정할 수 없어"〉 교수신문 2022.09.27.; 〈대학 입학정원 1만6000명 줄인다... 교육부 "학생 못 채울 땐 지원 중단"〉 디지털타임스 2022.09.15.; 〈2025년까지 96개대학 정원 1만6천명 줄인다…지방대가 88%〉 연합뉴스 2022.09.15

먼저 부울경 국공립(전문)대학의 학생 1인당 교육비를 살펴보면, 규모가 큰 거점국립대인 부산대(입학정원 4,257명)는 2천148만 원에 이르렀던 데 비해 규모가 엇비슷한 경상국립대(4,266명)는 1천822만 원에 그쳤고, 규모가 극히 작은 2개의 도립대(거창대 369명, 남해대 360명)는 2천만 원선에 수렴하였다. 2개의 교대는 1천만 원을 겨우 넘기거나 1천3백만 원대에 머물러 국립대로서는 열악한 상태였고 그 나머지 지역중심 국립대학들은 1천6백만 원대에서 1천8백만 원대에 머물렀다. 이에 반해 과학기술정보통신부 관할의 특수대학인 울산과학기술원(400명)은 학생 1인당 교육비가 부산대의 무려 3배를 넘어섰다.

〈표 9〉 2022년(2021년 회계연도) 부울경 사립일반대학 학생 1인당 교육비

(단위 : 백만 원, 명)

지역	학교	교비회계 (A)	산학협력단 회계(B)	도서 구입비 (C)	기계기구 매입비(D)	총교육비 (E=A+B+C+D)	재학생수 (F)	학생1인당 교육비 (G=E/F)	2021년 학생1인당 교육비
부산	동아대	218,912	45,880	853	5,515	271,160	20,340	1천333만원	1천225만원
	동의대	148,960	22,501	896	4,276	176,633	15,773	1천120만원	1천100만원
	경성대	118,973	12,584	835	3,170	135,562	12,972	1천045만원	1천108만원
	동서대	105,198	13,538	547	3,051	122,334	10,059	1천216만원	1천167만원
	신라대	86,358	9,649	450	1,239	97,696	9,058	1천079만원	1천017만원
	동명대	82,389	12,659	430	2,913	98,391	7,928	1천241만원	1천247만원
	부산외대	73,443	3,720	397	2,472	80,031	7,975	1천004만원	939만원
	고신대	58,942	4,639	663	1,833	66,077	4,686	1천410만원	1천373만원
	부산가톨릭대	42,634	9,173	69	2,288	54,164	3,997	1천355만원	1천261만원
울산	울산대학교	211,868	71,172	256	10,851	294,147	13,888	2천118만원	2천062만원
경남	인제대	125,434	42,719	121	3,938	172,212	9,707	1천774만원	1천595만원
	경남대	114,637	22,535	763	7,430	145,365	11,943	1천217만원	1천115만원
	영산대	64,842	6,024	345	2,673	73,885	6,354	1천163만원	996만원
	창신대	24,284	1,594	120	337	26,334	2,048	1천286만원	1천267만원
	가야대(김해)	23,095	742	115	480	24,432	2,121	1천152만원	1천152만원
	부산장신대	4,287	0	33	12	4,332	398	1천088만원	1천054만원

* 자료출처 : 대학알리미

<표 9>에서 부울경 사립일반대학의 학생 1인당 교육비를 살펴보면, 대규모 대학에 해당되는 울산대(2,748명)이 2천만 원을 넘겼고 나머지는 인제대(1천774만 원)과 고신대(1천410만 원)을 제외하고 대규모 대학(동아대 4,058명, 동의대 3,635명, 경성대 2,765명)이든 중규모 대학(경남대 2,195명, 동서대 2,098명, 인제대 1,895명, 신라대 1,846명, 부산외대 1,660명, 동명대 1,638명, 영산대

1500명)이든 소규모 대학(고신대 886명, 부산가톨릭대 735명, 창신대 325명, 부산장신대 32명)이든 간에 1천만 원대에서 1천3백만 원대 사이에 머물렀다. 2021년(회계연도 2020년)에 비해 2022년(회계연도 2021년)에 교육비가 상승한 곳은 13곳이고 하락한 곳은 2곳(경성대, 동명대)이며 1곳(가야대)은 전년도와 동일하였다.

〈표 10〉 2022년(2021년 회계연도) 부울경 사립전문대학 학생 1인당 교육비

(단위 : 백만 원, 명)

지역	학교	교비회계 (A)	산학협력단 회계(B)	도서 구입비 (C)	기계기구 매입비(D)	총교육비 (E=A+B+C+D)	재학생수 (F)	학생1인당 교육비 (G=E/F)	2021년 학생1인당 교육비
부산	경남정보대	56,794	7,184	130	2,537	66,645	6,030	1천105만원	1천004만원
	동의과학대	41,886	9,482	109	2,415	53,893	4,333	1천244만원	1천095만원
	부산과학기술대	29,187	6,750	60	1,893	37,890	3,230	1천173만원	1천091만원
	부산경상대	27,052	1,640	46	531	29,269	2,631	1천113만원	1천027만원
	동주대	24,668	6,497	69	1,312	32,546	2,748	1천184만원	1천093만원
	부산여대	22,536	4,354	59	1,499	28,448	2,434	1천169만원	1천034만원
	대동대	13,188	385	23	76	13,672	1,494	915만원	904만원
	부산예술대	6,313	102	5	23	6,444	682	945만원	873만원
울산	울산과학대	44,077	11,201	137	3,203	58,618	5,499	1천066만원	1천021만원
	춘해보건대	22,704	4,581	68	1,097	28,449	2,713	1천049만원	960만원
경남	마산대	47,182	4,989	129	1,982	54,282	5,422	1천001만원	976만원
	창원문성대	26,102	4,532	45	311	30,989	2,006	1천545만원	1천220만원
	진주보건대	21,704	9	68	810	22,591	2,701	836만원	820만원
	동원과학기술대	21,644	4,658	49	901	27,252	2,343	1천163만원	1천094만원
	연암공대	13,828	2,697	32	1,673	18,229	1,198	1천522만원	1천417만원
	김해대	12,910	665	24	1,102	14,702	1,428	1천030만원	928만원
	거제대	11,257	5,653	1	488	17,399	1,066	1천632만원	1천506만원
	한국승강기대	7,724	1,797	15	232	9,768	587	1천664만원	1천423만원

* 자료출처 : 대학알리미

〈표 10〉에서 부울경 사립전문대학의 학생 1인당 교육비를 살펴보면, 소규모 대학에 해당되는 한국승강기대(297명, 1천664만 원), 거제대(345명, 1천632만 원), 창원문성대(757명, 1천545만 원), 연암공대(496명, 1천522만 원) 등이 1천 5백만 원을 넘긴 것에 반해, 중규모 대학에 해당되는 마산대(2,004명, 1천1만 원)과 울산과학대(1,625명, 1천66만 원)는 1천만 원을 겨우 넘겼고, 경남정보대(2,247명, 1천105만 원)과 동의과학대(1,682명, 1천244만 원)이 1천1백만 원~ 1천2백만 원대에 머물렀다. 나머지 소규모에 해당되는 부산과학기

술대(1,194명, 1천173만 원), 부산경상대(1,040명, 동주대(976명, 1천184만 원), 부산여대(802명, 1천169만 원), 동원과학기술대(756명, 1천163만 원), 춘해보건대(663명, 1,049만 원), 김해대(459명, 1천30만 원) 등은 1천만 원대~ 1천1백만 원대에 머물렀으며, 진주보건대(717명, 836만 원), 대동대(468명, 915만 원) 부산예술대(450명, 945만 원) 등은 1천만 원에 도달하지 못하였다. 부울경 사립전문대학의 경우 전년도에 비해 2022년에는 모든 전문대학들이 소액이라도 학생 1인당 교육비가 증가하였다.

부울경의 사립일반대학은 일부 상위권 대학들을 제외하고는 지역의 국공립대학들에 비하여 학생 1인당 교육비가 대략 5~6백만 원이 더 적은 차이를 보였다. 지역의 사립전문대학은 일부 대학이 열악함을 보이고 있지만 사립일반대학에 크게 뒤지지 않는다. <표 11>에서 보듯 대학알리미가 제공한 2022년 전국대학 평균치와 비교해 보면 부울경 사립일반대학들의 교육환경이 수도권에 비해 열악함을 짐작할 수 있다.

〈표 11〉 2022년(기준연도 2021년) 전국대학 학생 1인당 교육비

학제구분	전국평균	국공립평균	사립평균	수도권평균	비수도권평균
대학	1천775만원	2천345만원	1천586만원	1천872만원	1천701만원
전문대학	1천123만원	2천186만원	1천102만원	1천091만원	1천147만원

* 자료출처 : 대학알리미

3. 사립대학 법인의 책무성

국립대학의 설립·경영 주체는 국가이고 공립대학은 시도 지자체가 설립·경영 주체라는 점은 일반인에게도 알려져 있지만 사립대학의 설립·경영 주체가 누구인지에 대해서는 제대로 인지되어 있지 않다. 왜냐하면 입시철마다 언급되곤 하는 것은 대학 명칭일 뿐이지 그것을 운영하는 주체의 이름은 거의 언급되지 않기 때문이다. 아래의 <표 12>에서 보듯, 부울경의 17개 사립일반대학과 18개 사립전문대학을 설립·경영하는 주체는 32개 학교법인이다.[31] 이 가운데 상당수 학교법인이 2개 이상의 학교기관을 설립·경영하거나

---

31) 동부산대(설봉학원)가 각종 사학비리로 인하여 2020년에 폐교되어 32개 학교법인으로 줄었다. 사립대학의 설치·경영주체는 '학교법인'이지 '재단법인'이 아니다. 그럼에도 불구하고 '재단'이라는 용어가 계속 통용되는 것은 예전의 이름에 익숙해진 탓도 있겠지만 학교법인이 재단으로서의 성격이 강하기 때문인 것 같다. 학교법인이 재단의 성질을 많이 내포하고 있기는 하나 그렇다고 하여 결코 재단법인은 아니다. 〈학교법인과 재단 혼동 말자- 명순구 고려대 법학과 교수〉 한국대학신문 2007.11.05

부속병원을 거느리고 있어서 사립대학 법인의 책무성을 살펴볼 경우에 이 점을 유념할 필요가 있다.[32]

사립대학을 경영하는 학교법인들은 대학을 설립한 이후 지금까지 학생 등록금에 절대적으로 의존하여 대학을 운영해 왔기 때문에 학생정원은 곧 대학의 수입과 직결되었다. 그런데 학령인구가 급감하는 상황이 도래하자 정부는 대학의 정원 감축을 요구하였고 이는 사립대학의 재정 수입 감소를 불러왔고, 이로 인하여 상당수 사립대학이 재정적 위기를 호소하면서 사립대학에 대한 정부의 재정 지원을 획기적으로 늘려달라는 요구를 지속해 오고 있다.[33]

〈표 12〉 부울경 대학법인들이 설립·경영하는 학교 현황

지역	법인명	일반대학	전문대학	기타
부산	대한예수교장로회 총회고려학원	고신대		부속병원
	동명문화학원	동명대		동명공고
	동서학원	동서대	경남정보대	부산디지털대
	동아학숙	동아대		부속병원
	동의학원	동의대	동의과학대	동의공고, 동의중, 부속어린이집, 부속병원
	박영학원	신라대		신라중, 부속어린이집
	석파학원		동주대	동주여고, 동주여중
	성모학원	부산가톨릭대		지산고, 성모여고, 데레사여고, 대양전자통신고, 메리놀병원
	성심학원	영산대		
	성지학원	부산외대		성지고
	원곡학원		부산예술대	동천고
	중앙학원		부산과학기술대	
	한성(韓星)학원	경성대		
	혜화학원		부산여대	혜화여고, 혜화여중, 혜화초등
	화봉학원		대동대	대동병원
	화신학원		부산경상대	화신사이버대, 부산외고
울산	울산공업학원	울산대	울산과학대	
	춘해학원		춘해보건대	춘해병원

32) 부울경 총 32개 대학법인 가운데 성심학원(영산대), 중앙학원(부산과학기술대), 한성학원(경성대), 동원교육재단(동원과학기술대), 부산장신대학교(부산장신대), 영해학원(김해대), 우정학원(창신대) 등 7개 학교법인이 대학 또는 전문대학 하나만을 설립·경영하고 있다.

33) 송기창 2021.06.03,「고등교육재정 지원 확대 방안」,『제8회 대학혁신지원사업 웨비나 콘퍼런스』; 송기창 2021.07.01,「사립대학재정의 현주소와 과제」,『한국사립대학총장협의회 하계워크숍』; 대학교육연구소 2022,「학령인구 감소에 따른 고등교육 재정지원 개편 방안」; 이희숙 2022.10.28,「고등교육재정 현황과 소요 재원의 안정적 확보」,『2022 고등교육재정 정책포럼』

지역	법인명	일반대학	전문대학	기타
경남	대구학원	가야대		대구공업대(대구)
	동원교육재단		동원과학기술대	
	문성학원		창원문성대	창원문성고
	문화교육원		마산대	마산제일고, 마산제일여고, 마산제일여중
	부산장신대학교	부산장신대		
	세영학원		거제대	거제국제외국인학교
	엘지연암학원		연암공대	연암대(천안)
	영해학원		김해대	
	우정학원	창신대		
	인제학원	인제대		부속병원
	일선학원	한국국제대		부설유치원
	한가람학원		진주보건대	
	한국승강기대학		한국승강기대	
	한마학원	경남대		

　　물론 정부가 재정을 획기적으로 늘려 사립대학을 지원하지 않고서는 지금의 위기를 극복하기 힘들다는 데에는 이견이 없을 것이다. 문제는 국민 대부분과 법원이 개인재산처럼 여기는 사립대학에 정부가 국민의 세금을 획기적으로 투입하려면 사립대학을 설치·경영하는 학교법인의 책임도 묻지 않을 수 없다는 것이다. 정부가 아무리 많은 재정을 투입하더라도 학교법인의 대학 운영의 투명성과 민주성에 대한 책임을 분명히 하지 않는다면 각종 사업비로 헛되게 재정만 낭비하는 현재까지의 관성을 벗어날 수 없기 때문이다.

　　그동안 여러 차례 각종 대학평가를 단행하면서 교육부는 법인의 책무성을 평가지표에 포함시켜왔지만 그것의 실효성이 미미하여 사립대학 법인의 책무성을 제대로 반영했다고 하기에는 크게 미흡하다고 하겠다.[34] 물론 단기간에 법인의 책무성 지표를 향상시키기는 어렵겠지만, 이는 여러 개의 학교기관을 설립·경영하는 학교법인들이 어떤 측면에서는 학교운영을 지원할 능력을 제대로 갖추고 있지 못한 소치일 수도 있는데 교육부가 사실상 이를 방치하였기 때문이다.

---

34) 대학교육연구소, 〈대학 역량진단 '법인지표' 실효성 의문〉 2018.02.01; 〈절대평가로 재정지원제한대학 지정...책무성 지표 반영〉 한국대학신문 2020.08.17. 정부는 2014년에 처음으로 '사립대학 재정회계 지표'를 3개 분야 9개 지표로 구성하여 대학평가에 적용한 적이 있다. 교육투자 4개 지표(학생 1인당 교육비, 교육비 환원율, 장학금 지급률), 재무안정성 2개 지표(이월금 비율, 등록금 의존율), 법인책무성 3개 지표(부채비율, 법인전입금 비율, 수익용 기본재산 확보율, 학교운영경비 부담률) 등이다. 이에 관한 정보는 한국사학진흥재단이 운영하는 '대학재정알리미' 초기화면에 전국 평균치로 접할 수 있으며 대학별 상세한 수치는 '테마-이슈통계'에서 항목별로 제공되고 있다.

<표 13> 2022년(기준연도 2021년) **부울경 사립일반대학의 전입금 현황**

(단위 : 천 원)

지역	학교명	경상비 전입금	법정부담 전입금	자산 전입금	부속병원 전입금	특별회계 전입금	교내 전입금	산학협력단 전입금	학교기업 전입금	합계
부산	경성대	0	40,000	0	0	0	0	300,000	0	340,000
	고신대	0	3,347,173	0	8,979,247	0	0	100,000	0	12,426,419
	동명대	0	910,000	0	0	0	0	1,248,751	0	2,158,751
	동서대	0	530,000	0	0	0	0	240,000	0	770,000
	동아대	100,000	2,020,000	0	19,638,307	0	0	0	0	21,758,307
	동의대	0	350,000	0	0	0	0	800,000	0	1,150,000
	부산가톨릭대	0	1,300,000	0	0	0	0	190,000	0	1,490,000
	부산외대	0	280,000	0	0	0	0	58,000	0	338,000
	신라대	0	360,000	0	0	0	0	100,000	0	460,000
울산	울산대	566,234	5,227,549	0	227,506	0	0	0	0	6,021,289
경남	경남대	0	1,135,000	0	0	0	0	570,000	0	1,705,000
	부산장신대	0	130,000	0	0	0	0	0	0	130,000
	영산대	0	1,465,000	0	0	0	0	120,000	0	1,585,000
	인제대	7,978,536	11,863,778	0	266,102	0	0	355,994	0	20,464,410
	창신대	300,000	799,818	0	0	0	0	0	0	1,099,818

* 자료출처 : 대학재정알리미

　부울경 대학법인들의 대학운영 지원현황을 알기 위해서는 먼저 전입금부터 살펴볼 필요가 있다. 법인전입금은 사립대학 학교법인이 대학에 지원하는 경비로, 학교법인은 「고등교육법」 제3조 및 「사립학교법」 제3조 등에 따라 수익용 기본재산 등 학교운영에 필요한 재산을 갖추고 대학운영경비를 부담해야 한다. 법인전입금은 경상비전입금, 법정부담전입금, 자산전입금 등으로 구성되며 나머지는 기타전입금으로 간주된다. 자산전입금은 학교가 법인으로부터 토지나 건축물 등 자산을 취득할 목적으로 받는 전입금을 말한다. 「사립학교법」 제5조에 따라, 학교법인은 (전문)대학에 필요한 시설 설비를 갖출 책임이 있으며, 교지와 교사 등을 확보하는 데 필요한 비용을 원칙적으로 부담해야 한다. 하지만 <표 13>에서 보듯, 부울경 사립일반대학들은 2022년(기준연도 2021년) 한해만 놓고 보더라도 2,300억 원이 넘는 자산 및 부채지출이 이루어졌는데도 학교법인으로부터 자산전입금을 한푼도 받지 못하였다. 학교법인이 사실상 등록금을 담보로 학교 자산을 취득하였다고 말할 수밖에 없는 것이다.

　경상비전입금의 경우, 인제대가 약 80억 원 가까운 금액을 대학에 지원하였고 동아대(1억 원), 울산대(5.7억 원), 창신대(3억 원) 등이 조금 지원하였으며 나머지 12곳은 한푼도 지원하지 않았다. 부속병원이 있는 고신대와 동아대, 울산대, 인제대 등은 부속병원전입금을 기록하고 있지만, 부산가톨릭대와 동의대는 한푼도 기록하지 않았다. 부속병원이 없는 대학들은 산학협력단 전입금에 상당 부분 의존해야 했는데 이는 대학구성원들이 노력한 결실이지 학교법인의 대학 기여라고 볼 수는 없을 것이다.

〈표 14〉 최근 3년 부울경 사립일반대학의 전입금 현황

(단위 : 천 원)

지역	학교명	회계연도 2021년			회계연도 2020년			회계연도 2019년		
		전입금	수입총액	비율	전입금	수입총액	비율	전입금	수입총액	비율
부산	경성대	340,000	160,959,588	0.2	790,000	140,081,569	0.6	400,000	150,701,172	0.3
	고신대	12,426,419	62,031,261	20.0	13,348,086	61,807,201	21.6	12,006,547	60,973,724	19.7
	동명대	2,158,751	98,366,276	2.2	1,320,000	101,271,045	1.3	1,500,000	95,579,808	1.6
	동서대	770,000	114,783,569	0.7	520,000	120,399,196	0.4	680,000	123,266,684	0.6
	동아대	21,758,307	248,207,956	8.8	20,049,820	238,133,670	8.4	17,772,842	257,079,082	6.9
	동의대	1,150,000	160,216,759	0.7	2,370,000	162,915,255	1.5	2,080,000	166,912,939	1.2
	부산가톨릭대	1,490,000	48,650,866	3.1	1,514,000	48,647,367	3.1	1,920,000	49,638,579	3.9
	부산외대	338,000	173,503,589	0.2	230,000	104,919,939	0.2	24,900	84,099,870	0.0
	신라대	460,000	93,755,824	0.5	606,009	94,566,035	0.6	2,110,171	101,715,045	2.1
울산	울산대	6,021,289	253,764,179	2.4	20,535,228	236,513,734	8.7	20,822,874	257,088,431	8.1
경남	가야대	130	27,094,357	0.5	135,000	27,795,921	0.5	380,000	57,973,274	0.7
	경남대	1,705,000	143,314,522	1.2	1,430,000	134,480,919	1.1	1,420,000	128,454,944	1.1
	부산장신대	130,000	8,577,348	1.5	168,000	4,741,213	3.5	188,926	5,473,875	3.5
	영산대	1,585,000	72,224,503	2.2	1,850,000	70,515,987	2.6	1,702,885	78,136,963	2.2
	인제대	20,464,410	170,210,093	12.0	18,257,463	138,357,733	13.2	23,185,155	146,386,221	15.8
	창신대	1,099,818	29,062,162	3.8	1,000,000	27,179,027	3.7	1,000,000	25,878,784	3.9

* 자료출처 : 대학재정알리미

<표 14>에서 부울경 사립일반대학들의 수입총액에서 법인전입금을 포함한 전입금 규모의 비중을 최근 3년에 걸쳐 조사한 것을 살펴보면 부속병원이 있는 고신대가 20% 내외를 유지하고 있고 인제대는 15%대에서 점차 하락하여 12%에 머물렀으며 동아대는 6.9%에서 8%대로 상승하였다. 나머지 대학의 법인들은 전혀 기여하지 못하는 수준이거나 겨우 3%대에 머물고 있어서 법인의 대학운영 기여도는 매우 낮다고 할 수밖에 없다.[35]

위의 <표 13>의 항목들 가운데 법정부담금은 「사립학교교직원연금법」, 「국민건강보험법」 등에 따라 학교법인이 설치학교의 교직원의 법정부담금을

---

[35] 이는 비단 부울경 지역대학에만 국한되는 것이 아니라 전국의 사립대학들이 공통으로 보이는 현상이다. 권인숙 2021년 10월, 「사립(전문)대학법인 재정운영 실태 진단」, 『2021년 국정감사 정책자료집』

부담하기 위해 전출하는 금액이다. 그런데 상당수 사립대학 법인들은 법정부담금의 '일부 또는 전부를 교비회계에서 부담'할 수 있도록 한 예외조항을 이용하여 법정부담금 납부를 대학에 전가하고 있다. 아래의 <표 15>에서 2022년 부울경 사립일반대학의 법인들이 법정부담금을 부담하는 금액과 부담률을 살펴보면, 인제대와 창신대가 법정기준을 충족하였고 고신대(95.1%)와 부산가톨릭대(87.7%)가 법정기준에 근접하였던 반면, 부산장신대(73.2%)와 영산대(62.6%)가 기준의 절반을 상회하였고 울산대(42%)를 제외한 나머지 대학들은 20%대조차 넘지 못하였거나 심지어 10%도 충족시키지 못하였다.

<표 15> 2022년 부울경 사립일반대학 법정부담금 부담현황

(단위 : 원, %)

지역	학교명	법인명	법정부담금 기준액(A)	법정부담금 부담액(B)	부담률 (B/A*100)
부산	동아대	동아학숙	9,063,198	2,020,000	22.3
	동의대	동의학원	6,518,409	350,000	5.4
	경성대	한성(韓星)학원	5,776,508	40,000	0.7
	동서대	동서학원	4,163,793	530,000	12.7
	신라대	박영학원	3,967,052	360,000	9.1
	고신대	대한예수교장로회총회고려학원	3,518,307	3,347,173	95.1
	동명대	동명문화학원	3,349,780	910,000	27.2
	부산외대	학교법인 성지학원	2,818,562	280,000	9.9
	부산가톨릭대	성모학원	1,481,592	1,300,000	87.7
울산	울산대	울산공업학원	12,444,241	5,227,549	42
경남	인제대	인제학원	11,863,618	11,863,778	100
	경남대	한마학원	4,624,161	1,135,000	24.5
	영산대	성심학원	2,341,828	1,465,000	62.6
	가야대(김해)	대구학원	849,372	130,000	15.3
	창신대	학교법인 우정학원	799,818	799,818	100
	부산장신대	부산장신대학교	177,540	130,000	73.2

* 자료출처 : 대학알리미

이런 현황은 <표 16>에서처럼 부울경 사립일반대학의 최근 6년간 법정부담금 부담률 추이를 살펴봐도 비슷하게 되풀이되어 왔음을 짐작할 수 있다. 인제대와 창신대는 6년 연속 법정기준을 충족하였으며, 고신대와 부산가톨릭대는 법정기준을 채웠거나 약간 미달하기도 하였던 반면, 영산대와 부산장신대가 기준의 절반을 넘겨왔고, 울산대를 제외한 나머지 대학의 법인들은 6년간 20%대조차 넘지 못하였거나 심지어 10%도 충족시키지 못해 왔다.

〈표 16〉 최근 6년간 부울경 사립일반대학 법정부담금 부담률 추이

(단위 : %)

지역	학교명	법인명	2021년	2020년	2019년	2018년	2017년	2016년
부산	동아대	동아학숙	22.3	36.7	17.2	20.8	30.3	25.3
	동의대	동의학원	5.4	21.4	18.6	1.6	1.4	0.6
	경성대	한성(韓星)학원	0.7	9.6	5.2	7.1	27.2	4.7
	동서대	동서학원	12.7	8.4	12.9	15.5	14.6	11.5
	신라대	박영학원	9.1	8.6	8.5	11	11.9	18.5
	고신대	대한예수교장로회총회 고려학원	95.1	123.7	89.9	84.1	100	92
	동명대	동명문화학원	27.2	26.8	25.1	21.9	27.6	6.9
	부산외대	학교법인 성지학원	9.9	9.1	0.2	6.2	11.8	6.9
	부산가톨릭대	성모학원	87.7	73.4	103.3	108.2	123	124.9
울산	울산대	울산공업학원	42	84.5	85.9	84.1	83	80
경남	인제대	인제학원	100	100	100	100	100	100
	경남대	한마학원	24.5	24.2	25.6	25	24.1	24.3
	영산대	성심학원	62.6	65.2	64.7	88.9	64	66
	가야대(김해)	대구학원	15.3	16.8	32.5	27	29.4	24.9
	창신대	우정학원(구.창신대학교)	100	101.2	104.7	103.1	112.3	109.4
	부산장신대	부산장신대학교	73.2	100	76.4	63.6	68.2	64.7

* 자료출처 : 대학알리미

<표 17>에서 보듯 부울경 사립전문대학의 상황은 이보다 더욱 열악하였다. 연암공대만이 6년 연속으로 법정기준을 충족하였고 울산과학대와 동원과학기술대, 거제대 등이 굴곡은 있더라도 대체로 기준의 절반을 넘겼다. 하지만 나머지 사립전문대학법인들은 아예 한푼도 부담하지 못하였거나 거의 대부분 10% 미만을 유지하였다.

〈표 17〉 최근 6년간 부울경 사립전문대학 법정부담금 부담률 추이

(단위 : %)

지역	학교명	법인명	2021년	2020년	2019년	2018년	2017년	2016년
부산	동의과학대	동의학원	5.3	2.5	3.5	2.8	3.1	1.7
	경남정보대	동서학원	2.5	5.2	2.5	5.5	5.7	5.9
	부산과학기술대	중앙학원	2.1	2.3	1.1	0.8	8.6	0.5
	동주대	석파학원	0.6	6.9	0.8	0.8	0.6	0.6
	부산여대	혜화학원(전문)	6.5	0.8	5.8	5.9	2.2	14.4
	부산경상대	화신학원	19.4	23.8	10.6	9	2.3	7.8
	대동대	화봉학원	6.3	4.8	5.6	5.3	5.9	6.3
	부산예술대	원곡학원	4	0	0	0.1	0	0
울산	울산과학대	울산공업학원	63.3	63	63.6	67.7	65	61
	춘해보건대	춘해학원	1.4	1.4	1.3	1.3	1.2	1.1

지역	학교명	법인명	2021년	2020년	2019년	2018년	2017년	2016년
경남	마산대	문화교육원	1.2	1.1	1.2	2.2	1.2	1
	창원문성대	문성학원	9.7	13.6	11.7	9.7	12.6	9.9
	연암공대	엘지연암학원	100	100	100	100	100	100
	동원과학기술대	동원교육재단	66.3	69.2	67.8	17.8	85.6	13.9
	거제대	덕부학원(구.세영학원)	6.8	67.7	100	100.3	62.3	56.1
	진주보건대	한가람학원	2.9	2.4	3	4.7	4.5	5
	김해대	영해학원	0	0	0	0.3	0.4	0.4
	한국승강기대	한국승강기대학	0	0	1.5	100	100	100

* 자료출처 : 대학알리미

이와 같이 학교법인의 (전문)대학에 대한 지원이 미미한 이유는 무엇보다 수익용 기본재산을 제대로 확보하지 못하였거나 설령 법정기준에 이르도록 확보했다 하더라도 수익률이 떨어지기 때문이다. 학교법인의 재산은 기본재산과 기본재산 이외의 보통재산으로 나누어지며, 기본재산은 그 사용 목적에 따라 교육용 기본재산과 수익용 기본재산으로 다시 나눠진다.[36] 교육용 기본재산은 교지와 교사 그리고 그 외 교육용 토지 및 건물이며, 수익용 기본재산은 학교법인이 설치·경영하는 사립학교의 경영에 필요한 재산 중 수익을 목적으로 하는 재산을 일컫는다.[37]

〈표 18〉 2022년 부울경 사립일반대학 수익용 기본재산 확보현황

(단위 : 백만 원, %)

지역	학교명	운영수익 총계(A)	전입,기부, 원조보조 수입(B)	기준액 (C)	보유액 (D)	수익용기본 재산확보율 (D/C)x100	학교운영 경비 부담내역		
							수익금 (E)	부담액 (F)	부담률 (F/E)*100
부산	동아대	226,898	78,786	148,112	38,190	25.8	250	312	125
	동의대	212,470	65,642	140,521	43,056	30.6	557	560	100.5
	동서대	180,105	63,338	112,761	73,621	65.3	792	630	79.5
	부산외대	179,206	26,764	149,489	39,182	26.2	47	47	99.3
	경성대	121,816	36,681	85,135	11,197	13.2	23	29	125
	동명대	94,571	35,816	56,029	65,065	116.1	896	946	105.6
	신라대	93,161	29,501	60,797	12,985	21.4	34	43	125
	부산가톨릭대	79,945	19,315	43,907	4,544	10.3	102	127	125
	고신대	63,008	31,010	31,998	14,468	45.2	480	600	125
울산	울산대	291,552	79,977	211,575	146,107	69.1	4,679	5,550	118.6

36) 「사립학교법 시행령」 제5조와 제4조 제2항 참조
37) 교육부 2022.06.15, 「사립대학(법인) 기본재산 관리 안내서」

지역	학교명	운영수익 총계(A)	전입,기부, 원조보조 수입(B)	기준액 (C)	보유액 (D)	수익용기본 재산확보율 (D/C)x100	학교운영 경비 부담내역		
							수익금 (E)	부담액 (F)	부담률 (F/E)*100
경남	인제대	145,790	42,550	103,240	60,569	58.7	4,608	5,760	125
	경남대	126,372	48,004	78,368	98,623	125.8	1,057	1,135	107.4
	영산대	68,054	24,023	44,031	69,625	158.1	1,234	1,465	118.7
	가야대	39,164	9,888	29,277	19,431	66.4	237	230	97
	창신대	22,468	7,485	14,983	17,700	118.1	331	414	125
	부산장신대	6,829	1,747	5,082	6,109	120.2	24	30	125

* 자료출처 : 대학알리미

사립대학을 운영하는 학교법인은 「대학설립·운영규정」 제7조 및 제8조에 따라 수익용 기본재산을 확보하고 수익을 창출하여, 발생한 소득의 80% 이상에 해당하는 가액을 대학운영경비로 부담하여야 한다. 학교법인이 (전문)대학 운영을 지원하기 위해서는 수익용 기본재산을 <표 18>과 <표 19>의 '기준액(C)' 이상으로 확보해야 한다. '확보기준액(C)'은 학교 운영수익총액(A)에서 전입금 및 기부금수입과 국고보조금(B) 등을 차감한 것으로[38], 학교법인이 설치한 (전문)대학의 재정상태에 따라 결정된다.

<표 19> 2022년 부울경 사립전문대학 수익용 기본재산 확보현황
(단위 : 백만 원, %)

지역	학교명	운영수익 총계(A)	전입,기부, 원조보조 수입(B)	기준액(C)	보유액 (D)	수익용기본 재산확보율 (D/C)x100	학교운영 경비 부담내역		
							수익금 (E)	부담액 (F)	부담률 (F/E)*100
부산	동의과학대	212,470	65,642	140,521	43,056	30.6	557	560	100.5
	경남정보대	180,105	63,338	112,761	73,621	65.3	792	630	79.5
	부산경상대	48,827	20,974	22,868	31,074	135.9	139	140	100.5
	부산여대	41,980	9,518	23,915	46,739	195.4	58	62	107.7
	동주대	38,679	9,217	22,992	2,284	9.9	50	16	31.9
	부산과학기술대	29,863	10,203	19,661	9,990	50.8	1	0	0
	부산예술대	13,644	2,176	7,710	3,412	44.3	34	10	29.7
	대동대	13,169	4,284	8,885	48,208	542.6	33	29	88.5
울산	울산과학대	291,552	79,977	211,575	146,107	69.1	4,679	5,550	118.6
	춘해보건대	24,599	7,591	17,008	15,497	91.1	9	11	125
경남	마산대	76,637	16,216	48,257	11,281	23.4	54	45	84.5
	연암공대	42,291	21,635	20,656	518,577	2,510.5	14,293	13,675	95.7
	창원문성대	27,299	6,248	16,903	17,378	102.8	110	138	125
	진주보건대	26,976	8,108	18,868	1,419	7.5	14	15	103.2

---

38) 2015년 7월 16일 「대학설립·운영규정 시행규칙」 개정

지역	학교명	운영수익 총계(A)	전입,기부, 원조보조 수입(B)	기준액(C)	보유액 (D)	수익용기본 재산확보율 (D/C)x100	학교운영 경비 부담내역		
							수익금 (E)	부담액 (F)	부담률 (F/E)*100
	동원과학기술대	23,853	8,040	15,813	7,833	49.5	110	137	125
	거제대	14,095	4,264	8,693	7,780	89.5	80	100	125
	김해대	13,959	5,162	8,798	9,879	112.3	24	30	125
	한국승강기대	8,149	3,357	7,000	7,208	103	206	0	0

* 자료출처 : 대학알리미

　　<표 18>과 <표 19>에서 동의대와 동의과학대, 동서대와 경남정보대, 울산대와 울산과학대는 동일한 학교법인이 설치·경영하는 곳이어서 수익용 기본재산이 동일하게 표기되므로 이들에 대해서는 사립일반대학을 기준으로 삼도록 하겠다. 2022년 조사에 자료를 제출하지 않은 한국국제대(일선학원)를 제외한 총 31개의 부울경 대학법인 중에서 수익용 기본재산의 법정기준을 충족하는 곳은 10개 법인인데 이 가운데 전문대학을 설치·경영하는 연암공대(2,510.5%)와 대동대(542.6%)의 압도적인 확보율이 부울경 전체 확보율 평균을 오도할 우려가 있음을 감안하면서 확보율을 비교해 보자. 사립일반대학 16곳 중에서 동명대, 경남대, 영산대, 창신대, 부산장신대 등 5곳이 법정기준을 충족하였고 사립전문대학 15곳 가운데 연암공대와 대동대를 포함하여 부산경상대, 부산여대, 창원문성대, 김해대 등 6곳이 법정기준을 충족하였다. 이들 법인에 비하여 동아대, 동의대, 부산외대, 경성대, 신라대, 부산가톨릭대, 고신대 등 7곳과 동주대, 부산예술대, 마산대, 진주보건대, 동원과학기술대 등 5곳은 법정기준을 절반도 채우지 못하였거나 10%조차 넘지 못하였다.
　　이처럼 학교법인 간 수익용 기본재산 확보율 격차가 심하였고 특히 부산 소재 사립일반대학 법인들이 경남과 울산 지역의 대학법인에 비해 대부분 저조하였다. 학교법인이 수익용 기본재산으로 보유할 수 있는 재산은 토지, 건물, 신탁예금, 유가증권, 기타재산 등이다. 본고에서는 대학별 상세 내역을 제시할 여백이 없어서 구체적인 수치를 언급할 수 없으나, 토지 평가액이 전체의 절반 이상을 차지하는 것으로 추정된다.[39] 이 때문에 수익금의 규모가 매우 적어서 그것의 80% 이상을 대학에 전입한다 하더라도 대학 운영에는 별다른 보탬이 되지 못하고 있다. <표 18>에서 보듯 부속병원을 보유한 울산

---

39) 권인숙 2021년 10월, 「사립(전문)대학법인 재정운영 실태 진단」, 『2021년 국정감사 정책자료집』

대(46억7천9백만 원)과 인제대(46억8백만 원)의 수익금이 40억 원을 넘었는 데 실제는 그보다 많은 액수를 대학 운영에 부담하였다. 이에 비하여, 규모 가 큰 동아대(2억5천만 원), 동의대(5억5천7백만 원), 동서대(7억9천2백만 원) 등의 수익금은 10억 원에 미치지 못하여 이 수익금보다 많은 액수를 대학운 영경비에 부담했다 하더라도 기껏해야 수억 원에 머물렀다.

<표 20> 최근 5년간 부울경 사립일반대학 수익용 기본재산 확보율 추이

(단위 : %)

지역	학교명	2022년	2021년	2020년	2019년	2018년
부산	동아대	25.8	23.9	23.6	25.8	21.9
	동의대	30.6	29.3	26.6	37.8	25.1
	동서대	65.3	38.7	37.8	35.8	32.8
	부산외대	26.2	24.9	22.3	21.8	29.8
	경성대	13.2	12.1	10.5	9.7	8.7
	동명대	116.1	99.8	84.5	79.3	73.3
	신라대	21.4	20.5	18.4	15.4	15.3
	부산가톨릭대	10.3	10.5	10.3	10	9.9
	고신대	45.2	43.3	41.1	40.8	38.9
울산	울산대	68.4	68.4	65.3	66.1	자료없음
경남	인제대	58.7	66.6	56.4	29	22
	경남대	125.8	120.1	110.8	117.9	110.9
	영산대	158.1	148.7	112.5	103.3	95.6
	가야대	66.4	55.3	36.1	48.9	44.5
	창신대	118.1	118.9	109.6	121.1	138.7
	부산장신대	120.2	218.4	208	161.4	162
	한국국제대	자료없음	자료없음	63.3	57.3	67.6

* 자료출처 : 대학알리미

<표 21> 최근 5년간 부울경 사립전문대학 수익용 기본재산 확보율 추이

(단위 : %)

지역	학교명	2022년	2021년	2020년	2019년	2018년
부산	동의과학대(동의대)	30.6	29.3	26.6	25.8	25.1
	경남정보대(동서대)	65.3	38.7	37.8	35.8	32.8
	부산경상대	135.9	144.7	128.6	121.2	107.4
	부산여대	195.4	167.9	154.6	160	137.2
	동주대	9.9	9	8.8	22.3	15.9
	부산과학기술대	50.8	41.8	33.2	29.9	28.7
	부산예술대	44.3	45.8	43.6	66.7	27.7
	대동대	542.6	516	466.7	511.3	381.7

지역	학교명	2022년	2021년	2020년	2019년	2018년
울산	울산과학대(울산대)	69.1	68.4	65.3	66.1	68
	춘해보건대	91.1	78.1	93.9	86.9	81.6
경남	마산대	23.4	20.1	19.7	21	26.4
	연암공대	2,510.5	3,241.1	2,173	2,303.4	2,407.2
	창원문성대	102.8	88.2	68.2	63.3	62.7
	진주보건대	7.5	7	6.6	6.6	5.7
	동원과학기술대	49.5	49.3	46.9	42.6	42
	거제대	89.5	78.9	70.8	70.1	70.1
	김해대	112.3	112.4	109.5	97.3	101.5
	한국승강기대	103	100.2	127.4	96.1	81.9

* 자료출처 : 대학알리미

<표 20>과 <표 21>에서 보듯, 최근 5년간 부울경 32개 대학법인의 수익용 기본재산 확보율 추이는 극히 일부(동주대와 부산예술대)를 제외하고 대체로 상승추세를 보인다. 이는 확보해야 하는 '기준액'은 큰 변동이 없는 반면, '보유액'이 증가했기 때문인데 추정컨대 수익용 기본재산 물량이 일부 늘어난 것과 동일 토지, 건물이라도 평가액이 상당 부분 인상된 영향이라 간주된다. 사립전문대학 법인 중에서 연암공대는 또 하나의 전문대(연암대)를 타지역(천안시)에서 운영하고 있는데 수익용 기본재산 확보율이 단연 압도적이었다. 그 다음으로 대동대가 높았으며 부산경상대와 부산여대, 김해대 등이 법정기준을 상회하여 유지하였고 창원문성대와 춘해보건대, 거제대 등이 법정기준에 근접해 왔다. 반면에 동주대와 마산대, 진주보건대 등은 매우 저조한 확보율을 유지해 왔다. 이를 통해 살펴보면, 사립전문대학의 법인간 격차 역시 심하였음이 확인되고 있다.

3장

지역대학의 존립을 위한 대학정책

지역소멸의 위기 속에서 부울경 지역대학들도 소멸의 위기를 극복하고 살아남기 위해 안간 힘을 쓰고 있다. 하지만 학령인구의 급감과 청년인구의 수도권 집중 가속화로 인하여 지역대학에 진학하는 학생이 급속히 줄어들고 중도탈락자가 급증하는 위기에 당면한 지역대학들은 재정위기를 절감하고 있어서 과감한 규제 혁신과 정부의 획기적인 재정지원을 절실히 바라고 있다. 그런 측면에서 지역대학들은 윤석열 정부가 제시한 "지방시대"와 "지방대학 시대"에 은근히 기대를 걸고 있다. 2022년 7월 24일 대통령 주재 장·차관 국정과제 워크숍을 거쳐 120대 국정과제를 선정한 이틀 뒤 국무회의 심의를 거쳐 확정한 최종 120대 국정과제는 2022년 5월 4일 대통령직인수위원회가 발표한 110대 국정과제에 '지방시대' 국정과제 10개가 추가된 것이다.[40]

또한 "이제는 지방대학 시대"(국정과제 85번)을 통해 새 정부는 지역과 대학 간 연계 협력으로 지역인재를 육성하고 지역발전의 생태계를 조성한다는 목표 아래, 지역대학에 대한 지자체의 자율성 및 책무성 강화를 주요 과제로 삼았다. 구체적으로 지역대학에 대한 행·재정적 권한을 중앙정부에서 지자체로 위임 또는 이양하고, 지자체와 지역대학 및 지역 산업계 등이 참여하는 (가칭)'지역고등교육위원회'를 설치하겠다고 밝혔다. 지역대학을 살리겠다는 의지가 엿보임과 동시에 교육부가 독점해온 고등교육 생태계에 적잖은 변화를 초래할 정책으로 상당한 관심을 끌고 있으나 아직까지 구체적인 실행계

---

40) 대한민국 정책브리핑 2022.07.27, 「윤석열 정부 120대 국정과제」. '지방시대' 국정과제 10개는 2022년 4월 27일 대통령직인수위원회가 윤석열 정부의 「지역균형발전 비전」에서 발표한 15개 '지방시대: 지방분권과 균형발전' 국정과제를 축약한 것이다. 추가된 '지방시대: 지방분권과 균형발전' 국정과제(111번~120번)는 이들 국정과제의 성공적 추진을 통해 "대한민국 어디서나 살기 좋은 지방시대"(국정목표 6)의 달성을 추구하며 3개의 약속을 이행하도록 되어 있다. 그 3개의 약속 중에서 약속21(진정한 지역주도 균형발전 시대를 열겠습니다)에는 '지역인재 육성을 위한 교육혁신'(국정과제 113번)이 포함되어 있고 약속23(지역 스스로 고유한 특성을 살릴 수 있도록 지원하겠습니다)에는 '지방소멸 방지, 균형발전 추진체계 강화'(국정과제 120번)이 포함되어 있다.

획과 세부정책은 나오지 않고 있다.

그런데, 반도체 관련 인재양성 방안이 제시되면서 '지방대학 시대'라는 정책 과제의 실현에 대한 기대와 우려가 교차되고 있다.[41] 반도체 산업 인력양성을 위하여 모든 정책수단을 강구하라는 대통령의 지시가 내려지면서[42] 곧바로 국무총리가 반도체 관련 학과 정원을 수도권과 지방에서 각각 1만명씩 증원하겠다고 발표하였고,[43] 교육부는 수도권 대학의 학부 정원 총량을 제한하는 「수도권정비계획법」마저 손질할 뜻을 비쳤다.[44] 한달 남짓 지나 교육부가 관계 부처 합동으로 마련한 「반도체 관련 인재 양성방안」을 국무회의에 보고하였을 때 「수도권정비계획법」 개정은 담기지 않았지만 '반도체 인재 15만명을 양성'하겠노라 발표하였다.[45] 이러한 일련의 동향은 '지방대학 시대'를 열겠다는 공약에 대한 진정성과 추진 의지를 의심케 하였다.

게다가 지역대학에 대한 행·재정권을 지자체에 위임 또는 이양한다면 누가 고등교육 재정을 부담할 것인지에 대한 논의도 빠져 있다. 현재까지는 고등교육에 대한 예산 지원을 놓고 정부가 지방교육재정교부금에서 일부를 고등교육으로 전환하는 조치를 추진하겠다고 밝혀[46] 교육계가 시끄러운 상태이다. 이런 와중에 기획재정부와 교육부는 여러 차례의 정책토론회를 거친 끝에 2022년 11월 15일 고등·평생교육지원 특별회계를 통한 총 11.2조 원 규모의 고등교육 재정 확충 방향과 구체적인 예산 내역을 발표했다.[47] 이 가운

---

41) 〈尹 "지방대 행·재정 권한 지자체 위임"에 고등교육계 "재정확충 방안 부재" 우려〉 한국대학신문 2022.05.16.; 대학교육연구소, 〈'반도체 관련 인재양성 방안' 국회서 철저히 따져야〉 2022.07.21.; 정재호, 〈'반도체 관련 인재 양성방안' 의미와 과제〉 대한민국 정책브리핑, 2022.07.22.; 〈반도체 인재양성 … 尹의 '지방대학 시대' 공약 뒤집기?- 안상준 칼럼〉, 아주경제 2022.06.28

42) 〈尹 전 부처에 반도체 '열공' 주문...산업경쟁력 강화 특단의 인재양성 지시〉 전자신문 2022.06.07

43) 〈재원·교수 부족, 대학 '빈익빈 부익부'도…'반도체 증원' 장애물〉 중앙일보 2022.06.09

44) 〈반도체가 40년 된 '수도권정비계획법' 정비한다 …교육부 "국가전략산업, 수도권·비수도권 없다"〉 유스라인 2022.06.12

45) 〈대통령 지시 42일만, 교육부 "반도체 인재 15만명 양성" 발표〉 노컷뉴스 2022.07.19.; 〈'반도체 인재 양성' 수도권大 특혜 없지만…혜택은 집중될 듯〉 머니투데이 2022.07.19

46) 2022년 7월 7일 정부는 국가재정전략회의를 열고 지방교육재정교부금 재원으로 쓰이던 교육세 세입 예산을 활용해 가칭 '고등·평생교육지원 특별회계' 추진 방안을 논의했다. 이미 2021년 말부터 기획재정부와 한국개발연구원이 학생 수 감소에도 불구하고 지방교육재정교부금이 증가해 초·중·고 공교육 예산이 남아돌고 있다며 이를 축소해야 한다는 목소리를 내기 시작하였는데 2022년 6월 16일에 기획재정부가 관계부처 합동으로 '새 정부 경제정책 방향'을 발표하는 가운데 '고등교육 재정 확충과 연계한 지방교육재정교부금 제도 개편'이라는 내용을 담아 유치원과 초·중·고에서 사용하는 지방교육재정교부금을 대학에도 활용하겠다는 뜻으로 해석하게 만들었다. 김학수 2021.12.29, 「지방교육재정교부금, 왜 그리고 어떻게 고쳐야 하나?」, 『KDI 포커스』(통권 제110호); 〈초·중·고 주머니 열어 대학 주나..교육교부금 쪼개기 논란〉 더팩트 2022.06.17

47) 교육부 보도자료 2022.11.15, 「정부, 총 11.2조 원 규모의 고등-평생교육지원 특별회계 편성」. 2022년

데 3.2조 원 상당의 교육세 이관 부분이 현재 논란이 되고있는 지방교육재정
교부금에서 확보하겠다고 밝힌 예산인데, 시도 교육감들은 "'동생 돈 뺏어서
형님 주겠다'는 논리"라며 거세게 반발하고 있는 상황이다.[48]

이런 상황에서 국정과제 83번(더 큰 대학 자율로 역동적 혁신 허브 구축)
을 이행한다는 명분으로 교육부가 '대학규제 개선을 위한 추진체계'를 마련
하여 거침없이 밀어붙이고 있다. 필자는 이를 '규제 완화 3종 세트'라고 부르
고자 한다.

규제 완화 3종 세트 중 첫 번째로 교육부는 2022년 6월 14일에 「사립대학
(법인) 기본재산 관리(지침)」을 대폭 개정했다. 명분은 사립대학의 재정 여건
개선이다. 즉, 사립대학(법인)이 보유재산을 유연하게 활용하여 적극적으로
수익을 창출하고 재정여건을 개선해 나갈 수 있도록 학교법인의 재산 관련
규제를 대폭 완화한다는 것이다.[49]

지역의 사립(전문)대학들이 재정위기에 당면한 현실에서 이를 무작정 반대
할 수는 없다. 하지만 앞서 살펴보았듯이, 현재도 사립대학 법인들의 대학운
영에 대한 재정적 기여(법인 전입금과 법정부담금 및 학교운영 경비부담액
등)가 매우 열악한데 재정 여건이 나아진다고 해서 과연 법인이 대학운영에
재정 지원을 강화할 의지가 있을지 의문이 든다. 사립대학 법인들이 수익용
기본재산에서 얻는 수익이 매우 저조하여 법정기준대로 수익금의 80% 이상
을 대학에 전입한다 하더라도 그 액수 자체가 미미하여 대학의 재정여건 개
선에 별로 보탬이 되지 못하고 있는데, 이처럼 규제를 대폭 완화한다고 해서

8월 4일 국민의힘 이태규 의원이 「지방교육재정교부금 개혁적 상생방안은 무엇인가?」라는 주제의 정책토
론회를 개최하여 작년 말부터 이 문제에 목소리를 높여온 한국개발원 김학수 선임연구원의 발제('지방교육
재정교부금 제도의 합리적 개편방안')를 통해 정부의 입장을 지원하기 시작하였다. 2022년 9월 7일에는 교
육부가 기재부와 합동으로 「지방교육재정교부금 개편 및 고등교육 재정 확충 토론회」를 개최하여 김학수 선
임연구원의 발제("지방교육재정교부금 제도의 합리적 개편방안")를 되풀이하였고 10월 28일에는 「고등교
육의 혁신을 위한 고등교육재정 확충방안」을 주제로 『2022 고등교육재정 정책포럼』을 개최하여 '고등-평
생교육지원 특별회계 신설의 의의와 재정확보 방안'을 토론하였으며, 11월 4일에는 이태규 의원·교육부·
기재부가 공동으로 개최한 「대학의 혁신과 발전을 위한 국가 재정 전략 정책토론회」를 통해 지방교육재정
교부금 개편 및 특별회계 신설 방향, 고등교육 투자 확대 필요 분야 등에 대한 의견수렴을 거쳤다.

48) 〈이주호 부총리 "교육재정 개편 밀어붙일 생각 없어…국회서 도와달라"〉 한국대학신문 2022.11.16
49) 교육부 보도자료 2022.06.14, 「사립대학(법인) 기본재산 관리(지침) 개정」 (2022년 6월 15일 시행). 〈사
립대·대학 법인 숨통 트이나…사립대 재산 관련 규제 완화〉 한국대학신문 2022.06.14. 주요 개정 내용은
다음 6가지로 요약된다. ① 유휴 교육용 기본재산을 수익용 기본재산으로 용도변경시 시가에 상당하는 금
액만큼을 교비에 보전하는 조치 없이 허가함 ② 수익용 기본재산 확보 기준을 초과하는 경우 처분금의 용도
를 풀어줌 ③ 유휴 교사시설 내 입주 가능한 업종에 대한 규제(임대 허용 규제)를 '네거티브(Negative)' 방
식으로 전환 ④ 교지 위에 수익용 기본재산 건물 건축 가능 ⑤ 차입(기채) 자금의 용도 제한을 완화 ⑥ 기타
개선 변경 사항 등이다.

상황이 나아지리라 기대하기는 어렵기 때문이다. 이런 우려 속에 이 조치는 오히려 오랜 동안 사립대학 법인들이 '건의'(사실상 '요구')해온 것의 반영(민원수리)에 불과해 보인다.

재정적으로 매우 어렵다고 해도 부울경 사립(전문)대학들은 수십억 원에서 수백억 원대의 적립금을 유지해오고 있다. <표 22>에서 최근 6년간 부울경 사립일반대학의 교비회계 적립금 추이를 살펴보면, 경남대가 1,000억 원대를 유지하다가 최근에 960억 원대로 줄어들었는데 비해, 울산대는 지난 6년 동안 320억 원대에서 560억 원대로 늘어났다. 전입금과 법정부담금 부담률이 극히 열악한 가야대의 적립금은 최근에 240억 원대로 늘어난 반면, 동의대는 110억 원대에서 70억 원대로 줄었으며 경성대는 490억 원대에서 60억 원대로 추락하였다. 전입금과 법정부담금 비율이 상대적으로 나은 고신대는 6년간 30억 원대를 유지하였고, 인제대는 340억 원대에서 220억 원대로 줄어들었다. 일부를 제외하고는 대부분 6년간에 걸쳐 적립금이 줄어드는 추세이지만, 2022년의 교비회계 적립금이 100억 원을 넘는 대학은 16곳 가운데 10곳이나 된다.

〈표 22〉 최근 6년간 부울경 사립일반대학의 교비회계 적립금 추이

(단위 : 백만 원)

지역	학교명	기준연도 2021년	기준연도 2020년	기준연도 2019년	기준연도 2018년	기준연도 2017년	기준연도 2016년
부산	경성대	6,559	25,674	32,920	45,211	47,795	49,226
	고신대	3,827	3,645	3,367	3,372	3,006	3,320
	동명대	26,754	27,143	29,315	32,773	35,928	36,392
	동서대	32,948	32,855	33,056	32,682	32,307	35,709
	동아대	44,476	53,902	53,963	29,652	36,870	51,691
	동의대	7,687	10,504	11,220	10,817	10,157	6,812
	부산가톨릭대	26,165	25,588	25,880	26,847	27,095	27,836
	부산외대	32,151	5,530	6,670	6,320	5,846	3,258
	신라대	8,811	12,221	12,037	12,265	12,464	14,325
울산	울산대	56,501	51,006	44,120	49,550	40,957	32,749
경남	가야대	23,954	27,075	28,019	4,583	7,419	13,344
	경남대	96,659	101,003	108,029	107,341	107,514	107,370
	부산장신대	644	718	705	1,372	1,569	1,577
	영산대	3,290	3,265	4,042	3,792	2,942	6,993
	인제대	22,774	25,732	29,119	32,936	33,026	34,934
	창신대	13,189	15,751	19,407	20,775	20,463	20,216

* 자료출처 : 대학재정알리미

　<표 23>에서 보듯, 부울경 사립전문대학들 가운데 적립금이 100억 원을 넘는 대학이 18곳 중에서 절반인 9곳에 이르며, 특히 법인의 대학운영 기여도가 열악한 진주보건대는 최근 6년 동안 적립금이 계속 늘어나 2021년부터는 1,000억 원대에 진입하였고 마산대는 1,100억 원대에서 최근에 910억 원대로 줄어들었으며 부산여대는 점차 늘어나 350억 원대를 유지하였다. 나머지 전문대학들 가운데 상당수는 최근에 적립금이 조금씩 늘어나는 경향을 보였다.

〈표 23〉 최근 6년간 부울경 사립전문대학의 교비회계 적립금 추이

(단위 : 백만 원)

지역	학교명	기준연도 2021년	기준연도 2020년	기준연도 2019년	기준연도 2018년	기준연도 2017년	기준연도 2016년
부산	경남정보대	18,554	18,620	17,865	16,539	14,431	9,998
	대동대	5,405	5,577	5,487	5,316	8,195	19,422
	동의과학대	5,320	4,941	3,658	1,458	6,178	5,809
	동주대	2,915	2,887	2,842	2,797	2,760	2,730
	부산경상대	11,740	11,612	15,425	18,615	17,567	16,553
	부산과학기술대	2,367	2,528	1,881	1,292	943	6,679
	부산여대	35,495	35,348	34,824	34,232	32,480	30,778
	부산예술대	0	203	201	201	200	0
울산	울산과학대	17,193	16,942	17,961	14,531	11,736	14,905
	춘해보건대	13,710	12,821	17,575	17,800	16,356	20,970
경남	거제대	1,839	1,821	1,797	1,869	1,002	990
	김해대	570	0	0	0	0	0
	동원과학기술대	35,100	32,600	30,000	26,900	24,370	22,575
	마산대	91,649	113,424	120,917	118,387	114,231	109,849
	연암공대	1,828	1,802	1,743	1,571	658	629
	진주보건대	103,140	100,525	97,772	94,165	91,435	88,087
	창원문성대	45,633	52,887	57,662	58,662	57,637	55,266
	한국승강기대	1,546	3,077	2,451	1,909	1,339	735

* 자료출처 : 대학알리미

　두 번째 규제 완화는 대통령령인 「대학설립·운영 규정」의 개정 시도이다. 2022년 8월 18일에 소리 소문 없이 진행된 <「대학설립·운영 규정」 개정방향 정책토론회>에 참석했던 교육부 관계자는 "연말까지는 개정 시안을 마련할 예정"이라며 "별다른 문제점이 없다면 연구진의 제안사항을 거의 다 수용할 계획"이라고 밝힌 것으로 알려져 있다.[50] 연구진이 실증적 검토도 제대로 거치지 않고, 왜곡되거나 불충분한 자료에 의존하여 대학설립과 운영의 근간이 되는 기준 자체를 허물어뜨리려는 것이 아닌지 심히 의심스러울 정도였는데

50) 〈교육부 "대학설립·운영 4대 요건, 시대 맞게 전면 손질"〉 뉴시스 2022. 8. 18.

도 교육부 관계자가 '거의 다 수용할 계획'이라고 말했다면 이는 매우 심각한 문제가 아닐 수 없다.

심지어 발표에 나선 연구진조차 소제목(제5장)에도 '개정안 도출을 위한 조심스러운 검토들'이라고 달아두었음에도 불구하고[51] 그렇게 말했다면 이는 거의 '일방적'으로 특정 이해집단의 이익을 옹호한다고밖에 볼 수 없다. 이미 교육부는 「대학설립·운영 규정」 개정의 물꼬를 틀 만반의 준비를 마친 상태인 듯하다. 왜냐하면 지난 정부에서 교육부가 마련한 「대학설립·운영 규정」 일부 개정안[52]을 2022년 8월 2일 열린 윤석열 정부의 국무회의에서 통과시킴으로써, 2022년 6월 14일의 교육부령('지침') 개정에 이어 대통령령 개정으로 규제를 또다시 대폭 완화할 가능성이 확인되었기 때문이다. 나아가 교육부는 9월 28일에 대학규제개선협의회를 출범시켜, 대학설립운영 4대 요건이나 대학 통폐합 기준, 정원 규제 등 그간 대학의 자율 혁신을 저해하였던 핵심 규제와 덩어리 규제의 개선방안을 논의할 계획이라고 한다.[53]

현재 진행 중인 3종 세트의 마지막 사안도 해당 법률들의 제·개정과 직결된다. 우선, 대학규제개선협의회의 법률적 기반을 마련하기 위해 「고등교육법」 일부개정안을 2022년 연내에 발의하겠다고 한다.[54] 또 하나는 2022년 9월 30일에 국민의힘 이태규 의원이 대표 발의한 <사립대학의 구조개선 지원에 관한 법률안>이다.[55] 사립대학들에 대한 재정진단부터 구조개선, 해산·청산까지를 지원하는 종합적인 관리체계를 구축하기 위해 심의기구인 '사립대학구조개선심의위원회'와 지원·관리를 위한 '전담기관'을 지정하도록 해 주목되고 있다. 법안에 따르면, 교육부는 대학들의 재무상태를 파악하기 위해 매년 재정진단을 실시하고, 그 결과 구조개선이 필요하다고 보이는 대학을 경영위기대학으로 지정한다. 경영위기대학은 보유 자산의 활용·처분, 재정기여자 유치, 학과 또는 대학 간 통·폐합 등을 포함한 구조개선 이행 계획을 수립·추진한다. 추진 과정에서 적립금 사용, 재산 처분, 통·폐합 시 설립 기

---

51) 교육부 2022.08.18, 『제185차 KEDI 교육정책포럼 및 2022년도 제2차 KASFO 사학진흥포럼 「대학설립·운영 규정」 개정방향 정책토론회』 자료집, 36쪽 이하

52) 단일교지의 인정범위를 종전 2km 이내에서 20km 이내로 확대 인정하는 개정안이 2020년 12월 24일 입법예고되었으나 무슨 연유에서인지 1년 반 이상이나 법제처 심사에 가로막혀 있다가 정권이 바뀌고 난 뒤 2022년 8월 2일에서야 비로소 국무회의에서 통과되었다.

53) 교육부 보도자료 2022.09.28, 「대학의 혁신을 저해하는 규제, 원점에서 재검토」

54) 〈'국정과제' 대학규제개선협의회 출범.... "통-폐합 등 논의"〉 뉴시스 2022.09.28

55) https://watch.peoplepower21.org/?mid=LawInfo&bill_no=2117653 참여연대, '열려라 국회'

준·정원 등에 대한 규제 특례를 인정하도록 했다. 대학의 자체적인 혁신 노력에도 불구하고 폐교 및 해산이 불가피할 경우 잔여재산을 공익법인이나 사회복지법인에 출연할 수 있도록 하여 지역 내 새로운 공공기관으로의 기능 전환을 허용한 점도 주목된다.[56) 이는 교육부가 의원입법 형태로 발의한 것이라고 볼 수 있는데 입법 환경이 불리한 상황에서는 법률 개정보다 대통령령의 개정에 주력하였다가 입법 환경이 유리해지면 법률을 개정하겠다는 전략이라 판단된다. 현재 정치적으로는 여야가 강대강으로 치닫고, 사회적으로는 이태원 참사로 인하여 분위기가 시끄러운 상황 속에서 국민의 관심과 시선이 다른 곳으로 쏠려 있는 틈을 활용하려는 것이 아닌가 하는 의심마저 든다. 왜냐하면 2014년 세월호 참사로 국민 모두가 슬픔에 잠겨 있던 시기에 김희정 의원이 <대학평가 및 구조개혁에 관한 법률안>을 의원입법 형태로 기습 발의한 전례가 있어 데자뷔를 보는 듯하기 때문이다.

필자는 윤석열 정부가 지역대학에 대한 행·재정권을 지자체에 위임 또는 이양하겠다면 국회와 정부 그리고 교육부가 다음과 같은 3가지 사안을 적극 고려하여 반영할 것을 제안하는 바이다.

첫 번째로, 사립대학 법인의 이해관계를 대변하는 조치만을 취할 것이 아니라 규제가 왜 필요했는지부터 다시 검토해야 한다. 그리하여 정작 그것이 공익을 저해하는 경우에 규제를 완화할 것이며 설령 그러한다 하더라도 교육부 관료들의 자의적 판단에 내맡겨서는 아니 된다. 국회와 교육부는 지침상의 단서조항들을 상위 법령에 반영하도록 세밀히 살펴봐야 한다. 특히 「사립대학(법인) 기본재산 관리(지침)」을 대폭 완화한 조치 중에는 「사립학교법」에 저촉되거나 해당조항이 없는 사항들이 있으므로 경중을 판단하여 조속한 시일 내에 적절한 조치를 취해야 한다.

두 번째로, 「대학설립·운영 규정」은 대학의 설립과 운영에 근간이 되는 조항들이므로 국회는 이번 기회에 대학설립운영의 필수 요소들을 상위법에 삽입시켜야 한다. 그동안 대통령령으로 방치해 두었기 때문에 교육부가 대학의 편의에 따라 대학평가 지표에서 법정기준을 무시하는 처사를 저질러 왔으므로[57) 국회는 대학설립과 운영에 필요한 4대 요건의 핵심적인 기준들을 상위

---

56) 〈경영 위기 사립대, 국가가 챙긴다〉 한국대학신문 2022.09.30
57) 〈법정기준조차 무시…교육부, 대학 정원감축 올인〉 한겨레 2014.11.11

법에 명시하는 조치를 취해야 한다. 대통령령으로 법률을 무력화하는 '시행령 정치'를 더 이상 용납할 수 없기 때문이다.[58] 이태규 의원이 대표 발의한 <사립대학의 구조개선 지원에 관한 법률안> 역시 국회에서 충분한 논의를 거쳐, 공적 재산이 사적 재산으로 둔갑되는 '퇴출경로' 열어주는 법률이 되지 않도록 보완해야 한다.

마지막으로, 지역대학에 대한 관리를 이원화할 필요가 있다. 즉, 국립대학과 사립(전문)대학을 지금처럼 동일 지역 내에 묶어두는 관행을 바꾸자는 것이다. 설립 취지가 다르고 설립 주체도 다르며 이해관계와 추구하는 목표도 상이할 수밖에 없는 두 부류를 지역 내에서 하나의 단위로 묶는 지금의 지역혁신사업(RIS) 포맷으로는 지역대학들의 개성적인 독자적 발전을 촉진할 수 없다고 판단하기 때문이다. 특히 국가가 설립한 국립대학들은 전국의 여러 지역에 고루 편재되어 있으므로 이들에 대한 관리와 재정지원은 중앙정부가 전적으로 맡아야 한다. 국립대학 운영책임자들이 공통적으로 제기하는 문제는 현재 국립대학에 각종 사업비로 주어지는 재정지원들이 통합 조정기능 없이 분절적으로 추진되고 있어서 지역균형발전의 효과가 미미하다는 점이다. 그러므로 평가에 의한 사업비 지원이 아니라 국가의 고등교육발전전략과 개별 국립대학들의 발전계획에 의거하여 경상비 형태로 지원함으로써 국립대학들이 국가발전전략을 수행할 수 있도록 유도할 필요가 있다. 재정 집행에 대한 감독은 3년마다 시행하는 국립대학에 대한 철저한 감사로 충분히 수행되리라 본다. 문제는 국가가 국립대학을 어떤 방향으로 발전시킬 것인가 하는 큰 전략이 요구된다는 것이다. 또한 개별 국립대학들도 살림살이를 푼돈 받아 근근이 연명해 나가는 지금의 방식을 과감히 벗어던지고 총장과 구성원의 책임 아래 구체적인 발전계획을 수립하여 국가와 협의하며 실천하는 모습을 보여야 한다.

이제 지역의 사립(전문)대학들에 대한 지원과 관리 문제가 남아 있다. 사실 이 문제는 또 한편의 다른 글로 다루어야 할 만큼 복잡한 사안이어서, 여기서는 앞서 논의한 바를 고려하여 일부분만 제안하겠다. 특수목적사업비로

---

58) 2016년에 사학의 법인관련 소송비용을 학생이 낸 등록금(교비회계)에서 쓸 수 있도록 '사학법시행령개정안'을 입법화하려고 시도한 기억을 새삼 거론할 필요가 있겠는가. 〈[이슈]소송비용 교비회계로 지출 허용에 대학가 반발 확산〉 한국대학신문 2016.03.13

제공되는 부분이 여전히 필요한 분야도 있겠지만 대학의 발전계획에 따라 대학운영경비를 대학이 자체적으로 계획 집행할 수 있도록 사립대학에 대한 일반재정지원의 폭을 과감히 확대하는 조치가 선행되어야 한다. 이 조치의 전제조건은 사립대학에 공공재정을 투입해야 하는 타당성을 확보하고, 투명하게 집행하고 감시하는 방안의 제시다. 무엇보다도 사립대학을 법인의 사적 재산으로 인식하여 적대적 시선으로 바라보는 국민 여론을 누그러뜨리고 동일한 공교육을 담당한다는 기능적 측면을 부각시키기 위해서 대학의 운영과 소유의 주체를 분리해야 한다. 이를 실천에 옮기기 위해 대학구성원의 의견이 반영되는 학교의 총장 선출제도를 도입하는 최소한의 조치부터 법률로 규정할 필요가 있다. 왜냐하면 사립대학 법인의 재산관리에 관한 규제를 대폭 완화해주는 마당에 대학 총장후보 선출권조차 법인이 전횡하도록 내버려 둘 수는 없기 때문이다.

또한, 사립(전문)대학에 대한 국가의 재정지원 기준도 마련해야 한다. 이런 경우에는 학교법인의 책무성을 중심으로 평가기준을 마련할 필요가 있다. 이태규 의원 법안에는 대학의 재무상태를 파악하기 위해 매년 재정진단을 실시한다고 되어 있지만 재정진단이 단순히 재무상태만을 진단하는 것에 머물러서는 아니 된다. 법인이 대학운영에 대한 법적 의무를 다할 수 있도록 유도해야 하며 그것을 위해서 법인의 재산에 관한 규제를 완화하는 단서조항들을 법률과 규정에 명시해야 한다. 만약 이런 단서조항의 법령 규정화 조치 없이 교육부 관료의 자의적 판단에 내맡겨 둔다면 사립대학에 대한 규제완화는 결국 사립대학 경영진의 도덕적 해이를 초래하고 대학교육을 황폐화시킬 위험을 방치하는 우를 범하게 될 것이다.

〈참고문헌〉

교육부 보도자료 2021.05.20, 「학령인구 감소 및 미래사회 변화에 대응한 대학의 체계적 관리 및 혁신 지원 전략」
교육부 보도자료 2022.06.14, 「사립대학(법인) 기본재산 관리(지침) 개정」
교육부 2022.08.18, 『제185차 KEDI 교육정책포럼 및 2022년도 제2차 KASFO 사학진흥포럼 「대학설립·운영 규정」 개정방향 정책토론회』
교육부 보도자료 2022.09.15, 「대학의 자율혁신과 자발적 적정규모화 추진을 적극 지원」
교육부 보도자료 2022.09.28, 「대학의 혁신을 저해하는 규제, 원점에서 재검토」

교육부 보도자료 2022.11.15, 「정부, 총 11.2조원 규모의 고등-평생교육지원 특별회계 편성」

국회입법조사처 2021.06.29, 「지방대학 신입생 충원 현황과 정책 및 입법과제」, 『NARS 현안분석』;

권인숙 2021년 10월, 「사립(전문)대학법인 재정운영 실태 진단」, 『2021년 국정감사 정책자료
집』

김학수 2021.12.29, 「지방교육재정교부금, 왜 그리고 어떻게 고쳐야 하나?」, 『KDI 포커스』(통
권 제110호)

대학교육연구소 2022, 「학령인구 감소에 따른 고등교육 재정지원 개편 방안」

대한민국 정책브리핑 2022.07.27, 「윤석열 정부 120대 국정과제」

산업경제연구원 2022년 10월, 「K-지방소멸지수 개발과 정책 과제- 지역경제 선순환 메커니즘
을 중심으로」, 『KIET 산업경제』

송기창 2021.06.03, 「고등교육재정 지원 확대 방안」, 『제8회 대학혁신지원사업 웨비나 콘퍼런
스』

송기창 2021.07.01, 「사립대학재정의 현주소와 과제」, 『한국사립대학총장협의회 하계워크숍』

유기홍의원실 보도자료 2021년 5월 6일, 「국회 교육위원회(유기홍 교육위원장) 고등교육 위기
극복과 재정확충 방안 마련 공청회 개최해」

유기홍의원실 보도자료 2021년 5월 20일, 「유기홍 교육위원장, '한국 대학의 위기' 21년도 대학
신입생 등록률 분석 발표」

이종호, 장후은 2019, 「대학-지역 연계형 산학협력 사업의 발전단계와 특성: LINC+사업 참여
대학을 중심으로」, 『한국경제지리학회지』 22(1)

이희숙 2022.10.28, 「고등교육재정 현황과 소요 재원의 안정적 확보」, 『2022 고등교육재정 정책포럼』

통계청 보도자료 2021.07.29, 「2020년 인구주택총조사 등록센서스 방식 집계결과」

한국고용정보원 2022.04.29, 「'22년 3월, 전국 시군구 2곳 중 1곳은 소멸위험지역」

4부

지역 균형 발전을 위한 지역 의료의 정책 제안

김형회 부산대학교 교수

1장

서론

지역주민의 삶의 질을 개선하기 위해서는 예산과 정책적 노력이 필요하다. 그러나 이러한 자원에는 한계가 있기 때문에 일반적으로 지역주민 분포에 따라 지역주민이 많이 살고 있는 지역을 중심으로 정책이 시행되게 된다. 이에 따라 동일한 행정구역에 속함에도 불구하고, 정책의 혜택을 받지 못해 불편함이 발생하는 경우가 발생할 수 있는데 이때 이러한 정책의 빈틈은 어떻게 채울 수 있을까? 라는 질문에서 지역 균형 발전은 시작된다. 일반적으로 정책은 효율성과 형평성의 차원에서 평가될 수 있으므로 투자 대비 성과의 크기를 고려하는 효율성 측면에서는 지역주민이 많이 살고 있는 곳에 정책을 시행함으로써 최대한 많은 주민들의 삶의 질을 개선하는 것이 좋은 선택이 된다. 그렇지만 정책에서 소외되는 지역이 필연적으로 생길 수밖에 없기 때문에 형평성이라는 원칙의 중요성 또한 강조되고 있다.

지역주민이 삶을 영위하는 데 있어 가장 중요한 부분과 관련해서 소득수준과 삶의 질의 상관성이 강조되고 있다. 이에 따라 대부분의 지역발전 사업에서는 소득수준을 개선하기 위한 사업들이 추진되지만, 이를 통해 발생한 수익이 지역에 재분배되어 전반적인 삶의 질이 높아지는 선순환 구조를 구축하는 데는 매우 많은 시간이 소요된다. 이러한 관점에서 지역주민의 삶의 질에 직접적으로 영향을 미치는 교육, 복지, 의료, 문화 등과 관련된 지원 사업은 지속적인 추진이 필요하지만 다양한 분야에서 발생하는 지역주민의 수요를 공적인 영역에서 효과적으로 충족시키는 데는 매우 큰 어려움이 따른다.

의료서비스와 관련한 사업이 그런 예가 될 수 있는데 대부분 지역주민의 수요가 충분히 생길 수 있는 지역에는 시장성 확보가 가능하므로 민간 영역에서 충분한 의료서비스가 제공될 수 있지만, 반대로 그렇지 않은 지역에 거주하는 지역주민이 원활하게 의료서비스를 제공받을 수 있는 여건은 쉽게 확보되기 어렵다. 그런데 실제 해당 지역에 거주하고 있는 지역주민의 입장에서 의료서비스에 대한 접근성의 제한은 삶의 질에 부정적인 영향을 미치게 되며, 특히 이러한 경향은 이동 수단이 상대적으로 한정되어 있는 노년 인구의 경우에 더 크게 나타날 가능성이 있다.

코로나바이러스감염증-19(코로나19)의 범유행(pandemic)은 포괄적 의료서비스에 대한 접근이 우리의 삶에 얼마나 중요한 영향을 미치는지 확인시켜 주었다. 수요를 기반으로 보편적 접근을 보장하는 보건의료시스템의 존재는 감염병 위기 상황에서도 국민을 덜 불안하게 했고, 이는 정부의 효과적 초기 대응을 가능하게 했다. 그러나 유행의 장기화는 보건의료인력과 공공병상의 부족 등 국내 보건의료시스템의 한계를 드러내었는데, 코로나19 범유행 기간 반복된 '위·중증 환자 입원 병상' 부족은 경제협력개발기구(OECD) 국가 중 일본 다음으로 가장 많은 급성기 병상을 보유한 국내 보건의료시스템의 모순이 아닐 수 없다(윤강재, 2020).

또한 지역 보건의료와 관련한 대내·외적 환경이 급변하고 있는데 인구 고령화와 노인인구 증가, 만성질환 중심으로의 질병 구조 변화 및 생활환경의 악화 등과 함께 양질의 지역 보건의료서비스에 대한 지역주민의 요구도 증대되고 있다. 만성질환 등으로 인한 국민 의료비도 급속히 증가하고 있어 이미 부산 등 몇몇 지방 도시가 진입한 (초)고령사회에 대비하는 사전 예방적 건강관리체계의 강화를 포함하여 현재 시점에서 지역주민의 요구에 부응하는 서비스를 효과적으로 제공하기 위한 지역 보건의료 체계의 개선방안을 적극 모색할 필요가 있다. 특히 공공보건의료와 연계하여 지역 보건의료서비스의 확충이 요구되고 있으나 현행 체계하에서의 외형 확대에는 많은 문제점을 내포하고 있다.

자치와 분권의 필요성과 중요성은 몇 번을 강조해도 부족하지 않으며, 지역의 발전이 곧 국가의 발전과 연결되므로 중앙과 지방은 공동 운명체라고 볼 수 있다. 공공보건의료는 지역, 계층, 분야 등과 무관하게 차별 없이 보편적으로 지원되어야 하는 필수 의료서비스를 제공하는 역할을 한다. 따라서 공공의료 강화는 지방자치의 강화와 동일한 것으로 볼 수 있다. 특히, 현 시기는 코로나19 범유행을 겪으며 공공의료의 중요성이 부각되고 있으므로 국내 공공보건의료의 현실을 냉정하게 되짚어보고 바람직한 방향으로 개선하는 것이 무엇보다 중요한 시점이라 공공의료 인프라 부족 문제를 해결하는 것은 물론 지역주민들이 불편 없이 필수 의료서비스를 제공받을 수 있는 체계를 구축하는 것이 무엇보다 중요하다.

이에 본 고에서는 지역사회의 균형적인 발전을 위한 지역 보건의료의 정책 방안에 대한 의견을 제시하고자 한다.

본론

1. 국내 공공보건의료의 현황

우리나라는 세계 10위의 경제 대국으로 진입하는 눈부신 발전을 이루었고, 전쟁의 참화를 딛고 이뤄낸 경제 기적처럼 코로나19 범유행 재난을 맞아서도 K-방역의 기적을 세계에 선보였다. 하지만 이러한 고도성장의 화려한 이면에 악화된 양극화는 청년의 희망을 빼앗고 치솟은 집값과 생활비, 교육비에 있어 그 미래가 사라졌는데, 무너진 기회의 사다리가 다시 설 수 있을지 의문이며, 계속되는 자살, 산재 사망과 노인 빈곤율 세계 1위 등의 기록은 '헬조선'이라는 자조적 수식어가 거짓이 아님을 보여주고 있다.

이는 보건의료 분야에서도 마찬가지로 전 국민 건강보험을 가장 신속하고 효과적으로 정착시킨 우리나라는 사실상 누구나 저렴하고 손쉽게 병·의원을 이용할 수 있는 혜택을 누리고 있다. 실제 세계에서 가장 많은 병상수와 높은 의료 이용률, 가장 긴 입원 일수와 최다의 고가 의료 장비 보유를 자랑하고 있지만, 반대로 교통사고를 당한 어린 환자가 수술할 병원을 찾지 못해 길 위에서 헤매다 사망하고, 자매를 부양하던 엄마의 손목 골절은 세 모녀를 스스로 생을 마감하도록 만들기도 했다. 지역 간 격차는 더욱 심각한데 지역별 응급·외상·심뇌혈관질환 사망률의 격차는 지방에 사는 것이 위험하다는 경고로 보일 수 있으며, 신생아 사망률 격차 또한 지역별로 극명하게 나타나고 있어 보건의료 분야의 격차 해소 없이 지역 균형 발전이 가능할지 고민해 보면 가장 큰 문제는 공공성이 부족한 보건의료에 있다고 볼 수 있다.

보건의료는 주택, 교육과 더불어 국가가 보장해 주어야 할 생존권에 속하며, 이를 통해 국가의 존립에 필수적인 국민의 건강과 생명을 지킨다. 인류사는 전쟁보다 참혹했고 문명의 대전환을 촉발한 감염병의 역사라고 볼 수 있는데, 이윤만 추구하는 보건의료의 경우, 국민의 삶을 위태롭게 하며 공동체에 대한 위험 요소로 작용할 수 있다. 따라서 필수 보건의료는 공공재로서 반드시 제공되어야 하므로 국가는 모든 국민에게 지역, 계층 등에 관계없이 필수 보건의료서비스를 형평성 있게 제공할 의무가 있다.

실제 공공성을 상실한 의료체계는 심각한 문제를 일으킬 수 있는데, 전 국민 건강보험에도 불구하고 재난적 의료비 부담률은 OECD 평균의 3배가 넘어 가계 파탄의 주범이 된 지 오래되었으며, 이는 높은 자살률의 주요 원인으로도 꼽힌다. 또한 지역 간 의료격차는 나날이 심해져 지역 균형 발전의 큰 장애가 되고 있는데, 의료 인력의 상당수가 수도권에 몰려있어 중소도시 지방병원은 필수 진료과목을 운영하기도 어렵고, 간호사 부족으로 병동을 운영하지 못하는 병원이 늘고 있다. 지방에서 치료 가능한 환자들이 수도권의 큰 병원으로 몰려들고, 대학병원조차 환자 유치와 수익 창출이 교육과 연구보다 우선되고 있으며, 최고 수준의 빠른 노령화는 의료비의 폭증을 경고하지만, 급증하는 과잉 진료와 비급여 진료는 오히려 지역 간 의료격차를 가속화하고 있다. 또한 총 경상 의료비는 OECD 평균치에 도달했지만, 증가 속도는 3배에 달해 재정위기가 목전에 있다.

한국 공공보건의료의 취약한 공공성은 일본의 강점기에 뿌리를 두고 있다. 19세기 중엽 근대국가의 기초를 닦던 일본은 공공성이 강한 독일(프로이센)의 의료제도를 도입하기로 하였지만, 왕정에 대항하는 막부와의 전쟁(세이난 전쟁)을 치르느라 국고가 고갈되어 일본 정부는 민간 자본에 의존해 근대식 병원을 설립할 수밖에 없었고 민간 중심의 국가 의료제도를 만들게 된다. 이 시기에 일본에 강점당한 한국과 대만이 편향적인 민간 의료체계에 놓인 것은 당연한 결과로서 해방 이후에도 가장 상업적인 미국 의료의 영향 아래에 놓임으로써 공공성 회복을 위한 시도조차 없다 보니 다만 외국의 원조에 의해 세워진 소수의 공공병원만으로 명맥을 유지하게 되었다.

1989년에 전 국민 건강보험이 역사적인 안착을 하였는데 사회보험으로서 건강보험은 국민들의 의료비 부담을 경감시켜 의료 접근성을 높이고 국민 건강에 크게 이바지하였지만, 제대로 준비되지 못한 부실한 일차 의료와 의료전달체계는 과도한 의료 이용과 과잉 진료 관행을 고착화시켰으며, 거대 의료자본의 생성과 재벌 병원의 탄생을 촉발하여 상업적 영리적 의료가 본격화하는 계기가 되었다. 지금까지 공공에 대한 정부의 무관심과 값싼 의료

비라는 국민의 착각 속에 우리나라의 보건의료는 '국가 주도, 민간 의료'라는 기이한 형태를 유지한 채 오늘날에 이르게 되었다.

공공병원은 중앙정부, 지방자치단체 및 기타 공공단체가 설립 운영하며, 공공보건의료 수행을 목적으로 설립된다. 대부분의 다른 나라에서는 민간병원도 공공적 의료 수행을 당연한 기능으로 여기고 있지만, 우리나라에서는 경영이윤으로 운영하는 민간병원이 수익 없는 분야에 투자하기가 불가능한 관계로 공공병원만이 주로 공공의료를 수행한다. 기본적으로 의료서비스는 가장 약자인 환자를 대상으로 하므로 자체적으로 복지의 영역이자 국가의 관리책임 분야이지만, 영리적 의료가 수익을 좇아 응급, 외상, 심뇌, 모자, 장애인 등 필수적 의료 분야보다 미용, 성형 등 비필수 분야에 집중한 탓에 인구가 적은 지방의 의료 공백은 당연한 결과로 볼 수 있다. 따라서 우리나라는 공공병원만이 ①취약계층과 지역의 안전망, ②보건의료 재난에 대비, ③과잉·과소 진료를 지양한 적정진료 수행, ④정부 정책 수행기관 등의 역할을 맡는 제한된 기관이 될 수밖에 없다.

그러나 실제 국내 공공병원의 현실은 더욱 열악한데 총 221개의 공공의료기관은 전체의 5.7%에 불과하며 병상수는 10%로, OECD 국가의 평균인 52.4%와 71.4%에 비해 매우 낮은 수준이다. 일반종합병원 기능을 가진 지역거점 공공병원은 일제가 강점기에 설립한 자애의원의 수와 같은 40개에 불과하며, 2013년에는 만성적 적자를 이유로 103년 역사를 가진 진주의료원이 강제로 폐원되어 큰 사회적 이슈가 된 바 있다. 취약한 공공의료가 공론화되고 마침내 '공공의료 정상화를 위한 국정조사 결과 보고서'를 역대 최초로 국회의원 여야가 만장일치로 채택함으로써 공공보건의료의 강화가 시대적 과제임을 천명한 바 있지만 그 이후에도 별다른 성과 없이 2020년 코로나19 범유행을 맞이하게 되었다.

2. 공공보건의료 체계 개선을 위한 정부의 노력

2000년 공공보건의료에 관한 법률 제정 이후 역대 정권은 수많은 보건의료 개혁 정책을 선보였다. 참여 정부의 '공공보건의료 확충 종합대책'부터 박근혜 정부의 '4대 중증질환 국가보장정책'까지 나름대로 의료 보장성 강화

와 취약계층 지원 예산을 지속적으로 늘려왔다. 또한 정부가 사회적 병원 인
프라를 이용하여 필요한 공공의료 사업을 확대하고자 감염병 전문병원, 권역
응급의료센터, 권역외상센터, 심뇌혈관질환센터, 소아응급실, 분만시설 등을
지원하였다(박윤형, 2020).

2019년 정부는 의료전달체계 개선 단기 대책 시행을 통해 상급종합병원이
중증 환자 위주로 진료하고 경증 환자 진료는 줄이도록 유도하는 평가 및 수
가 보상 체계를 개선하였다(보건복지부, 2019.09.04.). 의료전달체계 개편은
의료기관 개설 및 허가제도, 의료기관 인증 및 평가제도, 지불보상제도 등
다양한 제도의 동시 변화를 통해 환자의 선택을 변화시키는 성과여야 하지
만 보건의료 인력의 적정 수급이 어려운 상황에서 환자 대비 간호인력과 의
사인력 수준 같은 구조적 질 지표를 허가, 인증, 평가 기준에 적용하여 의료
기관의 의무적 준수를 요구하기 어렵다. 특히 외래진료에서 종별 기능 분화
를 명확히 규정하기 어려운 상황에서 상급종합병원에 대한 중증환자 진료
확대를 제외하고는 기타 의료기관의 역할 변화를 규정하기가 쉽지 않다. 이
러한 이유로 지금까지 의료전달체계 개선 정책은 상급종합병원을 중심으로
중증 진료 역할을 강제하고 이에 대한 영향으로 일차의료기관의 역할이 확
대되기를 기대하는 접근이었다.

2020년 일부 변화를 반영하여 수정되었지만, 보건복지부의 성과 관리 계획
을 통해 지속 추진 과제의 방향을 확인할 수 있는데(보건복지부, 2020.01.25.),
보건의료 정책과 관련된 전략 목표 2(보건의료체계 개혁)의 하위 성과 목표
에는 ① 보건의료 정책 개선을 통한 보건의료서비스 질 향상, ② 국민의 의
료비 부담 경감 및 지속가능성 제고, ③ 질병 관리체계 강화 및 필수 의료서
비스 확충을 통한 국민 건강안전망 강화, ④ 사전 예방적 건강관리 강화, ⑤
4차 산업혁명 핵심 산업으로 보건산업을 육성하여 미래 성장동력 확충 및
국민 건강 증진, ⑥ 한의약 육성·발전을 통한 국민 건강 증진을 포함하고 있
다(보건복지부, 2020.01.25.).

2020년 7월 23일, 당시 집권 여당을 중심으로 정부는 의대 정원 확대, 지역
의사 양성 및 공공의대 신설 등을 담고 있는 공공의료 정책을 긴급입법 추진
하겠다고 발표하여 의료계의 반발을 일으켰다(보건복지부, 2020). 전공의 파
업으로 시작한 의료계 반발로 9월 4일에 의사협회, 여당과 보건복지부는 코

로나19 안정 시까지 논의를 중단하고, 이후 원점에서 재논의한다는 내용으로 합의하였고 이를 위한 의정협의체를 구성하였는데(경기메디뉴스, 2020), 결국 정부의 공공의료 확충 정책이 답보상태를 면치 못하자 또다시 코로나19 대응의 후속 조치를 이유로 '공공의료체계 강화'를 확대해 나가겠다고 발표하였다(관계부처 합동보고자료, 2020.12.13.). 이때 전국에 70개 진료권과 96개 지역 책임병원을 지정하여 지역 내 필수 의료를 제공한다는 내용과 함께 지방의료원 예비타당성 조사를 면제하는 등 지방의료원 강화 및 지역 내 진료 의뢰 시 수가 가산 등의 방안도 내놓았다. 코로나19와 의료 소외지역과의 뚜렷한 연관성이 없음에도 정부의 정책 방향은 또다시 '공공의료 확충'이란 이름으로 지역의 공공의료기관을 대폭 늘리는 계획을 추진하게 된 것이다.

건강이 더욱 중요하게 작용하는 미래 사회에서 국가의 노동생산성을 보호하고, 저출산·고령화 시대에 질적 측면의 개선을 통해 양적 투입의 한계를 극복하기 위해서는 자격 구분 없이 일하는 근로자를 모두 하나의 틀에서 보호하는 사회제도 구축이 필요하다. 이와 관련하여 2020년 7월 정부는 한국판 뉴딜 정책의 과제로 한국형 상병수당 추진을 발표했고, 보건복지부는 2022년 7월부터 시범사업을 3년간 시행하고 그 결과를 토대로 본 제도 설계를 구체화할 예정이다(보건복지부, 2020.07.20., 2021.12.30.).

보건복지부의 2021년 업무계획 캐치프레이즈는 '일상 회복과 포용복지 구현으로 선도국가 도약'이었다(보건복지부, 2021.01.25.). 2021년 소관 예산 및 기금운용계획에서 보건의료 관련 주요 재정 투자 분야는 '보건 위기 대응 역량 강화', '공공의료 확충', '미래 보건의료 대응'이었으며(보건복지부, 2021.12.), 코로나19 이전과 비교할 때 보건 위기 대응 역량 강화와 공공의료 확충이 코로나19 대응의 근본적인 대책으로 그 중요성이 급부상한 것을 제외하면 건강보험 보장성 강화 계획 추진을 통한 건강안전망 강화, 4차 산업혁명의 핵심 산업으로 보건산업 육성, 보건의료 지출의 지속적인 증가에 대비한 보건의료체계의 구조 개선은 계속 추진되어 온 정책으로 볼 수 있다(보건복지부, 2019.12.03.).

질병으로 인한 경제적 충격은 반드시 저소득층에만 국한된 위험이 아니므로 건강보험의 의료비 지원 사업들도 전체 의료비, 전체 국민으로 보장의 범위와 대상을 확대하는 개선방안이 검토될 필요가 있다. 물론 도덕적 해이와 재정 부담을 고려하여 세부 기준을 통해 일부 제한을 둘 수 있다. 총 의료비에 대한 환자 부담을 완화하기 위해 비급여를 포함하여 본인부담상한제를 적용하되 요양병원 및 비급여 금액에 대해서는 상한을 설정하거나 비급여 유형별 반영률을 차등화할 수 있다. 이와 관련하여 2021년 11월 1일부터 재난적 의료비 지원 방식이 본인 부담 의료비의 50% 일괄 적용에서 소득수준별 80~50% 차등 지원으로 일부 개선된 바 있다(보건복지부, 2021.10.27.).

2022년 보건복지부 예산 및 기금운용계획의 총지출 규모는 97조 4,767억 원으로 2021년 본예산(89조 5,766억 원)보다 7조 9,001억 원(8.8%) 증가했다. 특히 보건의료 예산 4조 9,041억 원은 2021년 3조 300억 원 대비 1조 8,741억 원이 증액된 것으로, 최근 5년간 변화 및 다른 분야와 비교해서도 가장 높은 증가율(61.9%)을 기록했다. 이는 공공의료 관련 예산이 증액된 결과로 ① 국립중앙의료원 현대화 지원 등(중앙감염병 병원 및 본원, 중앙외상센터 설계를 위한 착수금 2,858억 원), ② 지역거점병원 공공성 강화[신규 설치 지방의료원(광주, 울산) 설계비 지원 및 신축·이전 신축 지방의료원 의료 운영 체계 연구용역비 지원 등 1,703억 원, ③ 의료 인력양성 및 적정 수급 관리(보건의료인 적정 수급 관리 연구 및 통합 통계 시스템, 국공립 급성기 의료기관 교육 전담간호사 지원 337억 원) 예산을 포함하고 있다(보건복지부, 2021.12.03.).

보건복지부의 2022년 업무보고 자료에서 확인된 핵심 추진 과제는 '일상 회복을 위한 코로나19 위기 극복 및 안전한 건강 의료체계 구축', '포용적 복지국가 안착을 위한 소득 지원, 돌봄 보장 강화', '미래 선도국가 도약을 위한 바이오헬스산업 혁신 및 인구 구조 변화 대응'이었다(보건복지부 2021.12.30.). 코로나19 피해 대응뿐 아니라 미래 위기에 대비한 회복탄력성을 높이는 건강보장 체계 강화와 그간의 건강보험 보장성 강화에서 추진이 미흡했던 돌봄 보장 강화를 추가한 것은 의미 있는 변화라고 볼 수 있다.

3. 지역 공공의료 확충과 관련된 다양한 시각

현재까지 공공보건의료체계 강화를 위한 접근 방식은 두 개의 관점으로 구분해 볼 수 있는데 첫째는 현행 공공보건의료에 관한 법률에 근거하여 이미 과잉 공급되고 있는 민간 병상 자원을 비상시에 활용할 수 있도록 공익적 거버넌스를 구축하는 접근이고, 둘째는 공공의료기관과 인력을 확충하여 민간 자본 중심에서 공공 자본 중심으로 보건의료시스템을 재편하는 것이다. 한편, 두 개의 관점의 조화를 위해 최소한의 수준으로 공공 소유의 의료시설 및 인력을 충원하고 부족한 부분은 공익적 거버넌스를 활용하는 중립적 입장도 있을 수 있다.

공공병원이 부족한 현재 상황에서 민간병원의 자발적 참여와 행정명령을 통한 상급종합병원의 중환자 병상 활용 경험은 공익적 거버넌스 활용의 가능성을 보여주었지만 민간 자본을 활용하는 것이 그에 상응하는 보상비용을 감당해야 하며, 재난 상황 장기화는 민간병원의 지속적인 참여를 강제하기 어렵게 만든다는 점을 인식할 필요가 있다. 대표적인 자유주의 의료시스템인 미국도 공공 소유 병상 비율이 약 21%이므로(OECD, 2021), 일정 수준까지 공공기관의 시설, 장비, 인력을 확충하고 현대화하는 조치는 필요할 것으로 보인다. 이와 관련해서 정부는 2021년 4월에 제2차 공공보건의료 기본계획을 발표해 지역 공공병원 20개소 이상 확충, 중앙 및 시·도에 공공보건의료 협력 거버넌스 운영 계획을 밝힌 바 있다(보건복지부, 2021.04.26.).

그러나 공공병원 확충과 관련해서 우리나라는 병상이 매우 많은 편으로 2018년 기준 인구 1,000명당 12.4로 OECD 국가 중 일본(13.0) 다음으로 월등히 높고(OECD, 2018), 지방의료원을 비롯한 비영리법인 의료기관도 일부 공공의료 사업에 참여하고 있어 대부분의 병원이 공공병원의 역할을 충분히 하고 있다고도 볼 수 있으므로 국가가 예산을 들여 공공병원을 신축하거나 병원을 증설할 필요는 없을 것으로 판단된다는 의견(박윤형, 2020)과 함께 우리나라의 급성기 병상수는 많지만, 공공이 소유한 병상 비율이 9.7%로 공공 병상 수를 보고하는 OECD 국가 중 가장 낮은 수준(OECD, 2021)으로 재난적 상황에서 안정적 병상 자원 동원을 보장하기 어려운 구조라는 대립된 의견도 공존하고 있다.

지역 의료 정책을 추진하고자 할 때는 의료인, 환자, 국가의 개별 관점에서 이상적인 지역 의료체계의 대안이 모색되어야 한다. 즉, 지역 내 환자 수가 적거나 환자의 구매력이 상대적으로 낮아 의료기관의 적절한 수익성이 보장되기 어려운 현실과 해당 지역의 주거·교육·교통·문화 등 생활환경 상의 불편으로 인한 지역 의료 인력의 유입이 어려운 비경제적 요인들도 모두 고려해야 한다. 이러한 경제적·비경제적 제약요인을 보완하기 위해서는 비수도권 지역 내 의료기관에 대한 의료수가도 일부 보상되어야 하고, 지역주민의 건강을 체계적으로 관리하여 지역 간 건강형평성 문제를 해결해 나갈 수 있는 현실적인 방안을 면밀하게 마련해 나가야 할 것으로 보인다. 따라서 지역별 의료격차 해소는 수가 외에도 인력 수급 방안 등 다양한 측면이 고려되어야 하며, 합리적인 의료전달체계 개선방안 등도 종합적으로 논의되어야 한다.

따라서 지역단위의 다양한 의료문제를 관리·조정하기 위해서는 우선 지역의 필수 의료와 관련한 지역 의료기관간 조직화를 할 수 있도록 정부의 충분한 예산지원이나 조세 등의 작동 기전을 마련하는 방안이 가장 현실적이고 효과적인 대안이 될 수 있을 것으로 생각되는데, 이는 독일, 캐나다 등과 같이 의료 부족 지역에 의료기관 인프라를 구축하고 경영 유지에 필요한 지원금을 제공하거나 지역에서 보조인력(간호사 등)을 구하기 어려운 현실을 반영하여 보조인력 고용을 위한 보조금을 지원하거나 휴진일에 대진의사에 대한 고용비용을 지원할 수 있는 방안 등을 검토해 볼 수 있으며(임선미, 2020), 현실적으로 지역의료기관이 우수한 의사를 유치하기 어려운 여건은 더욱 악화되고 있으므로 현 시점에서 활용 가능한 공중보건의사와 은퇴 의사를 활용하는 방안을 모색할 필요에 따라 공중보건의사 제도를 역학조사관 및 필수 의료 담당의사로 활용하거나, 공공의료 분야 진출이 가능하도록 관련 조직 및 관리체계를 개선해야 할 것으로 판단된다(의협신문, 2020).

이와 관련해서 2015년부터 대부분의 의과대학이 다시 6년제로 전환하여 2026년부터는 공중보건의사, 특히 전문의사가 2010년 수준으로 회복될 것이라는 예상(박윤형, 2020)과 함께 농촌지역의 고령 환자와의 소통과 진료에 유능한 은퇴 의사 등이 공공의료기관과 지역의료기관에서 활동할 수 있도록 지원하는 계획도 필요한데 대부분의 은퇴 의사들이 실제 급여 여부와 관계없이 자원봉사 및 재취업을 희망하고 있으므로(이신호 외, 2008), 실제 일본의 '의사은행'과 같은 제도(의약뉴스, 2018) 등을 참고해서 적극적으로 고려해 볼 필요가 있다.

지역간 의료 수준 편차를 줄이기 위한 또다른 방안으로 기존의 규제 형식의 정책이 아닌 지원 위주의 정책 변화가 필요하다. 수도권 대형병원으로 환자가 쏠리면서 여러 규제가 생겨났지만, 이는 단기적으로 효과는 있어도 궁극적인 해결은 어렵다. 따라서 현재 가장 큰 문제는 지방과 소규모 의료기관에 대한 불신이며 이들에 대한 신뢰를 끌어올릴 수 있도록 대형병원 규제보다는 지방과 소규모 의료기관에 대한 적극적인 지원이 필요한 시기이다. 일례로 심혈관 인증기관, 뇌졸중 시술 인증기관 등은 전국에 80개소가 있다. 이 중 지방에 30개소가 있는데 이들 기관에 대해 5% 규모의 수가 가산을 해주는 것은 재정적으로 큰 문제가 되지 않을 것이다. 또한 지방 의료가 활성화되기 위해서는 중앙부처에서만 움직여서는 안 되며, 반드시 광역지방자치단체와의 협의가 필요하다.

지역 상급종합병원이 중심이 되어 공공병원과 연계하는 방안도 있는데 전국에 공공병원이 230개소가 있으며, 이 중 70개소 정도가 평균 7% 적자를 보고 있다. 이에 비해 300병상 규모 기준으로 민간 병상은 공공에 비해 2배의 수입을 올리고 있는데, 대형병원과 위탁관계를 맺고 있는 보라매병원의 사례를 활용한다면 지방 공공병원도 비슷한 위탁 연계 방안이 가능할 것으로 예상된다.

지역 의료의 중심으로서 가장 중요한 지방의료원의 중요성은 아무리 강조해도 지나치지 않다. 잘못 지어진 공공병원이 지방정부와 시민에게 계륵과 같이 지속적인 부담을 안기는 사례는 여러 곳에서 발견된다. 그러나 나름의 성공사례도 확인할 수 있는데 그 대표적인 예가 성남시의료원으로, 고도성장 시기에 도시 빈민 강제 이주라는 불행한 역사를 갖고 만들어진 성남시는 2003년 지역 종합병원 두 곳이 동시에 문을 닫으며 심각한 의료 공백에 처했었지만, 시민들의 적극적인 노력으로 성남시 중심에 500병상 규모의 성남시의료원이 설립되었다. 성남시의료원은 설립과정에서 중요한 의미를 갖는데 첫째, 시민의 요구에 의해 설립된 최초의 공공병원이며, 둘째, 중앙정부의 비협조에도 불구하고 지자체 자체 예산만으로 설립되었고, 셋째, 값싼 부지를 찾아 도시 외곽에 만든 여타 공공병원과 달리 인구가 밀집한 도시 중심에 자리 잡았으며, 넷째, 대학병원에 버금가는 큰 규모와 좋은 장비, 충분한 인력으로 구축되었다. 또한 가장 중요한 부분은 공공병원 설립에 반대할 수밖에 없는 지역 의사회와 지속적으로 소통한 결과, 협력적 지역 의료체계의 모델을 제시했다는 점이다. 성남시의료원은 기존 병·의원과 경쟁하는 구도를 지양하고자 외래진료를 최소화하고, 공공병원만이 가능한 장애인과 희귀질환을 가진 의료적 취약계층을 위한 미충족 의료서비스를 강화했다. 이는 당시 수행된 국민건강보험공단의 지불제도개혁에 관한 연구에서 지역의료계의 협력과 상생이 가능하면서 실행 가능성이 가장 높은 모델로 인정받기도 했다. 개원 단계에서 발생한 여러 문제와 코로나19 때문에 이후 과정이 순조롭지는 못했지만, 성남시의료원의 새로운 시도는 아직 진행형이고 향후 지역 의료체계에서 공공병원의 역할을 보여주는 모범적인 사례가 될 것으로 기대하고 있다.

2010년 미국 보험청(CMS: Centers for Medicare and Medicaid Services) 혁신센터(CMS Innovation Center, CMMI)가 새로운 서비스 전달 및 지불 모형들의 시범사업을 수행하고 평가 결과를 제공함으로써 그 결과를 기반으로 확산을 유도하는 전담기관으로 설립되었고, 2021년 11월 CMMI는 지난 10년간 혁신모형 시범사업 50개 이상을 진행한 성과를 기반으로 2030년까지 모든 메디케어 행위별 서비스 대상 가입자가 의료의 질과 비용에 대해 책무성을 갖는 의료 모형에 포함되도록 새로운 전략 틀을 발표했는데, 다음 10년의 비전으로 "높은 질, 적정 비용, 사람 중심 의료를 통해 형평성 있는 건강 결과를 달성하는 보건의료시스템"으로 설정하였고, 5개 전략 목표로는 ①책임의료(accountable care) 확대, ②형평성 개선, ③의료 혁신 지원, ④의료비용 적정화, ⑤시스템 전환의 파트너를 제시했다. 세부적으로 각 전략 목표는 책임 의료 조직의 지속적 확대, 모형 개발에서 형평성 개선 사항 반영, 환자 중심 통합 의료 제공에서 필요한 데이터 및 기술 활용 지원, 합리적 지출을 위한 약가 조정, 환자 비용 분담 등 전략 개발, 이해관계자 참여 확대 계획을 반영하고 있다.

일차의료는 전체 시스템의 효율화뿐 아니라 초고령사회에서 국민의 삶의 질 개선을 위해 반드시 혁신되어야 하는 영역이지만 기존의 법과 제도, 분산된 업무 구조에서는 혁신적 모형이 개발되어도 기존 방식에 맞추어 다시 조정되므로 본래의 취지와 효과를 달성하기 어렵다. 따라서 미국 CMMI와 같은 전담기구 설치 및 참여 기관을 확대하는 장기 전략 수립과 추진이 필요하며, 건강 증진과 보건의료의 관련성 제고 측면에서 건강보험 재정 및 건강증

진기금의 건보 지원을 활용하여 국민건강보험법에 혁신기금을 조성하고 보건복지부에 '(가칭)건강보험 일차의료 혁신 센터'를 설치하여 관련 모형의 시범사업 개발과 평가를 전담하도록 해야 할 것이다. 또한 건강보험심사평가원의 만성질환 적정성 평가, 일차의료기관 인센티브 사업, 건강보험공단의 일차의료 만성질환 관리 사업이 독립적으로 운영되지 않도록 역할 분담을 명확히 해야 하며, 건강보험심사평가원은 건강 결과와 비용의 측정 방법 개발 및 개선, 건강보험공단은 성과와 연계된 인센티브 지급 전략 개발로 역할을 분담하여 혁신 센터를 지원하도록 하고 보건복지부 혁신 센터가 전체 사업의 개발, 운영, 평가를 전담하도록 해야 한다.

한편, 온라인 플랫폼 등 정보통신기술(ICT)을 기반으로 한 '디지털 경제' 활동이 코로나19 여파로 그 범위와 속도가 빠르게 증가하고 있다(삼일회계법인, 2020). 지난 국정감사에서도 비대면 진료의 시행 편의성, 재택 치료 필요성 등을 감안한 제도화의 필요성이 제기된 바 있는데(보건복지부, 2021.10.14.), 비대면 의료는 질병 또는 장애를 예방, 관리, 치료하기 위해 환자에게 직접 적용되는 근거 기반의 소프트웨어 제품에서 의사가 ICT 기술을 활용하여 환자에게 제공하는 원격모니터링, 원격진료, 원격수술까지 광범위하게 적용될 수 있다(김지연, 2020). 특히, 일차의료 만성질환 관리에서 ICT 기술의 활용은 불가피한 선택이 될 것이므로 일차의료 혁신 서비스 모형에서 다양한 결합 형태의 보상 모형을 개발할 필요가 있다.

국민의 의료비 부담을 증가시키는 3대 비급여(상급병실료, 선택진료비, 간병비) 중 해결되지 않고 남아 있는 과제가 간병비 부담으로서 초고령사회에서 간병비는 현세대와 다음 세대 모두에게 경제적 부담을 주기 때문에 다음 정부가 반드시 해결해야 하는 과제 중 하나이다. 정부는 간병비 부담을 완화하기 위해 건강보험 급성기 병원을 대상으로 간호·간병 통합서비스를 확대해 왔지만, 요양병원, 시설, 재가 서비스 등을 이용하는 환자와 보호자의 간병 욕구는 해소되지 않고 있다. 이를 위해 건강보험 요양병원에 대해 간호·간병 통합서비스 적용을 확대하고, 장기요양보험에서 요양시설과 재택 환자에 대한 방문 간호·간병 서비스 도입을 검토할 수는 있지만, 장기요양보험에서 등급 판정을 받지 못하는 노인의 돌봄 문제, 급성기 이후 요양병원과 요양시설 간 역할 관계, 간병 서비스 제공 인력 확보 등의 문제와 재정 증가를 고려하여 신중한 검토와 접근이 필요할 것으로 판단된다.

그밖에 재난적 의료비 지원 사업의 대상을 전 국민으로 확대하고 신청주의 방식에서 의료기관 연계 방식으로 적용 기회를 확대하는 방안을 검토해 볼 수 있다. 코로나19 범유행에서 아픈 근로자의 출근이 사업장과 지역사회 감염 확산을 초래할 수 있고, 자격의 선별 없이 아프면 누구나 쉬고 의료에 접근하도록 권리를 보장하는 사회가 안전하다는 것을 체험한 바 있는데 이는 아픈 근로자의 출근이 근로자 본인뿐 아니라 동료의 안전을 포함하는 사업장 안전의 문제로 연결되기 때문이다. 상병수당은 취업자가 업무와 관련 없는 질병과 부상으로 아파서 일하기 어려운 경우, 이로 인한 소득 상실의 일부를 지원해 주는 사회보장제도이다(보건복지부, 2020.07.20). 건강 격차 해소가 코로나19의 충격을 완화하는 주요한 정책과제라는 점에서 상병수당 도입은 근로자가 아플 때 적시에 필요한 의료서비스에 접근하도록 보장할 뿐 아니라 건강을 결정하는 주요한 사회적 요인인 소득 보장을 병행하는 정책으로서 의미가 크다. 참고로 상병수당은 1883년 독일 사회보험에서 도입된 이후 100년이 넘는 역사를 갖는 제도이다(김근주, 남궁준, 2021.).

따라서 제도 도입의 후발 국가로서 전통적 임금근로자뿐 아니라 노동시장의 변화를 반영하여 고용주를 특정하기 어려운 특수고용형태종사자(특고) 등 다양한 형태의 근로자를 모두 포괄하여 편견과 낙인 없이 모든 근로자가 아프면 쉬는 문화를 만드는 것이 중요하며, 제도 설계에 있어서도 근로자 개인의 급여 수준 결정이 기여와 비례하는 정도를 강화해 제도의 지속 가능성과 수용성을 제고할 필요가 있다. 추후 2022년 7월부터 일부 지역에서 시행되는 시범사업 결과 분석을 통해 시범사업 모형의 개선뿐 아니라 본 제도의 구체적 설계를 위한 근거를 마련해야 할 것이다.

4. 새 정부의 공공보건의료 정책 변화를 위한 고려 사항

'문재인 케어'라는 건강보험 보장성 강화 개혁 이후 남겨진 새 정부의 보건의료 정책과제로 '필수 공공의료 강화'와 '상급종합병원 과밀화 해소', '의료 취약지역 문제 해결' 등이 선정되었다. 지난 문재인 정부에서 윤석열 정부로 정권이 이동하면서 보건의료 정책 방향성에도 큰 변화가 필요하다는 점에 공감대가 형성되었는데, 구체적으로 지난 5년간 문재인 케어로 대표되는 보장성 강화 중심으로 변화된 의료체계가 추진되었다고 한다면 향후 5년은 문재인 케어가 해결하지 못한 문제를 해결하면서 혁신적인 보건의료체계 자체의 개혁이 필요하다는 것이 주된 내용으로 볼 수 있다.

문재인 정부는 세부적인 가이드를 제시하지 못한 채, 지역 책임병원을 지정하여 공공성 기능 강화를 추진하였지만, 사회경제적 비용 발생에 대한 언급과 재정 확보 방안에 대해서는 명확하게 제시하지 않았으므로 국내 의료체계 현실을 고려하고 지역단위의 필요한 자원을 활용한 다양한 시각에서의 새로운 전략이 필요할 것으로 판단된다. 국가 단위에서 지속적으로 의료격차의 확인을 위한 모니터링 등의 제도적 방안 마련과 함께, 지역 의료정책의 경우 정부의 일관되고 통합적인 목표 설정 및 정책 방향보다 지역 특성에 맞는 정책 수립이 더 요구되는데, 특히 지역병원의 어려움, 지역 의사의 요구, 지역주민의 눈높이에 맞는 지원방안을 발굴하는데 있어 각계의 의견을 충분히 수렴할 필요가 있다.

2016년 문재인 케어 시작 전 보장률이 62.6%였고, 이후 2017년 62.7%, 2018년 63.8%, 2019년 64.2%로 총 보장률 측면에서 2년간 1.5% 포인트 증가했지만, 이는 이전 박근혜 정부 시절 4대 중증질환 중심 보장성 강화 실시 당시 0.2% 포인트 증가에 비해서는 다소 증가한 수치이지만 보장성 강화 정책을 위한 재원 계획이 소극적으로 추진되면서 문 케어가 반쪽자리 정책에 그쳤다는 평가이다. 보장성 확대 효과는 단년도에만 그치는 것이 아니고 매년 확대되는 만큼 의료 이용 시점의 본인 부담금만큼 동일한 금액이 의료 이용 시점 이전에 보험료로 징수되어야 하므로 누적 적립금이나 일시적인 세수 잉여를 활용한 문 케어 정책은 지속 가능한 재원조달 방식이 될 수 없는 것이다. 즉, 증액이 없는 복지 확대가 가능한 것 같은 애매한 정책 계획을 대통령 스스로 제시한 것으로서 의료 접근성과 평등의 목표는 이뤘지만, 의료의 질과 효율성 면에서는 부족했음이 확인되었다.

이러한 의료의 질적 하락으로 인해 일차의료 붕괴와 상급종합병원 과밀 즉 보장성 강화 때문에 오히려 대형병원 쏠림이 더욱 가속화되었는데, 그 해결방안에 대해서는 일차의료와 상급종합병원 간 협업과 분업을 향상시켜도 재정적으로 둘 다 이익이 되어야 개혁이 가능하므로 이런 변화에 대한 인센티브가 없거나 적으면 시스템 개혁은 불가능하고 실제 추진력을 얻을 수 없고, 개혁된 결과가 의사-의료인-의료기관 간의 만족을 향상시키는 방향이어야 개혁이 가능할 것으로 예상된다. 구체적인 방안으로 상급종합병원과 일차의료기관 간 연계 방식으로 환자를 공동 관리하는 모형이 가능한데, 이런 경우 필요에 따라 의료 접근성이 높을 뿐 아니라 포괄적인 연속성과 적절한 치료 시설로 전원이 용이하고 비용 효과성과 의료의 질 모두 우수하다고 볼 수 있다. 특히 개선이 이뤄지지 않을 때와 비교해서 특정 질환으로 고통받는 환자 1만 명을 기준으로 할 때 1년간 51억 4,750만 원 수준의 의료비를 절감할 수 있으므로 그 이익금을 보험자와 정부, 의료기관, 환자가 상호 이익분배를 하면 정부 차원에서도 의료비 총액이 절감되고 의료기관에서도 새로운 수익이 발생하는 효과가 있다. 이는 환자 입장에서도 차년도 보험료 납부금에서 해당 금액만큼 감액되기 때문에 결국 모두에게 이득이 되는 개혁방안이다.

　의료취약지역 문제 해결을 위해 문재인 정부에서 공공의료기관 확대 전략이나 공공의대 신설 등 정책이 시행됐으나 반대에 부딪혀 보류되었다. 당시 대안으로 취약지역 가산 수가가 제안되었는데, 이 부분은 새 정부가 취할 수 있는 좋은 대안이 될 수 있을 것으로 판단된다. 이는 향후 협력적 의료체계에 대한 새로운 제불제도를 적용하는 취지와도 부합하는데, 국립대병원과 취약지역 일차의료기관 간 협력과 연계를 유도할 수 있을 것으로 본다.

　즉 지금까지 문재인 정부에서 '비급여의 급여화'라는 보편적인 재정 지원에 힘썼다면 앞으로는 '재난적 의료비 지원'을 통해 꼭 필요한 환자들에게 집중적인 지원을 하는 것이 필요하다. 보편적 복지인 비급여의 급여화보다 재난적 의료비 지원이 더 절실한 정책 개혁과제라고 볼 수 있는데, 이는 2019년 기준 우리나라 공공의료 비율이 61%로 경제협력개발기구(OECD) 평균인 74.1%와 13% 정도 차이가 있지만, 재난적 의료비 경험률은 2배에서 4배 이상까지 차이가 나는 점에 주목할 필요가 있다. 우리나라의 재난적 의료비 경험률이 4.6%인데 비해 일본 2%, 미국 0.8%, 독일 0.1%, 영국과 캐나다 0.5%를 각각 나타내고 있다. 참고로 국제보건기구(WHO)는 '재난적 의료비'를 의료비 지출이 가계 총지출의 40%를 넘어가는 경우로 정하고 있다. 현재 재난적 의료비 지원에 500억 원 정도가 쓰이고 있는데 5년 내 5,000억 원 정도로 늘려야 하며, 재원 조달 가능성만 있다면 정책 진행 추이를 보면서 최대 1조

원까지 지원을 끌어올려야 최하위에서 평균 정도로 올라갈 수 있을 것으로 본다.

새 정부는 과거 정부에서 남겨진 문제를 어떻게 잘 마무리하고, 새로운 과제를 어떻게 실현 가능하게 고도화시킬 것인지 고민해야 할 것이다. 그동안 분절적으로 정책이 집행되었던 사례를 분석하여 각각의 주체가 상호작용할 수 있는 접근성이 강화되어야 하는데 이때 일차의료에서의 서비스 모형 개편이 전제되지 않으면 어떤 정책적 개혁도 어려울 수 있으므로 새 정부의 보건의료정책 방향의 핵심은 일차의료의 역할이라고 볼 수 있다. 그러나 이처럼 일차의료의 중요성이 강조되고 있음에도 불구하고 일차의료 정책 변화 논의 과정에 있어 의협은 빠져있고 관련 연구 내용도 전혀 모르고 있다. 누가, 어떻게 연구를 하고 있는 것인지 모른다는 점이 가장 큰 문제점으로 지적되고 있으며, 의료 관련 법안 개정이나 커뮤니티 케어, 그리고 의원급 수가 협상 등의 정책에도 현장 의사들의 의견은 반영되고 있지 않는 것이 현실이다. 지방 의료의 활성화 문제도 정치인들이 자신의 표 과시 수단으로 지방 종합병원을 활용하다 보니 근본적인 해결이 어렵다.

그동안 문재인 케어로 추진 중이던 제4차(2019~2022) 건강보험 보장성 강화가 완료되고, 건강보험료 부과 체계 2단계 개편이 예정되어 있다(보건복지부 2021.12.30.). 2017년 소득 중심의 부과 체계로 전환하기 위한 단계별 개편 계획에 따라 2018년 7월부터 1단계 개편이 시행 중이며, 2022년 7월 2단계 개편안이 시행된다. 그러나 최근까지 부동산 시장 변동과 공시가격의 상승을 고려할 때, 재산에 보험료가 부과되는 지역가입자의 부담을 최소화하기 위한 개편안 조정이 요구될 수 있다(문심명, 2021). 또한 코로나19에서 벗어나 보건의료시스템을 회복하고 근본적으로 혁신하기 위해서는 공공보건의료체계 강화의 성공적인 추진과 함께 이와 연계한 지역 기반 의료전달체계 혁신과 모든 변화에서 누구도 배제되지 않도록 보호하는 포용적 건강안전망 강화가 균형 있게 추진되어야 하며, 모든 정책의 추진에서 데이터와 정보통신기술(ICT)의 결합 방식이 모색되어야 할 것으로 판단된다.

한편, 감염병 위기는 반복될 수 있지만 지속되는 문제는 아니므로 비재난 상황에서 감염병 대응 시설과 인력을 활용하는 방안도 함께 논의되어야 한다. 이러한 측면에서 공공 소유 기반의 시설과 인력 확충뿐 아니라 공익적 거버넌스의 구축도 중요하게 다루어져야 할 과제이다.

코로나19 범유행에서 보건의료시스템의 대응 역량을 최적화한 3개의 핵심 요소는 ① 인력의 빠른 동원, ②진단 및 치료 장비의 신속한 공급, ③공간 활용의 최적화이다(OECD, 2020). 우리나라도 의료 대응 능력을 확대하기 위해 은퇴, 휴직 상태의 의사, 간호사, 간호조무사 등 의료 인력을 모집하여 코로나19 대응 인력을 보충했고, 개인 보호 장비와 진단 및 치료 장비를 확충했으며, 생활치료센터와 재택의료를 활용해 보건의료체계의 부담을 적정 수준에서 관리해 왔다(신정우, 2021). 하지만 범유행 과정에서 중환자 병상 가동 역량이 한계치를 초과하는 등 위험 수준의 변화를 반복적으로 경험하면서 공공 소유의 병상·인력의 필요성이 대두되었고(보건복지부, 2021.12.30.), 정부는 행정명령을 통해 민간 상급종합병원의 중환자 병상을 동원한 바 있지만, 비(非)코로나 중환자의 치료 공백 문제가 수반되는 데다 기존 중환자의 감염 위험으로 인해 제한없는 확대가 불가능한 상황이므로 보다 근본적인 대책이 요구된다.

2022년 대선 경쟁에서 코로나19 충격에 대응하는 민생 회복 및 안정 정책이 최우선 과제로 논의되어 당분간 보건의료 정책의 다양성을 기대하기는 어려울 것으로 보이지만, 대규모 지원 정책의 설계에서 개인의 건강한 삶에 영향을 미치는 근본적인 변화를 이끄는 보건의료 정책 추진의 기회를 잃지 않도록 해야 하는데, 그 중 가장 중요한 요소가 가치 기반 보건의료 정책의 실현으로 판단된다.

OECD 가입국에서 2005~2015년 경상의료비의 GDP 점유율 추세를 비교하면, 다른 국가들이 2009년과 2020년에 있었던 두 번의 증가를 제외하고 그 사이 전반적으로 비슷한 추세를 유지한 것과 달리 한국은 2005년 이후 15년 동안 4.6%에서 8.4%까지 매년 증가해 왔다(OECD, 2021). 특히, 인구 고령화 등 의료비 증가 요인에 대비하여 선진국들은 국민의 건강 향상과 연계하는 의료제공체계 혁신을 통해 재정 지출의 합리성을 높이고 있는데(강희정, 2017), 물론 우리나라의 의료비 증가가 지나치게 낮았던 보장 수준의 증가를 정책적으로 견인한 부분도 반영되어 있지만 세계에서 가장 빠른 고령화 속도를 고려하면 합리적 지출을 위한 의료 제공체계 혁신은 더 이상 미룰 수 없는 문제이다. 65세 이상 건강보험 대상자 비율은 2015년 12.3%에서 2020년

15.4%로 3.1%포인트 증가한 데 비해 65세 이상 노인 요양급여비용의 비율은 2015년 37.6%에서 2020년 43.1%로 5.5% 증가하며, 노인 의료비가 전체 의료비의 절반에 이르게 된다(건강보험공단, 2021). 현재의 고령화와 보장성 강화 속도를 고려하면 2025~2026년에 건강보험 보험료율이 법적 상한선인 8% 수준에 도달할 것이므로 이후 건강보험 수입은 보험료 수입의 자연증가율인 2~3% 수준 증가만 기대할 수 있는데(신현웅, 2020), 이러한 균형재정에서 수입 증가의 제한은 모든 참여자에게 고통스러운 지출 감축이 요구될 것으로 보인다.

지난 15년 동안 전 세계 의료시스템이 다양한 이유로 개혁을 추진하고 있으며, 가치 기반 의료는 고비용 의료시스템을 변화시키는 새로운 패러다임으로 사용되어 왔다(Mjaset et al., 2020). 가치 기반 의료의 실현을 위한 주요 정책적 수단은 의료전달체계와 지불보상 방식의 융합 혁신으로서(강희정, 2017), 미국 공적 의료보장제도인 메디케어에서 혁신적 의료 제공과 지불을 연계한 가치 기반 지불의 중점 분야는 일차의료에서 환자 중심의 케어코디네이션(care coordination)을 향상시키는 것에 있으며, 전 세계적으로 다양한 가치 기반 지불 모형의 확산은 결과적으로 보건의료시스템에서 혁신을 통한 지출의 효율을 기대하는 것이라고 할 수 있다(강희정, 2017). 이론적으로 가치 기반 의료는 보건의료시스템에서 환자에 대한 의미 없는 낭비적 지출의 감소를 전제하고 있는데, 이때 의료 공급자가 적절한 외래 관리를 통해 합병증 발생 등 중증화를 예방하면 환자는 더 적은 비용으로 더 나은 건강 수준을 유지하고, 의료 공급자는 절감된 비용의 일부를 인센티브로 받게 되며, 보험자는 가입자의 건강 수준 제고와 재정 절감을 기대하는 구조이다(Porter and Lee, 2013). 그러나 국가별로 의료 환경에 차이가 있으므로 가치 기반 의료의 이론적 효과를 실현하기 위해서는 국가별 특성에 맞는 전략 수립과 중장기적 추진이 필요하며, 이는 가치 기반 의료가 참여자 모두의 이익을 기대하는 플러스 섬(Plus Sum)이므로 이익의 실현을 위해 전략 단계부터 모든 이해관계자가 참여해야 하고 상당한 기간의 인프라 구축이 필요하기 때문이다(Porter and Lee, 2013).

가치 기반 의료를 실현하기 위해서는 첫째, 환자에게 중요한 건강 결과를 체계적으로 표준화된 방식으로 측정할 수 있어야 하며, 둘째, 인구집단의 의료비용을 정확히 측정할 수 있어야 하고, 셋째, 보건의료체계가 달성해야 하는 성과 벤치마크를 설정할 수 있어야 하며, 넷째, 특정 인구집난에 적합한 중재 활동을 개발할 수 있어야 한다.

의료적 개입 이후 건강 결과를 확인하기까지 충분한 시간이 필요하다는 점에서 가치 기반 의료는 만성질환 관리에서 활용의 의미가 크다. 만성질환 관리는 환자의 전체 의료 경로를 효율화할 수 있는 일차의료 공급자의 역할 확대와 지역사회에서 의료와 돌봄의 통합이 요구되는 공통 대상으로서 지불 제도, 전달체계, 기술 혁신이 모두 융합될 수 있는 분야이다. 코로나19를 겪으면서 심화된 건강 격차 문제는 일차의료 의사가 제일 먼저 대면할 수 있는데 지역사회 단위로 보건복지 인프라를 통합 관리하는 시스템을 구축하고 이를 활용할 수 있는 연계 기반에서 일차의료 의사의 역할이 확대된다면 수요자 중심에서 지역 완결형 맞춤 서비스가 더욱 효율적인 형태로 제공될 수 있을 것이다.

그러나 연도별 건강보험 외래 요양급여비용과 외래 내원일수에서 종별 비중의 연도별 변화를 보면, 여전히 상급종합병원 쏠림 현상은 유지되고 있으며 의원의 역할은 확대되지 않고 있다. 지난 10년간 외래 요양급여비용과 외래 내원일수 비중에서 상급종합병원은 각각 1.7%(17.6%→19.3%)와 1.1%(5.3%→6.4%) 증가한 반면, 의원은 각각 3.7%(57.6%→53.9%)와 4.9%(79.3%→74.5%) 감소한 것으로 확인되었다. 아울러, 2015년부터 2020년까지 상급종합병원의 외래 요양급여비용 연평균 9.8% 증가, 외래 내원일수 연평균 1.23% 증가와 달리, 의원의 외래 요양급여비용은 연평균 7.7%로 상대적으로 그 증가율이 낮고 외래 내원일수는 연평균 2%로 오히려 감소하였다.

따라서 지금부터는 변화의 주체를 의원급에 중심을 두고 다양한 의료 제공 및 지불 보상의 융합 혁신 프로그램들을 개발하고 활성화함으로써 그 영향으로 상급종합병원의 기능 변화를 견인하는 방식으로 접근할 필요가 있다. 의원급 중심으로 추진되어야 하는 과제로는 첫째, 의원급에 대한 일차의료 시범사업을 체계적으로 정비하고 단계화하여 변화 역량을 육성해야 한다. 일반적으로 의원급은 건강 결과와 의료비용에 대한 측정 인프라 수준이 낮아 환자 중심의 가치 기반 지불 사업에서 배제될 수밖에 없다. 보건복지부는 일차의료 만성질환 관리 시범사업을 정규사업으로 전환하고 만성질환 관리 사업에서 스마트기기를 지원하여 스마트 건강관리를 시도하고 있는데(보건복지부, 2021.01.25.), 이러한 관련 사업들을 체계적으로 연계하여 의원의 역량을 지원하고 육성하는 인프라 구축 시범사업부터 서비스 시범사업까지 단계화하여 운영함으로써 가능한 한 많은 의원이 사업에 참여하여 단계적으로 역량을 확대하는 기회를 얻도록 해야 할 것이다. 둘째, 의원급 의료기관이 위치한 지역의 노인 만성 의료와 장기요양보험을 연계하는 모형 개발에서 역할을 할 수 있다. 일차의료 의사는 만성질환자의 의료 욕구뿐 아니라 복지 욕구를 제일 먼저 대면하는 역할을 하므로 지역사회 자원을 활용하는 다양한 보건복지 서비스 코디네이터로서 역할을 할 수 있을 것이다. 이와 관련하여 기존의 커뮤니티 케어 사업을 일차의료기관 중심의 사업으로 재편하는 방안도 검토할 필요가 있다.

3장

결론

국내 의료체계 문제에 대한 개선 방향은 ①표준 적정진료 확립, ②일차의료 강화, ③지역거점병원 확충·강화, ④의료전달체계 확립 등을 중심으로 볼 수 있다.

지난 정부에서 추진한 K-방역의 성공을 돌이켜보면, 우리나라 보건의료체계의 성공이 아닌 공직자의 희생과 국민의 인내력에 기대어 얻은 성과로 추론되고, 지금도 우리나라 보건의료 정상화의 필요조건으로 공공병원 확충 또는 강화는 여전히 중요한 이슈로 언급되고 있는데, 이는 2020년 9월 4일 보건복지부가 대한의사협회와 의대 정원 확대, 공공의대 신설 추진 중단과 함께 코로나19 안정화 이후 협의키로 하여 의정협의체를 통해 의료전달체계 개선 등을 논의해 왔고(보건복지부, 2020.12., 2021.01.20.), 현재는 논의가 중단된 상태이지만, 경실련이 중심이 되어 '공공의대 신설'과 '의대정원 확대'를 지속적으로 제기하고 있다는 점에서 알 수 있다(MEDICAL Observer, 2023.01.16.; 인천뉴스, 2023.01.16.).

하지만 현 시점에서 우리나라의 보건의료시스템은 코로나19 위기 대응을 넘어 근본적인 변화가 필요할 것으로 보는데, 이제 2020년 이후 감염병 재난 속에서 자의 또는 타의로 억제되었던 의료 이용의 증가에 대응하면서 어떠한 보건의료 위기가 오더라도 자원을 동원하고 재정을 조달하며 효율적으로 집행할 수 있는 보건의료시스템의 역량과 거버넌스를 구축할 수 있도록 재정비해야 할 것이다. 이에 보건의료시스템이 재난적 위기에 탄력적으로 대응하기 위해서는 첫째, 장기적으로 안정적인 자원 공급의 역량, 둘째, 제한적인 자원에서도 전략적 우선순위와 보장성의 훼손 없이 효율적으로 대응할 수 있는 역량, 셋째, 새로운 목표와 우선순위에 신속하게 적응하고 주요 과제에 대응하도록 거버넌스를 강화하는 역량이 필요할 것으로 판단된다.

특히, 현재까지의 건강보험 보장성 확대 정책이 재정 흑자 또는 적립금 사용을 기반으로 하는 추가 재정 투입 정책의 성과였다고 볼 수 있으므로 추후 재정 압박을 감당하기 위해서는 일차의료 중심의 가치 기반 의료시스템으로 혁신을 가속화할 수 있도록 더욱 실용적인 정책 및 추진방안이 제기되어야 할 것으로 예상된다.

〈참고문헌〉

강희정, 가치 향상과 의료 혁신을 위한 건강보험 지불제도 개혁 방향. 보건복지포럼, 248, 57-69. 2017.

건강보험심사평가원, 2020년 진료비통계지표(진료일기준). 2021.06.18.

경기메디뉴스, 의정협의체 구성, 복지부는 코로나19 안정화 이후...의협은 물밑 준비 작업중. 2020.09.21.

관계부처 합동 보고자료, 공공의료체계 강화 방안. 2020.12.13.

국민건강보험공단, 2021년 1/4분기 건강보험 주요통계. 2021.06.02.

김근주·남궁준, 상병수당제 도입은 사회보장시스템의 마지막 퍼즐을 맞추는 작업. KDI 경제정보센터 나라경제, pp.1-2. 2021.

김지연, 비대면 시대, 비대면 의료 국내외 현황과 발전 방향. KISTEP Issue Paper. 2020-10. 2020.

문심명, 건강보험료 부과체계의 형평성 및 공정성 제고를 위한 개선방향. 국회입법조사처. 2021.12.13.

박윤형, 정부의 공공의료 정책에 대한 검토와 대안 모색. 대한내과학회지 95(6);355-359. 2020.

보건복지부, 2019년 보건복지부 예산 72조 5,148억원으로 최종 확정. 보도자료. 2018.12.13.

보건복지부, 의대정원 확대 및 공공의대 설립 추진방안. 2020.7.23.

MEDICAL Observer, 경실련, 공공의대법 제정·의대정원 확대 운동 추진. 2023.01.16.

OECD Health Data, Health Care Resources, Hospital beds. 2018.

의약뉴스, 은퇴의사는 무엇으로 사는가?. 2018.08.30.

의협신문, 예방의학 교수들 '의사 증원 반대' 국민청원에 의협 지원사격. 2020.07.30.

이신호 외, 은퇴의사를 활용한 공공보건의료기관 의료인력 확충방안. 한국보건산업진흥원. 2008.06.

인천뉴스, 경실련, "공공의료 부족한 인천, 전남, 경북에 공공의대 설립하고 의대정원 확대해야". 2023.01.16.

임선미, 의료 취약지역 개념 및 지원제도 분석. 의료정책연구소. 2020.12.

시민대안 부산

발행일 : 2023년 6월 28일

글	초의수, 권기철, 박순준, 김형회
펴낸이	시민대안정책연구소
펴낸곳	함향 출판등록 제2018-000007호
주소	부산광역시 동래구 명륜로69 상가동 1001호
E-mail	phil8741@naver.com
블로그	blog.naver.com/hamhyangbook
편집디자인	씨에스디자인
인쇄	인쇄출판 유신

ⓒ 시민대안정책연구소 2023
ISBN 979-11-93194-00-3(93300)
가격 : 18,000원

(사)시민대안정책연구소는 부산경실련의 부설기관입니다.
〈합리적이고 세심한 대안제시를 통해 '부산시민이 행복한 도시'를 만들기 위해
노력하겠습니다.〉

www.btp.or.kr

ㅣ재ㅣ부산테크노파크

지역산업 발전을 선도하는
글로벌 기술혁신 거점기관!

 **개방형 혁신플랫폼을 통한
기업 기술지원의 거점!**

 **시민이 행복한
스마트 혁신기업의 요람!**

부산테크노파크는

부산테크노파크는 산·학·연·관
지역혁신거점기관으로 지역산업 육성을 위한
인프라를 직접하고, 신기술 발굴과 육성을 통한
지역경제 활성화를 주도하는 재단법인입니다.

 홈페이지
www.btp.or.kr

 인스타그램
btp_hi

 페이스북
BusanTP

 유튜브
부산테크노파크

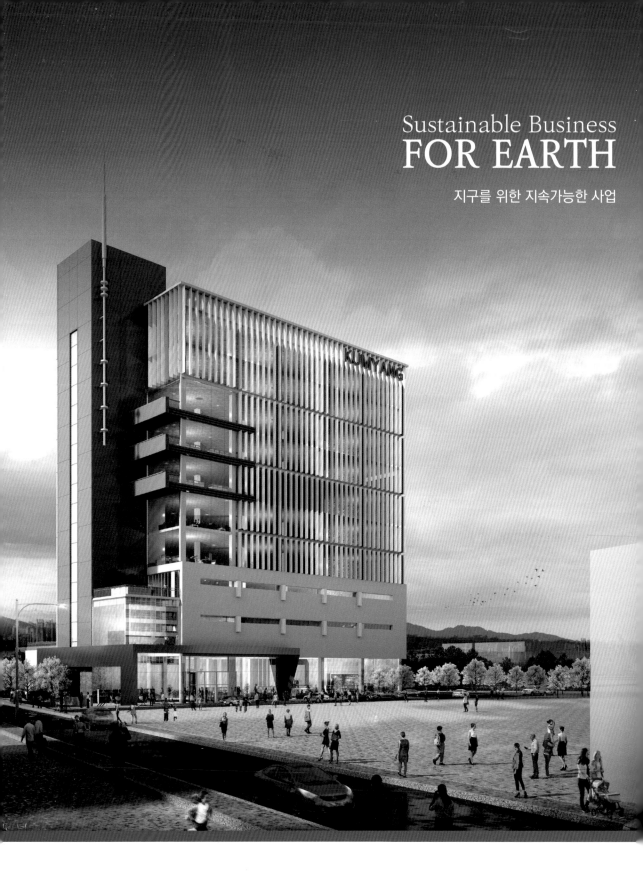

Sustainable Business
FOR EARTH

지구를 위한 지속가능한 사업